大数据营销

王晓玉 任立中 著

华南理工大学出版社
·广州·

图书在版编目（CIP）数据

大数据营销/王晓玉，任立中著. —广州：华南理工大学出版社，2022.1 (2023.8重印)

ISBN 978－7－5623－6834－2

Ⅰ．①大… Ⅱ．①王… ②任… Ⅲ．①网络营销-高等学校-教材 Ⅳ．①F713.365.2

中国版本图书馆 CIP 数据核字（2021）242127 号

Big Data Marketing

大数据营销

王晓玉 任立中 著

出 版 人：柯　宁
出版发行：华南理工大学出版社
（广州五山华南理工大学 17 号楼　邮编：510640）
http://hg.cb.scut.edu.cn　E-mail: scutc13@scut.edu.cn
营销部电话：020－87113487　87111048（传真）

策划编辑：王　磊
责任编辑：刘一行　王　磊
责任校对：詹伟文
印　刷　者：广州市人杰彩印厂
开　　　本：787mm×960mm　1/16　印张：17.25　字数：355 千
版　　　次：2022 年 1 月第 1 版
印　　　次：2023 年 8 月第 3 次印刷
印　　　数：2001～3000 册
定　　　价：88.00 元

版权所有　盗版必究　印装差错　负责调换

序 言
PREFACE

中国互联网和电子商务的蓬勃发展使大数据正在迅速而深刻地改变一些行业,对于身处其中的企业而言,具备大数据分析和应用的能力,在激烈的市场竞争中就能如虎添翼。企业通过大数据分析洞察消费者需求,从而提供更有价值的产品和服务,即真正的大数据分析是用来为营销提供更科学的决策而不是用来"杀熟"的。营销有其哲学的思维和科学的方法,并不是简单的推销,在当今的大数据时代尤为重要。

笔者在之前十几年的"数据库营销"课程讲授过程中一直在探索如何将数据分析与营销决策有机地结合起来,真正助力企业实现科学的营销决策。恰逢2015年由《营销科学学报》编辑委员会主办、华东理工大学承办的第十二届中国营销科学学术年会暨博士生论坛邀请台湾大学的任立中教授做题为"袋里乾坤:运用零售资料捕捉消费者的健康形态"的主题演讲,使笔者与大数据营销结下了不解之缘。

2016年笔者到台湾大学跟随任立中教授深入学习"大数据营销"课程半年。其间,被任教授精辟的营销理论和扎实的统计理论功底所深深折服,在大数据营销的海洋里尽情遨游。笔者虽然对于其中的统计原理很难一下子完全听懂,但是随着时间推移慢慢浸染,逐渐加深了对"营销是哲学的思维与科学的方法的有机统一"的认知。与此同时笔者也在不断思考:这些在欧美等发达国家已经应用了几十年的理论对于中国当前的企业是否适用?不同的企业又该如何有效地利用大数据营销理论为企业服务?

欣慰的是,2019年任教授在台湾出版了繁体版的《大数据行销:迈向智能行销之路》,该书从理论到实践系统展示了大数据营销的来龙去脉，以企业案例和实际数据分析呈现从营销问题分析、统计模型构建、数据分析到最终解决问题的完整闭环。由于该书融合营销、统计、计算机等学科，学习起来具有一定的难度，特别是对于一些初学者而言，要同时掌握书中的营销和统计理论与数据分析，具有一定挑战性。另外，中国大陆的发展中经济背景与台湾地区、美国等发达经济体背景下企业的实际状况存在差异，书中内容对于中国大陆现有企业的适用情况尚有改进空间。再加上繁体字对有些读者可能造成一定的阅读困难和理解偏差，这些都促成我们积极出版这本简体版以适应中国大陆的实际需求，扩展大数据营销的推广渠道和使用范围。

  笔者首先花费几个月的时间将繁体字转换为简体字并逐字逐句校对。经过仔细校对发现，某些基本词汇和专业术语两岸用法皆有不同，可能影响读者对内容的准确理解。其次，为增加简体版的可读性，笔者增加章前的多个应用实例，均为笔者最近两年在对企业进行诊断与数据分析进而证明大数据营销对企业真正价值所在之后的精心挑选，相信对其他企业也具有重要的参考价值。最后，笔者增加章后的数据分析实操部分，包括具体的实操名称和数据分析步骤等，使得学习过程更加身临其境，可以通过数据分析实操真正掌握本书的精华。这些均归功于笔者在采用繁体版教材所进行的五次教学过程中对企业应用与数据分析实操的探索和积累。所有这些增补内容无疑将本书的实用性和实操性提升到一个新的高度。

  综观图书市场，虽然已经出版一些大数据营销的书籍，但是在系统性、科学性与实用性等方面尚有不足。如有的书是业界人士对从业经验的总结，难免缺乏足够的系统性和完整性；有的书是对大数据的分析与应用，虽然对企业的营销策略有一定的指导意义，但因为忽略大数据营销首要的是STP营销战略的制订或优化而显得力不从心；有的书是以国外或境外企业的实际情况与数据作分析，对中国企业的针对性难免有所欠缺；有的书依据偏主观的问卷调查数据确定细分市场和目标市场选择，而忽视和浪费了企业宝贵的客观顾客购买行为数据，结果也很可能不够准确；有的书通过简单计算财务价值来衡量顾客终身价值，这样就忽略了顾客的异质性以及企业如何分析和有效引导顾客行为演变过程直至达到最佳顾客价值状态；有的书侧重广告部分，大数据营销如果仅从广告视角进行解读难免有失偏颇；有的书虽展示了丰富的行业或企业实例，但内容松散，缺乏足够的系统性，对于一家企业如何具体地开展大数据营销缺乏指导作用；有的书偏重案例与数据分析结果描述，对实际的数据分析操作过程缺少详细的指引，让企业的营销策略较难落地。

为此急需一本能够解决上述所有问题的书籍，既满足高校开设"大数据营销"等相关课程的需要，又通过对大数据的统计分析，切实助力企业转换思维，走上智能营销之路。以企业为基本服务对象，以顾客和产品数据为基本分析单位，审视企业的STP营销战略，从根源把握客户价值及其分类，做好基于顾客异质性和动态性的精准营销。站在企业角度，无论是传统的实体企业还是数字化平台或生产及分销企业，均有自己的客户数据，均记载其行为，这正是大数据的真正魅力所在，是宝藏，企业可以尝试作数据分析，做到低成本高效益发挥大数据营销的作用，使企业真正受益。

现在很多企业开始重视数字化建设，搭建自己的数字化平台或构建自己的客户关系管理系统。这意味着越来越多的企业开始从凭经验的定性决策走向依靠数据分析的定量决策，从这个角度来说是好事。但数字化建设往往需要借助外部的大数据公司并且需要大量资金的投入。而真正了解顾客的是企业自身，如果不了解到底什么是大数据营销，到底截取哪些数据做分析，到底能为企业带来哪些价值等，数字化平台就难真正发挥作用。所以，即便是与大数据相关企业深度合作，也要企业积极参与，共同决定CRM系统的功能，才能真正体现数字化的价值。

所以，这是一本不一样的大数据营销：手把手教你识别哪些数据可以用来做分析以及如何整理和分析数据，帮助企业迅速落地，使得每个企业都可以尝试做分析，使大数据营销不再遥不可及，也不再高不可攀；阅读本书后，有助于培养读者对数据的敏感性，即有意识地保留或存储数据、共享数据、分析数据并最终用于辅助企业制订更科学的营销决策。

 大数据营销

  在本书的出版过程中，得到来自国内外同行和企业的关注与支持，使笔者深受鼓舞，成为坚守无数个呕心沥血日夜的动力。非常期待大家多交流，共同探讨，将《大数据营销》进行到底！特别感谢任立中教授对我的信任与支持，让笔者有信心克服种种困难并坚持到最后。感谢华南理工大学工商管理学院的硕士生课程建设项目资助，可以让笔者全身心投入到编写中。更多课程资料请扫描下方二维码添加笔者微信联系获取，谢谢。

Scan the QR code to add me on WeChat

王晓玉

华南理工大学 广州 天河 五山

2021 年 10 月 20 日星期三

目 录
CONTENTS

第1章 概论 ··· 1
  引例：方太天猫"双十一"推广案例 ··················· 1
  1.1 建立营销数据库 ······································ 3
  1.2 根据营销理论定义变量 ······························ 4
  1.3 用营销语言解读统计模式 ··························· 4
  1.4 符合行为模式的统计模式 ··························· 5
  1.5 大数据的稀少性：一对一营销 ····················· 6

第2章 大数据时代之营销战略 ···························· 8
  引例：大数据营销在某美妆创业公司应用案例 ······ 8
  2.1 四大营销学派 ·· 9
  2.2 资料架构 ··· 10
  2.3 异质性 ·· 12
  2.4 动态性 ·· 13
  2.5 从营销1.0到营销2.0 ································ 15
    2.5.1 营销1.0：被动式营销 ······················· 15
    2.5.2 营销2.0：主动式营销 ······················· 16
  2.6 营销3.0：交互式营销 ······························ 17
    2.6.1 特色 ··· 18
    2.6.2 会员的交易数据 ······························ 18
    2.6.3 易耗品的交互式营销 ······················· 19
    2.6.4 耐用品的交互式营销 ······················· 20
  2.7 营销4.0：连锁式营销 ······························ 21
  2.8 消费者隐私权 ··· 22

第3章 万丈高楼平地起：构建顾客关系营销数据库 ··· 24
  引例：如何借助顾客大数据分析实现汽车4S店的精准营销 ··· 24
  3.1 构建营销数据库的必要性 ·························· 25

· I ·

3.1.1 大数据营销管理系统 ··· 25
3.1.2 营销研究实务 ··· 27
3.1.3 营销决策支持系统 ··· 28
3.2 构建营销数据库的流程 ··· 29
3.2.1 研究问题的设定 ··· 29
3.2.2 研究设计的规划 ··· 30
3.2.3 抽样样本的构建 ··· 31
3.2.4 构建数据库的流程 ··· 32
3.3 客户基本静态数据文件 ··· 33
3.3.1 问卷内容 ·· 33
3.3.2 态度的衡量 ··· 34
3.3.3 数据编码 ·· 35
3.3.4 信度与效度 ··· 37
3.3.5 会员数据库的完整性 ·· 37
3.4 动态的交易数据文件 ·· 38
3.4.1 问卷内容 ·· 39
3.4.2 交易日期数据文件 ··· 40
3.4.3 产品特性编码文件 ··· 42

第4章 顾客价值的解析与策略运用：ARFM 模型 ························ 45
引例：新型中药饮片通过大数据营销提升顾客价值 ······················· 45
4.1 衡量顾客价值 ·· 46
4.1.1 *RFM* 指标 ·· 46
4.1.2 *RFM* 数据特性 ·· 48
4.2 五等均分法 ··· 51
4.2.1 给分机制的设计 ··· 51
4.2.2 给分机制的校对 ··· 54
4.3 范例：邮件直销测试 ·· 55
4.3.1 测试样本的回复率 ··· 56
4.3.2 损益平衡分析 ·· 57
4.3.3 三种寄送对象的利润分析 ··· 57
4.3.4 市场细分与市场测试 ·· 58
4.4 Bob Stone 的给分机制 ·· 59
4.4.1 *RFM* 三者的重要性 ·· 60
4.4.2 给分机制的比较与校对 ·· 61

4.5　顾客价值与购买期间 ·· 63
　　4.5.1　购买期间的概率分布 ··· 63
　　4.5.2　加权平均购买期间 ·· 65
4.6　活跃性与 RFM 分析 ·· 67
　　4.6.1　ARFM 模型 ·· 67
　　4.6.2　刷卡行为的活跃性分析 ······································ 68
　　4.6.3　CAI 指标的预测能力 ·· 70
　　4.6.4　监控 CAI 指标的变化 ··· 72
本章实操 ··· 73

第 5 章　海誓山盟：顾客终身价值与迁徙路径之预测 ············· 75
引例：B2B 企业利用顾客价值分析提升忠诚度 ······················ 75
5.1　顾客交易稳定度分析 ··· 76
　　5.1.1　平均数的代表性 ·· 76
　　5.1.2　个人估计与群体估计 ··· 77
　　5.1.3　贝氏统计的概念 ·· 78
　　5.1.4　交易稳定度指标 ·· 80
　　5.1.5　后验分布与 MCMC 法 ······································ 82
5.2　购买期间模型之反思 ··· 84
　　5.2.1　危险率的意义 ·· 84
　　5.2.2　指数分布的限制 ·· 85
　　5.2.3　危险率的型态 ·· 86
5.3　顾客静止之预测 ··· 90
5.4　顾客价值迁徙形态与预测 ·· 93
　　5.4.1　顾客的终生价值 ·· 93
　　5.4.2　顾客价值迁徙形态 ··· 95
　　5.4.3　马可夫链模型 ·· 95
　　5.4.4　转移矩阵之估计 ·· 97
　　5.4.5　研究范例：信用卡客户 ······································ 99

第 6 章　啤酒与尿布、厨具与内裤：购物篮分析 ··················· 104
6.1　经典案例的反思 ··· 104
　　6.1.1　挑选购买行为相似的客户 ··································· 104
　　6.1.2　界定适当的产品范围 ··· 105
6.2　产品的关联性：相关系数 ·· 107
　　6.2.1　数据格式与推荐机制 ··· 107

6.2.2 相关系数的意义 ………………………………………………… 108
6.2.3 使用相关系数做数据缩减的注意事项 …………………………… 110
6.3 数据缩减之检测：信度分析 …………………………………………… 113
6.3.1 问卷调查范例：品牌忠诚度指标 ………………………………… 114
6.3.2 RFM 分数与产品变量 …………………………………………… 115
6.4 单一抽象构念的总指标 ………………………………………………… 116
6.4.1 设定权重系数相等：平均数公式 ………………………………… 116
6.4.2 求解权重系数：主成分分析 ……………………………………… 117
6.4.3 RFM 分数的适当性 ……………………………………………… 119
6.5 主成分分析的统计理论 ………………………………………………… 120
6.5.1 变异数极大化 ……………………………………………………… 121
6.5.2 求解受限极大化问题 ……………………………………………… 121
6.5.3 特征值与解释变异量 ……………………………………………… 122
6.6 购物篮分析与因素分析 ………………………………………………… 123
6.6.1 范例：银行服务态度调查 ………………………………………… 124
6.6.2 因素分析面临的四个问题 ………………………………………… 126
6.6.3 因素分析的执行与结果 …………………………………………… 126
6.6.4 因素分析的统计理论 ……………………………………………… 129
6.6.5 范例：书店的交易数据库 ………………………………………… 131
6.6.6 产品树的反思 ……………………………………………………… 135
6.7 购物篮策略哲学与衍伸 ………………………………………………… 136
本章实操 …………………………………………………………………… 137

第7章 透视需求、百步穿杨：新产品推荐系统 …………………… 138
7.1 两种产品推荐系统 ……………………………………………………… 138
7.1.1 合作过滤式推荐系统 ……………………………………………… 138
7.1.2 内容基础式推荐系统 ……………………………………………… 140
7.2 联合分析之概念 ………………………………………………………… 141
7.2.1 挑选属性与水平 …………………………………………………… 141
7.2.2 使用正交设计建立产品轮廓 ……………………………………… 143
7.2.3 属性水平与虚拟变量 ……………………………………………… 144
7.2.4 估计个人化偏好结构 ……………………………………………… 146
7.3 联合分析之营销应用 …………………………………………………… 148
7.3.1 挑选目标客户 ……………………………………………………… 149
7.3.2 愿付价格分析 ……………………………………………………… 152

7.3.3　预测产品的购买概率 ·· 154
7.3.4　最优定价分析 ·· 156
7.4　回归分析 ·· 157
7.4.1　基本模型：无解释变量 ······································ 158
7.4.2　简单回归：只有一个解释变量 ······························ 159
7.4.3　模型的预测能力 ··· 161
7.4.4　置信区间 ··· 162
7.5　大数据营销之新产品推荐系统 ····································· 163
7.5.1　选取共同的产品属性 ··· 164
7.5.2　建立考虑集合 ·· 166
7.5.3　二元罗吉斯回归 ··· 171
7.6　总体层次模型 ·· 173
7.7　细分层次模型 ·· 176
7.7.1　混合罗吉特模型 ··· 176
7.7.2　个人化偏好结构 ··· 178
7.7.3　产品推荐与命中率 ·· 179
7.7.4　对新客户推荐新产品 ··· 180
7.8　个人层次模型与产品推荐系统 ····································· 181
7.8.1　层级贝氏罗吉特模型 ··· 182
7.8.2　产品推荐系统表 ··· 182
7.8.3　重申产品编码的重要性 ······································ 183
本章实操 ··· 184

第8章　物以类聚、人以群分：顾客的分群与复制　185
引例：大数据营销助力金属焊接企业精准定位目标客户　185
8.1　物以类聚与人以群分 ·· 186
8.1.1　物以类聚 ·· 186
8.1.2　人以群分 ·· 187
8.2　决定细分市场数目 ··· 188
8.2.1　两种营销成本 ·· 188
8.2.2　最佳群数的趋势 ··· 189
8.3　市场细分 ··· 190
8.3.1　事前细分法 ··· 190
8.3.2　事后细分法 ··· 191
8.3.3　行为细分变量 ·· 192

8.3.4 会员数据库的变量 …… 194
8.3.5 不同行业的数据库变量 …… 197
8.4 集群分析 …… 198
8.4.1 相似性的衡量 …… 199
8.4.2 层级式集群法 …… 200
8.4.3 非层级式集群法 …… 204
8.4.4 数据库的集群分析 …… 205
8.4.5 以回归系数为集群变量 …… 208
8.5 市场细分之复制 …… 208
8.5.1 鉴别分析概念 …… 209
8.5.2 费雪法 …… 210
8.5.3 鉴别分析的执行与结果 …… 212
8.6 市场细分之描述与锁定 …… 215
8.6.1 描述细分轮廓：卡方检验 …… 215
8.6.2 锁定目标客群：F检验 …… 219
8.7 多个细分变量的交集 …… 222
8.7.1 线性回归的限制 …… 222
8.7.2 CHAID 的概念 …… 223
8.7.3 应变量为量化指标 …… 224
8.7.4 应变量为质化指标 …… 226
本章实操 …… 228

第9章 消费行为大透视：理论、模型、预测、决策 …… 229

9.1 欲做决策必先预测 …… 229
9.2 如何打败20年营销经验的老师傅 …… 230
9.2.1 新产品扩散模型 …… 230
9.2.2 参数估计 …… 232
9.2.3 电影票房预测 …… 236
9.3 使用错误模式相差甚远 …… 238
9.3.1 总体层级还是个体层级？ …… 238
9.3.2 独立还是相依？ …… 239
9.3.3 条件层级贝氏常态模型 …… 240
9.3.4 两个直销公司案例 …… 243
9.4 何时买？买多少？环环相扣的关系 …… 244
9.4.1 卖米小故事 …… 244

9.4.2 存货消耗模型 ·· 245
9.4.3 两种加油行为 ·· 246
9.5 "异常"与"规律"的组合 ·· 249
9.6 统计眼翳症 ·· 252

索引 ·· 255

第 1 章

概 论

营销,究竟是一门艺术(arts),还是一门科学(science)呢?谈到营销,许多人联想到的是美感、质感兼具的包装设计、标新立异的广告手法、五花八门的促销策略、以客为尊的体验服务等。企业在招募营销人才的时候,营销创意与项目企划也是首要重视的能力。换句话说,多数人眼中的"营销",侧重于各家品牌竞相推出的营销手法,或者营销人员向主管呈交的企划方案。

营销手法的背后,若只依赖营销人员或企业主管的直觉与经验,却缺乏实际数据的支持,结局往往走向失败。营销大师 Philip Kotler 谈到现代营销,认为首先要做的,就是分析。随着信息科技的发展与网络社交的兴起,企业能够轻易地积累大量且多元的数据,称作大数据(big data)或巨量资料。问题在于,企业应该选择哪些数据进行分析?应该使用什么分析方法?如何解读分析结果成为决策的依据?这些都是本书想要讨论的主题。

引例:方太天猫"双十一"推广案例

厨房电器的更新频率较低,且随着竞争白热化以及消费者对健康和安全关注度的逐步加强,厨房电器的选择逐渐趋于理性。作为高端厨房电器知名品牌的方太如何在竞争激烈的黄金"双十一"大显身手,成功将消费者注意力引导到其天猫旗舰店并提升其产品销量?2015 年 11 月,方太携手互动通数字媒体传播平台,通过丰富的富媒体广告并运用互动通程序化广告营销平台,开展方太"双十一"的"爱您所爱,万众期待"感恩回馈活动网络推广,为方太天猫旗舰店活动预热并引流,大大提升了方太 2015"双十一"销售业绩。

传播目标。在优质网络媒体上宣传方太的品牌形象和产品信息、加大品牌曝光,巩固市场地位;通过优质创意,吸引受众关注方太的相关产品信息,进行"双十一"活动预热,并实现电商引流,最终提升"双十一"方太天猫旗舰店的销量。

投放策略。目标人群分析:通过前期的数据搜集来分析受众网络行为轨迹,并借助人群数据库,将目标锁定为 25~50 岁之间有购买厨房电器需求的潜在人群——热爱生活、有一定的经济实力和品牌意识、追求高品质的生活、向往舒适健康的生活环境、关注自己和家人的安全与健康、乐于享受生活、习惯使用网络获取信息、查看商品和购物。技术选择：通过富媒体广告平台展示方太"双十一"推广信息，吸引目标受众；通过定向技术并配合程序化广告营销平台来实时优化和锁定目标受众；对目标人群采用行为特征分析，并运用重定向等技术寻找潜在用户来实现批量引流。媒体挑选：在个人计算机（PC）端平台选择与受众息息相关的新闻门户、财经、汽车、时尚、旅游、生活社区等媒体；在手机端选择受众使用频繁的新闻综合、生活工具、休闲娱乐、在线视频等进行活动信息投放。

执行过程。前期筛选目标人群和投放广告：通过媒体、时间（每天8:30—23:00）、地域（全国一、二线城市）等定向技术精准锁定目标受众并对品牌进行曝光；在人群数据库中找到家居、高端消费、奢侈品、厨电等兴趣标签目标受众进行广告曝光；通过富媒体创意及个人计算机（PC）端和手机端优质媒体向核心人群投放方太天猫"双十一"的感恩优惠信息以吸引用户点击参与广告活动。中期实时优化：监测显示午休时段（13:00左右）广告点击率最高，所以后期个人计算机（PC）端和手机端调整投放策略，即加强此时段方太"双十一"活动在新闻门户和生活社区等网站上的曝光力度，以保证广告投放的广泛性和有效性，结果广告点击率在"双十一"当天达到峰值。后期实现目标受众引流：吸引受众通过点击链接至方太天猫旗舰店参与活动，使受众在浏览中产生购买兴趣；展示热销TOP榜的明星产品狂欢价格，让受众感受到方太品牌感恩回馈活动力度以促进购买。

投放效果。投放周期为2015年11月7—12日，个人计算机（PC）端曝光量为14 506 273次，点击量为287 966次，点击率达2.0%，远超行业均值；移动端点击率为104 047次，点击完成率高达118.91%，广告实现超额投放并收获受众的高效关注。广告投放期间，方太天猫旗舰店"双十一"当日销售额达到1.48亿元，同比增长70%。据权威交易指数排行显示，方太天猫旗舰店在大家电行业销售额排名第八，厨房电器行业排名第一。不仅在销售额上创出新高，方太在网购综合评价、流量转化率等方面也远超行业平均水平。

【案例思考】

（1）互动通帮助方太做了什么？效果如何？

（2）案例内容中反映企业实际的成本收益了吗？你预估如何？

（3）促销活动之后企业还可以做什么吗？怎么做？

1.1 建立营销数据库

早在1980年代，由于计算机系统的构建成本逐渐降低，企业开始有能力大量应用计算机到日常营运之中。管理信息系统（management information systems, MIS）的导入，有助于企业将日常营运数据可视化，并积累产生一个一个的数据库。MIS的应用常见于工厂的物料管理、人事的薪酬系统以及会计的财务系统。然而，纯粹以营销为目的而建立的数据库，许多企业几乎是没有的。当营销部门想要进行数据分析的时候，必须四处向其他部门要数据。例如，向会计财务系统获取销货收入、广告费用等数据，向物料管理系统获取产品库存数据，向人事薪酬系统获取销售代表的佣金数据等。可以想象的是，这些资料在设计之初就不是为了营销目的，因此对营销人员而言，总是有些隔靴搔痒，掌握不到决策所需的关键信息。

如果营销人员明确知道制定策略需要哪些数据，那倒还好，怕的是误用不适当的数据而导致错误的决策，造成更大的损失。例如，广告活动常常需要大量资金，却又不像促销活动的效果那么立竿见影，因此广告效果的评估非常重要。常见的做法是从财务部门获取过去两三年来每个月的广告支出与产品销售量的数据，再以二者的相关程度，作为广告效果的评估指标。然而，账面上广告费用所代表的广告活动，与营销人员真正想要评估的广告活动，在时间上是有落差的。广告活动通常是先上档，费用支出在三五个月之后才会登记在账面上。换句话说，营销人员获取的广告费用数据，如果是按照会计原则登录在财务数据库中，则登录时间就会落后于广告活动的真正运行时间；根据登录时间找到的销售量资料，与广告活动根本没有关系。两个毫无关系的数据，就算是使用再好再复杂的统计分析方法，得到的答案都是错的，无助于营销决策。

因此，获得有效营销决策信息的关键在于建立一个以营销为目的的数据库。然而，专门为营销目的而建立的数据库到底是什么？这个数据库需要整合哪些变量？有了营销数据库之后，再加上正确的分析模式，才能获得有助于营销决策的信息。我们将在第3章说明营销数据库应包含静态的客户基本数据文件、动态的客户交易数据文件、交易日期与产品特性数据文件等。数据库拥有的客户人数与变量个数愈多，执行顾客关系管理的效益就愈高。

1.2 根据营销理论定义变量

面对营销决策问题时,一定要先寻找一个合适的营销理论,如市场细分、市场定位、消费者行为等。根据理论去解释这个决策问题的背后可能会有哪些解决方案。例如,公司想要推出一个促销活动,要锁定具有哪种行为的消费者,才会比较有效果?是购买前会先深思熟虑各种方案的理性消费者,还是经常做出冲动型购买行为的消费者?由于促销活动的目的是借助刺激因素,促使消费者提前购买或买得更多,也就是非计划性的购买行为,因此锁定常有冲动型购买行为的消费者为目标市场,应该比较有效。

接下来要思考的是,企业如何从内部的营销数据库中,挑选出具有冲动性购买行为的消费者,建立促销对象名单。最佳做法是根据消费者行为理论,检查存储于营销数据库中的购买记录,有哪些变量(如购买时间、购买种类、购买数量等)符合冲动型购买的定义或影响因素。倘若数据库中没有现成的变量,就必须自行构造一个新指标去衡量"冲动型购买倾向"。例如,银行根据信用卡客户的消费内容,将"网红直播购物"判定为冲动型购买,因为网红带货主播的语气语调与促销手法诱发了非计划型购买。据此,银行进一步将客户的购买记录进行分类,网红直播购物的比例愈高,代表客户的冲动型购买倾向愈高,愈适合作为银行执行促销活动(如满额赠礼)的目标对象。

从整个逻辑来看,不管是大数据营销或者数据库营销,都是在做营销,只是处理的数据型态,跟一般的问卷调查或深度访谈有很大的不同。因此,找到合适的营销理论是进行大数据营销的首要步骤。有了理论基础,才能掌握营销数据库应有的变量与架构,也才能进一步建立适当的统计模式进行数据分析。本书第2章"大数据时代之营销战略"阐述了四种营销观念,探讨消费者的异质性与动态性,是构成营销数据库架构的理论基础。只要企业能够驾驭庞大的营销数据库,正确预测每位消费者的行为特性,据以制订营销创新策略,就能掌握商机与主导权。

1.3 用营销语言解读统计模式

对于大数据分析,市面上有非常多的书籍与网络视频在做介绍,但多半只是隔靴搔痒,避谈其中的关键点——分析。该怎样对大数据进行分析,几乎没有任何书籍有详尽的说明。谈到分析,很多人想到的是使用统计模式去进行数据分析。其实,统计模式只是死板的公式,如果没有搭配营销理论加以解读,统计分析是无法发挥真正的作用的。

以统计中经常出现的概率分布为例，如图1-1所示。若使用统计语言来解读图形，则会强调这两个分布是对称的，适合设定为常态分布，位置与离散程度分别由平均数（μ）与标准差（σ）这两个参数所决定，概率曲线公式是常态概率密度函数。上述分析说明统计模式对于解决营销问题，其实没有太大的帮助。

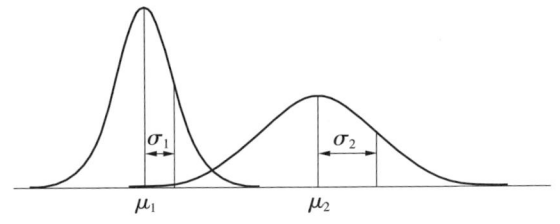

图1-1　两个概率分布

如果以营销语言加以解读，就会从消费者行为的角度，说明这两个分布其实代表的是两个消费者群体的行为异质性。例如，位于左边的分布较为高窄，代表这个市场的消费者行为特性很相似、很同质，因此营销策略的执行效率会比较高。相对的，位于右边的分布则较为扁平，变异程度明显大于前者（$\sigma_2 > \sigma_1$），代表这个市场的消费者行为特性是很异质的，有必要再进行更深度的市场细分，才有助于提升数据分析的准确性与营销策略的有效性。

也就是说，若能以营销语言解读分析结果，就能将死板的数据，转换成活生生的市场现象，更具有营销意义。从本书第4章起，将分别针对顾客价值分析、顾客终身价值、购物篮分析、新产品推荐等营销主题，说明如何选取营销数据库的数据，使用适当的统计模式，进行数据分析，最后再以营销语言，赋予营销意义。

1.4　符合行为模式的统计模式

在谈到预测的时候，传统观点主张使用时间序列模型（time series model），也就是根据资料的历史变化，去预测其未来趋势。这种做法的前提假设是未来的波动是过去的延伸，即外在环境处于一个稳定的状态，或者是外在因素对于现象的影响纯粹是随机的，不具系统性。事实上，过去的每一个时间点，都代表着一个当时的、特定的市场结构特性，而市场结构特性是会变化的。例如，去年3月份与10月份的销售量虽然相同，但这两个现象的背后成因与环境结构是完全不一样的。若只是基于销售量相同就说这两个月份有一样的消费或竞争现象，显然是不合理的推论。

因此，在进行预测之前，除了观察现象本身的时间变化，更应该根据理论找出可能的前导指标。以预测黄金价格为例，若只根据黄金价格的历年波动去预测其未来趋势，其实只是用变量本身解释自己的行为而已，完全忽略其他影响因素。如果从经济理论的角度来解释黄金价格的波动，就会发现美金汇率是一个前导指标。当美金贬值的时候，大家可能就会抛售美金、转去购买黄金保值，造成黄金价格上升。如果从消费者行为的角度来看，消费者情绪可能也是前导指标。例如投资黄金的正面情绪愈高，则愈会想去购买黄金，进而促成黄金价格的提升。虽然"情绪"是一个抽象且不易衡量的概念，但也可以尝试从媒体或网络等渠道搜集有关黄金的新闻、评论，甚至包括社交网站上网友的一些讨论，使用文本挖掘（text mining）去构建出一个情绪指标，衡量在每一个时间点，投资大众对于黄金的情绪是正面的居多，还是负面的居多。

根据理论找到适当的前导指标之后，接下来就是搜集对应的资料。数据源包括传统的结构化问卷与实验设计，以及更多元、更丰富、更实时的海量数据（如营销数据库、大众媒体报导、网友讨论等）。有了资料之后，接着就要应用正确的统计分析模式。愈简单的统计模式，被使用的频率愈高，但前提假设往往与现实情况不一致。例如，时间序列模式假设行为变量只受到过去的自身影响，忽略其他影响因素。本书从第 4 章开始先介绍简单模式的假设与限制，后面各章再逐渐进入更为一般化的统计模式。

1.5 大数据的稀少性：一对一营销

为了提升营销策略的执行效率，企业往往先选定一个目标群体，再根据消费者习惯和特性来制定营销策略。那么，企业该如何挑选目标客户群呢？最常见的做法是先通过大样本的问卷调查，对消费者的习惯、特性与想法进行资料搜集之后，再试图根据一些准则去建立细分市场（请参考本书第 8 章），并从中挑选出最具获利性的目标客户作为营销对象。然而，即使是大样本，被定义为目标客户的样本数顶多只有一两百人。根据分析结果，企业也许可以大致了解整体目标客户（可能有一两万人）的喜好，却无法完整知道这些人生活在哪里。因此，企业只能寄希望于通过大众媒体或实体营销能将产品信息传递给这群人，进而促成其购买行为。

在这个强调大数据、海量数据的时代里，企业都期盼做到定制化营销或一对一的营销，进而提升营销效率。然而，数据的海量、大，真的就是做到一对一营销的关键吗？现在受到热烈讨论的数据挖掘（data mining）工具，的确是在处理大量数据，却沿用传统的分析方法，先对大量数据进行抽样，再根据样本分析结果去推论整个市场的特性。换句话说，数据挖掘最多只能用来建立细分市场，无助于一对一营销。

当营销策略只聚焦在一位客户身上的时候，只须考虑客户的个人特质与购买记录，不必考虑其他客户数据。这是因为每位客户都是一个独立的个体，客户个人的行为习惯与数据库中的其他客户是无关的。如果一次性地将所有客户的资料纳入分析，很可能会降低统计推论的有效性，也难以使用营销语言解读分析结果。

大数据的可贵之处是容许企业去了解每位客户的行为特征与需求，以及生活在哪里。一旦锁定目标市场，企业就有能力找到每一位客户在哪里，并进行一对一的接触。其实，资料的海量、大并不重要，因为从个人的角度来看，每位客户的购买记录都是稀少的。就算是与企业有频繁交易往来的忠诚客户，也只有近期的购买记录才值得进行分析，因为距今愈远的数据愈无关于未来预测。如果想要针对特定品类或特定行为去做分析的话，个别客户可用的资料笔数就更少了。例如，3C卖场的产品范围非常大，小到电池，大到空调，客户的购买内容也是如此。如果商家想要做空调促销活动，则数据库中有购买空调的客户可能不到一成，而这些客户近三年的购买频率很可能不是0就是1，数据可以说是少之又少。

因此，大数据营销并不只是说说而已，还必须能够实际操作。先根据营销理论去描述解释可能的顾客行为，据此界定营销数据库应该包含哪些变量，有利于数据的积累。有了数据之后，还必须能够选择符合消费者行为假设的统计模式，去预测消费者在不同情境下会有哪些购买行为。企业还必须有能力根据预测结果，制订有创意的营销策略。因此，能够成功执行大数据营销的人才，不仅须具备管理数据与软硬件的信息管理能力，还必须具备营销理论知识与统计分析能力。换句话说，大数据营销是一门结合科学与艺术的学问，最终目的是制定营销创新策略，提升营销效率，强化顾客关系。

第 2 章

大数据时代之营销战略

找到合适的营销理论是大数据营销的首要步骤。有了营销理论，营销人员才能针对决策问题，有逻辑地思考可能的解决方案，进而决定要从营销数据库中抽取哪些变量去进行数据分析。本章分别从营销学派与营销思维来解释营销理论的范畴与内涵，为后续各章提供理论基础。

引例：大数据营销在某美妆创业公司应用案例

某美妆 APP 是一款专注美妆行业的社区型垂直电商，汇聚数以百万计的美妆爱好者和从业人员，旨在帮助小微企业女性创业者成功。产品的基础功能包括海量美图、内容社区、专业美妆产品商城、精品教程等。产品的特色功能包括 CPMA（certification of professional manicurist association）认证、招聘求职、美梨管店、美妆学校专区等。

企业的数据包括：客户端数据，即 APP 用户行为数据；服务器数据，即用户交互数据；第三方数据，即第三方软件提供的统计数据。企业利用数据都做了什么？主要包括监控、日常运营分析和专项研究三部分。

1. 监控业务

具体体现为可视化广告牌、系统报表、周报/月报等。使用对象包括管理层或业务负责人。目标和作用包括监控重要指标的变化，追溯可能的原因，建议开展的下一步。

2. 日常运营的分析

具体体现为商城业务、社区业务、教育培训业务、招聘业务等。

【示例1】商城促销活动（如双十一），具体分为准备期间（侧重活动目标的制定和分解）、预热期间（分为预热期间的监控以及配合开展预热活动）、活动期间（活动期间的监控以及配合开展营销活动）、复盘期间（整个活动项目的数据整理）。

3. 专项研究

（1）精细化的用户运营。

为用户贴上很多的标签，负责业务运营的同事针对不同类型的用户制订不同的运营方案；不同的人接收到的信息不一样，享受到的服务也不一样。

【示例2】促销给用户发短信。由原来的全部人发一样的文案转变为不同品牌倾向的人发不一样的文案，结果投资回报率（return on investment，ROI）提升10倍以上。

（2）用户行为轨迹分析。

通过分析用户使用APP的习惯和路径，来优化产品功能体验并提供运营策略。

【示例3】提高留存率。现象：我们发现新用户如果在APP里有关注别人，用户的留存率就会更高，用户黏性会更高；措施：在产品设计和运营上不断强化这个行为。

【示例4】拉新。现象：我们发现购买用户看的美图数比一般人多，看的教程也比别人多；措施：我们会在未购买的用户中去找符合这些特征的用户，来重点促成购买。

（3）行业报告。

利用公司和合作伙伴的资源，每年2—3月都会发布美妆行业报告。

【案例思考】

（1）该公司属于成功的大数据营销案例吗？

（2）你觉得还有改进空间吗？可以从哪些方面入手？

2.1 四大营销学派

回顾营销学的发展历史，营销学派从早期到近期依序形成实体配送通路学派、消费者行为学派、营销策略学派、营销决策模式学派等四大学派。最早期的实体配送通路学派（physical distribution and channel），着重数理分析，试图寻找最有效率的方式，将生产出来的产品配送到消费者手中。企业一方面想要以较密集的渠道布点或频繁的配送次数确保货源充足，提供消费者随时随地都能买到产品的便利；但另一方面又必须想方设法压低配送成本与存货成本。实体配送通路学派发展的数学模型就是为了帮助管理者找到能让总成本最小化的最适配送频率与渠道布点，属于管理导向。

实体配送通路学派假设提供适当的配送方式，协助消费者方便获取产品，就能提高产品销售量或降低配送成本。消费者行为学派（consumer behavior）则认为消费者之于产品的行为，绝非仅限于购买而已，而是会进一步思考拥有产品所代表的意义，对于自己的生活或他人的看法会造成何种影响。因此，消费者在购买前、购买过程中及购买后的行为，涉及许多心理与社会层面的含义。消费者行为学派认为，若要了解消费者的一举一动，必须要有心理学的积累。时至今日，消费者行为学派几乎成为营销学的代名词，美国各大学营销系的师资大概有三分之二的研究特长属于消费者营销领域，可见其重要性。

在消费者行为学派逐渐成熟之后，该学派培养出来的营销人才营销手法愈发相似，从而造成企业间激烈的市场竞争。企业开始思考如何建立专属于自己的竞争优势，于是造就营销策略学派（strategic marketing）。该学派认为，在发展营销策略之前，了解消费者并不能保证成功，还必须观察其他竞争者的一举一动。因此，营销策略学派将研究焦点从消费者转移到厂商身上，以经济学为理论基础，讨论厂商的资源基础、竞争实力等。企业从竞争的角度出发，思考自身与竞争者的差异，凭借其有别于竞争对手的经营优势，制定差异化的营销策略。值得注意的是，差异化策略是为了伴随竞争者的现况与反应而产生的，有别于消费者行为学派为了伴随消费者的不同需求而制定的各种营销手法。

信息科技的发展不仅改变人类的生活，更促成企业建立新的商业模式。企业不但建立起客户数据库，还通过条形码辨识系统记录客户的交易数据，进而观察与分析消费者的实际购买行为。由于数据库的类型与结构都有别于传统的问卷调查数据，学术界开始致力于发展既符合行为假设又能整合不同数据库的统计模式，造就了营销决策模式学派（marketing decision models）。该学派的发展，提供了许多统计方法与模式，使得大量定制化的客户关系管理得以落实，也进一步让营销人员重新思索营销的执行手法和决策思维。

2.2 资料架构

企业面对的营销环境可整理成如图 2-1 所示的资料架构。资料架构由对象（i）、时间（t）、变量（X, Y）三个维度组成。对象（i）是指企业关心的营销环境成员，包括消费者、竞争对手、下游客户等。这些对象必须能够被辨识，才能存在于资料架构中。例如，企业建立会员制度，通过优惠措施鼓励消费者成为会员，并且在其进出门店消费时留下会员交易记录。时间（t）是指每件事情的发生时间。例如，消费者的每笔事务历史记录都必须有时间戳，并根据时间先后排序。发生时间愈靠近现在的交易记录，与未来消费行为的关联性愈高，重要性也愈高。

第 2 章 大数据时代之营销战略

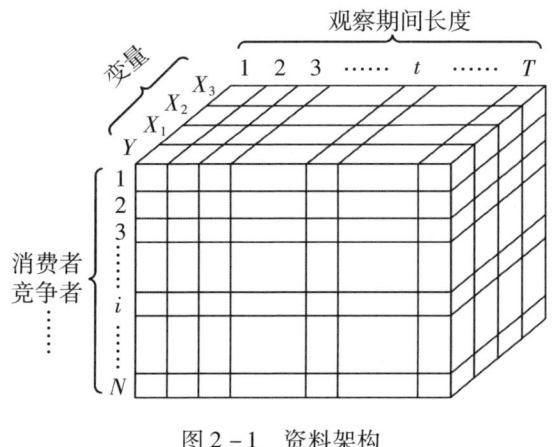

图 2-1 资料架构

常见的观察期间长度（T）可能是 2 年、3 年、5 年等，有些企业自诩有大容量的存储设备，甚至积累 10 年以上的数据。但是，若观察期间长度太长，将过时的消费型态纳入分析，反而会产生错误的预测。例如，同一个人在 3 年前还只是一个学生，3 年后的今天却是上班族甚至是已婚，随着顾客生命周期的改变，消费型态一定会有大幅度的改变。因此，在做行为预测的时候，如果还将这个人在数年前的交易记录纳入统计分析，肯定会造成极大的误差。

从消费者个人的角度来看，可以用来做行为预测的数据其实很少，这跟大数据的大、多没有关系。由于个人的行为一直在随着时间而改变，因此必须使用与未来行为真正相关的过去记录去做统计分析，才能提高预测的准确度。观察期间长度最好由客户的生命周期阶段，或其他会造成消费型态转变的结构变量来决定，才比较有意义。

企业通过记录工具能够轻易地积累大量且多元的数据。例如，便利店的 POS（point of sale）收银系统记录了各种购买行为，包括购买时间、当时天气、购买商品、购买金额等。在线购物平台的网络记录器保留了用户的网页浏览行为，包括浏览时间、浏览网域、停留时间及购买行为。社交网站记录了用户跟朋友打招呼、留言、点赞、玩游戏的行为。不过，这些数据绝大部分都是文字内容（text content），需要进一步编码为数值数据（numerical data），才能使用进阶的统计方法加以分析。

企业面临的难题是，这些存储下来的文字数据应该被定义为哪些变量，才能对营销决策有所帮助？举个例子，银行的金融经理在从事核贷业务时，必须先对贷款企业进行评估，再决定是否融资。在评估的过程中，什么才是贷款的决定因素？只评估企业的财务状况，如流动性、负债比率等，这样够吗？事实上，这些财务指标代表的是企业的经营绩效，是结果而不是原因。用结果预测结果是没有意义的，应该要进一步探讨造成财务绩效的原因有哪些。假设有两家财务绩效相同的企业同时申请融资，但这两家企业背后的经营策略与风险却完全不同，银行应该进一步探究并给予不同的评价。

因此，对于营销人员来说，只记录消费者的购买行为是不够的，因为表现于外的购买行为是"结果"，不是"原因"。大数据营销首先要做的事情是，寻找合适的营销理论基础，了解消费者为什么会有这种想法和行为，是因为消费者的人格特质、生活型态，还是营销活动的刺激？其次，将这些变量定义出来之后，建立数据架构。然后，采用适当的研究设计去搜集数据，如问卷调查或交易记录。最后也是最核心的步骤是，使用正确的统计模式，配合动态的营销策略的理论，去制订具体可行的行动方案。

2.3 异质性

营销观念的核心在于洞悉消费者行为的内涵。总的来说，营销人员必须要掌握住两个关键的消费者行为特质：异质性与动态性。异质性（heterogeneity）是指每个消费者都是独立的个体，因为各有不同出生背景、人格特质、生活经验，从而造成各具特色的思考、行为与需求。以购买牙膏为例，有些消费者重视价格，有些注重牙齿美白功能，也有些人只在乎品牌所营造的形象。仅就价格敏感度（price sensitivity）这件事情来说，有的人很在乎价格，也有人根本不在乎。面对这样的市场，企业要能提出不同的营销组合来迎合异质的市场需求，针对不同价格敏感度细分市场去制定不同的价格，以获取价格歧视（price discrimination）的利益。

以航空业为例，最常见的做法是通过不同舱的等级规划，满足异质性的需求。例如，对于重视服务质量而不在乎价格的顾客，企业提出头等舱或商务舱的营销组合：以最高规格的设施与服务，如旅客可以优先登机，在机上享用顶级的餐饮与娱乐设施，享有相对宽阔的个人空间，以满足消费者彰显身份地位、享受物质成就或者重视隐私的需求。对于在乎价格的顾客，企业则提出经济舱的营销组合，甚至是推出廉价航空副品牌，提供基本的服务，也收取相对低廉的价位，以满足消费者节省成本的需求。

如果企业能够锁定高价格敏感度的客户群去执行促销策略，也可以得到价格歧视的效果。一般来说，市面上看到的市场价、建议零售价、统一售价等，都是偏高价位，只能吸引不太在乎价格的顾客去购买。因此，企业不时也会推出"全馆打八折""优惠套餐"等促销策略，进而刺激高价格敏感度客群的购买意愿。然而，这种全面性的促销手法是最好的做法吗？不论顾客的价格敏感度是高还是低，一律雨露均沾。事实上，如果让低价格敏感度的顾客享受到降价的福利，就代表企业该赚的钱没赚到，也就是营销手法的失败。

好的促销策略应该是先找到谁是在乎价格的顾客，然后只为这群人提供促销优惠。问题在于该如何找到这群人？根据理论，价格敏感度（price sensitivity）的定义是由价格变动引起的产品需求的变化。根据定义，产品需求受到价格的影响，因此前者被视为反应变量（Y），后者被视为解释变量（X）。在营销数据库中，符合产品需求定义的变量包括产品购买数量、购买金额、是否购买、品牌选择等；符合价格定义的变量则可包括实际售价的高低、打折促销的幅度，以及是否有促销活动等。二者之间的关系可建立一个回归模式，而回归系数（β_i）就代表价格敏感度。

在衡量每一位顾客的价格敏感度（β_i）之前，个别顾客都须先积累一定数量的交易记录，才能建立个人回归模式，如图2-2所示。图中，每一个横剖面上的方格数据，代表该顾客在不同时间点（t）上，使用变量（X，Y）衡量所得的观察值。图中，个人的回归系数估计值称为异质效果（individual-specific effect），代表营销刺激（如价格变化）对购买行为（如购买与否）的影响。将所有会员按照价格敏感度（β_i）由高到低排序以后，就可以区分为高低两群。当企业推出打折促销活动时，只要将活动信息发给被归为高价格敏感度群的会员即可，不必让低价格敏感度群也享受优惠。

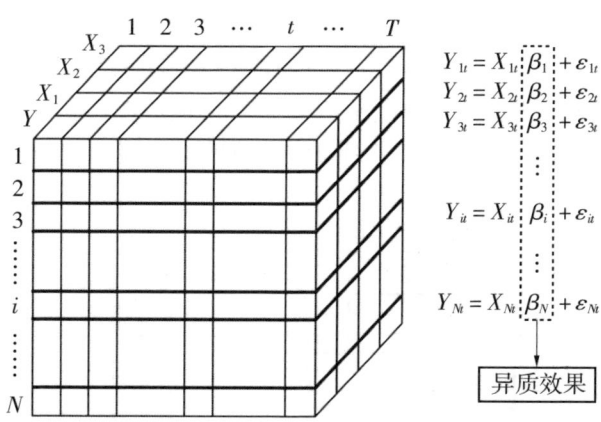

图2-2　异质效果：以价格敏感度为例

2.4　动态性

第二个消费者行为特质是动态性（dynamic），是指同一个人的行为在不同时间点也会有所差异。例如，同一个人在一周内，每天中午不会都吃一样的东西；

或者有时候是一个人吃，有的时候则是跟朋友一起聚餐。如果将观察时间拉长，可以发现同一个人在上学、毕业、上班、结婚、有孩子等不同的生命阶段，需求型态有很大的差异。例如在上学期间，因为可以依靠父母提供生活所需，用钱就会比较大方，价格敏感度较低。在走入职场开始独立生活，不再依赖父母之后，逐渐体会挣钱的不容易，在花费上就会比较节制，从而提高价格敏感度。因此，就长期的观点来看，营销人员要关注消费者在不同的生命阶段所展现的不同需求与生活型态，以求能满足其长期变动的需求。

这里举个例子，说明如何根据需求的动态性来制定营销策略。某来电铃声厂商想将来电铃声服务打造成一个广告平台。只要会员申请来电铃声服务，则打电话给会员的人，在会员接听电话之前的5～10秒中，就会听到广告内容。为了提高来电者对于广告内容的接受程度，避免成为无法引起兴趣的垃圾广告，厂商想要根据广告主提供的广告内容做适当的时段安排。如果能让广告主可以针对目标消费者的生活作息，选择适合的时段播放广告，就能提高宣传效果。消费者的生活作息大概可以分成六个时段，做的事情都不相同，分别适合播放不同类型的广告。例如，如果在半夜12点到早上6点的时段打电话给会员的人，可能会听到一些在线游戏的广告，这符合夜猫族的习惯和特性。如果是早上6点到早上10点的来电者，听到的来电铃声内容可能是麦当劳早餐的特惠活动信息。

营销理论发展到现在，近八成的内容都在处理消费者异质性的问题。直到数据库的出现，记录了会员因时而异的购买行为，才使得研究人员开始去思考、去观察消费者的动态性，如图2-3所示。假设有一群同构型高的消费者，如低价格敏感度群，在不同时间点（t）上的购买记录，构成图中每一个纵切面上的方格资料。这群消费者虽然平时并不在乎价格，但是某天在店内突然察觉到货架上

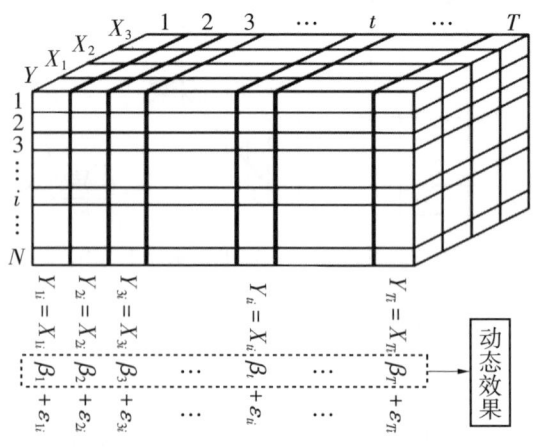

图2-3　动态效果

同一产品陈列了六个品牌，标示六种高低不一的价格，让消费者陷入思考要选哪一个品牌，就代表他的价格敏感度提高了。也就是说，平时不在乎价格的消费者，不代表永远一成不变，而是会在这个基准点上，伴随营销环境的变化而上下调整。这种因时而异的价格敏感度，称为动态效果（time-specific effect）。

营销之所以如此难做，市场之所以难以掌握，就是因为消费者行为的动态性。不过，尽管动态性在表面上看来似乎毫无章法，让人无所适从，但是万变不离其宗。虽然消费者的行为随时在变化，但是就行为的本质或型态而言，其实没有太大的变化。例如，选择餐厅的动机只分为几种类型，如追求效率或追求社交，营销人员只要能够认清并掌握不同类型的行为，就能制定有效的营销策略。因此，营销人员应牢记理论基础，有利于掌握消费者的行为本质，作为策略发展的依据。营销理论探讨的内容，不论是从何种角度切入，都离不开消费者的异质性与动态性。一切营销策略的作为，都必须是伴随消费者这两项特质而产生的。

2.5 从营销1.0到营销2.0

本章开头介绍的营销四大学派，真正在谈论营销概念，是从消费者行为学派开始。消费者行为学派提出企业应该先了解消费者的想法与行为，然后再按照消费者的想法与需求来设计营销策略，去适应（to adapt）、去回应（to respond）、去满足（to satisfy）消费者的需求。这种被动的响应消费者需求的概念，称为被动式营销典范（reactive marketing），属于营销1.0，也是多数教科书讨论的主轴。然后，营销策略学派兴起之后，告诉企业除了要了解消费者之外，也应该按照自己的资源优势，试图去主动地重新塑造消费者需求或行为，目的是与竞争对手有明显的区别。这种根据策略学派所发展的营销思维，称为主动式营销典范（proactive marketing），属于营销2.0。

2.5.1 营销1.0：被动式营销

根据被动式营销典范的思维，营销策略的方向是由消费者所主导，因此营销人员必须先去了解消费者，这涉及理论的基础与实操的方法。理论的基础来自于心理学的学理基础，如消费者如何摘取营销信息，在脑海中如何存储等问题；对于不同产品方案，消费者又是如何选择等。对于这些问题，营销人员必须熟悉许多统计数量的分析工具，也就是营销研究介绍的市场调查、统计分析等方法，去了解消费者的认知与态度。

例如，在设计广告文案之前，营销人员应先了解消费者的购买动机属于何种类型，再将这些动机转换为广告内容，进而刺激消费者的需求。根据马斯洛需求层次理论（Maslow's hierarchy of needs）为例，消费者对于产品的需求分为五种类型，包括生理需求、安全需求、社交需求、自尊需求、自我实现需求等。现以健身减肥为例，说明针对不同需求所设计的广告内容，如图2-4所示。

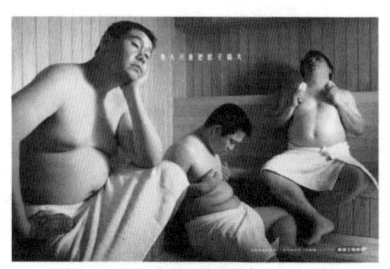

(a)生理需求

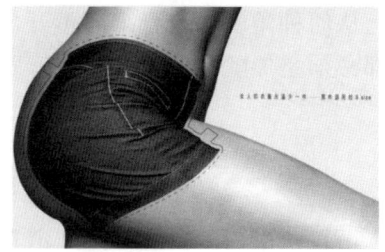

(b)自我实现需求

(c)社交需求

图2-4 被动式营销：针对不同需求的广告文案

在图2-4a广告中，主角是一名中年男子，肚子上有"游泳圈"，脸上表情看起来很疲累。一般到了中年，因为运动量减少而导致身材发福的案例比比皆是。像这一类的男子通常会担心过重会对健康造成负面影响，因而产生减肥的需求。因此，以"男人只会把肚子搞大"这样较为耸动的口号，恐吓式提醒消费者再不减肥就会一直颓废下去，针对的目标市场是那些想要改善身体状况的人，属于生理需求。相对地，图2-4b广告的主角是女性，抓住女性爱美的天性，促使女性追求更窈窕的体态，追求更高的自我表现（可以穿得下S码的热裤），属于自我实现的动机。图2-4c广告则是以年轻健美的男性为主角，他们对于健身的需求又不一样，是为了向别人展现自己，希望获得赏识、欣羡的眼光，属于社交动机。

2.5.2 营销2.0：主动式营销

主动式营销是竞争导向的思维，主张营销人员除了要了解消费者需求之外，也要了解市场上竞争者的策略。相对于被动式营销强调由外而内（outside-in）的观点，也就是由外部消费者的偏好决定企业的营销策略，主动式营销典范则是一种由内而外（inside-out）的观点，强调企业应以本身内部资源优势为出发点，尝试去改变外在市场环境或塑造消费者行为。例如，某品牌洗发液通过广告告诉消费者该品牌的功效很强，建议消费者一个礼拜只要用一次就好，消费者的使用行为马上就被塑造出来了。

主动式营销的前提假设是，消费者不清楚或不知道自己想要的是什么，或者对现有产品不甚满意，需求尚没有被满足。举例来说，落健牌洗发液的功能是停止落发，所以锁定的目标市场是"有发可落"的消费者，而不是"无发再生"的人。然而，头发茂密的人通常不会预期自己有掉头发的危机，也就没有预防掉头发的需求。因此，落健必须要重新塑造这群人的行为，如通过广告提醒消费者注意，不小心的话两年之后就会变成另一群人。只要是在意自身外貌的消费者，就会听从落健广告的建议，去购买并使用相关产品。也就是说，消费者对于预防落发的需求是被塑造出来、被提醒出来的，这就是主动式营销的目的。

根据主动式营销的思维，营销策略是为了影响或塑造消费者的消费习惯和特性，或者改变消费者的决策准则。比如 7-Eleven 便利店塑造新的购物行为，麦当劳塑造新的饮食行为，星巴克塑造新的咖啡体验行为，信用卡与悠游卡塑造新的付款行为，智能手机塑造新的通话行为等，都是主动式营销的典型案例。裕隆的 Cefiro 汽车刚上市时的广告内容也有别于常见的汽车广告，采用理性的产品功能要求，使用噪声分贝测试器来证实他们的车比劳斯莱斯还要宁静，标榜新宁静质量。虽然在当时，宁静属性并非买车优先考虑的因素，但是 Cefiro 汽车通过广告告诉消费者开车时车内空间的安静很重要，消费者听的次数多了就会被影响，甚至改变买车的决策准则。当消费者向销售人员询问："你们这款车安静吗？"大概已心有所属，认为 Nissan Cefiro 是最佳选择。

不论是被动式营销还是主动式营销，都是企业对消费者进行单向的营销沟通模式，无法确切地了解消费者对于营销策略的实时响应。例如，在媒体上播出的广告到底获得了哪些消费者的注意；产品的销售量当中有哪些是因为消费者看到广告才发生的，或者基于哪些消费动机而产生的，这些企业通通都不清楚，只知道产品最后卖出的总量是多少。对于消费者的异质性与动态性，企业只能通过问卷调查来掌握，资料分析的结果只能用来从事大众营销或细分营销，无法用来掌握每一位顾客的喜好。一直要到企业开始建立客户数据库，能够观察到每位会员的所有历史交易数据，才有办法通过数据分析，开始与顾客进行一对一的互动，与顾客建立长期关系。

2.6 营销3.0：交互式营销

传统营销的核心思维是交换或交易，促使交易完成是唯一目标。根据这个核心思维，被动式营销与主动式营销都是以消费者行为为基础，思考为了完成当下的交易，供需双方可能有的一切做法，据此发展出来的营销典范。不过，到了20世纪90年代，随着计算机应用的普及，顾客交易数据可以被详实地记载与积累，企业得以进一步观察到个别顾客的实际购买行为，因而开始与顾客发展长期的关系，营销手法也随之改变。此时，营销的核心思维从交易转换成关系，企业开始规划不同的营销策略和活动，通过顾客交易数据库来与顾客建立关系，据此发展出交互式营销典范（interactive marketing），属于营销3.0。

2.6.1 特色

交互式营销与营销1.0和2.0的主要差异有两点。首先是一对一营销（one to one marketing）的精神，从观察个体消费者的行为特性来研究和制定营销策略，所有的沟通模式都是指向一对一的方式。有别于大众营销或细分营销的做法，交互式营销不再建立细分市场，也不采用大众传播媒体为沟通工具，而是直接与目标客户群进行一对一沟通。因此，交互式营销的成功前提是，企业要能够认得出每一位顾客是谁，了解每一位顾客的需求与行为。这些都必须依靠会员制度的建立、个人交易记录的积累，以及正确统计模式的使用。这也促成营销决策模式学派的兴起，致力于发展适用于营销数据库的统计模式。

交互式营销的另一个特点是处理动态性的问题。为了与每位顾客建立关系并加以管理，营销人员必须从时间角度观察顾客多次交易的情况。因此，除了可以观察到不同消费者的异质性之外，更重要的是可以观察到同一消费者在不同时间点上也有不同行为与需求，也就是动态性。例如，根据个人购买记录的变化趋势，企业可以预判顾客价值是否逐渐降低甚至是趋于静止，从而挑选出提早防范流失的顾客名单，采用一对一营销策略去提升价值。

2.6.2 会员的交易数据

记录并存储每一位消费者的交易数据，是交互式营销的必要条件。个别消费者的交易数据收集方法由来已久，最早是通过问卷调查的方式，邀请有合作意愿的消费者参与，收集平日消费的发票或记录交易数据，再由访员定期调查与汇总和整理每位消费者的交易数据，称为顾客面板调查数据（consumer panel survey data）。然而，这种资料的完整性和准确性很容易受到质疑，因为调查成本高，市场调查公司签约的顾客人数有限；再者顾客的记忆力也有限，难以保存完整的交易历史记录。直到后来计算机的大量使用，零售业逐渐利用结账时的扫描设备，记录顾客的每笔购买记录，称为扫描面板数据（scanner panel data），这才开始步入数据库营销的时代。随着网络的普及，企业可以利用网站记录器自动存储大量且多元的网络使用行为，如网页浏览行为，包括浏览时间、浏览网域、停留时间及购买行为等。

在大数据时代背景下，企业能够轻易地存储大量交易数据。然而，如果没有建立会员制度，或者没有设计出符合营销目的的数据架构，又或者没有采用适当的统计模式去做预测，企业仍然只能采用大众营销，无法执行一对一营销。例如，还没有建立会员制度的便利店，虽然每天都能通过POS系统存储大量的交易数据，却无法辨认每笔数据来自于哪一位顾客，所以只能作为店面的存货管理、各产品的销售量预测，或者销售量与营销活动的相关分析之用。

即使建立了会员制度，如果交易数据的存储只是徒具形式，企业仍旧无法系统地掌握消费者的一举一动。例如，报纸杂志纷纷推出线上阅读版，订阅户每点击一篇文章就相当于一笔交易，若出版社只是统计每篇文章被点击的次数，就像便利店只关心每个产品的销售量一样，仅将每笔交易视为彼此独立的数据。但是事实上，来自于同一顾客的交易数据是有关联的，因为有这位顾客的存在，这些交易记录才会被观察到。因此，在处理大数据的时候，应该要从个别顾客的角度去做资料分析，如计算个人的顾客价值，估计个人的偏好结构，预测个人的购买行为，提出个人的产品推荐列表等。以下举两个营销案例，分别说明交互式营销在易耗品与耐用品上的应用。

2.6.3 易耗品的交互式营销

第一个例子是金百利企业（Kimberly）销售的好奇尿不湿（Huggies），属于单价低且重复购买率高的产品。金百利在1992年花费近500万美元开始构建客户数据库，致力于搜集孕妇名单。也就是说，金百利抢在孕妇变成妈妈之前，先与孕妇建立关系，等到孩子出生而有尿不湿的需求时，金百利就可以抢得先机提前向新手妈妈们推荐好奇尿不湿。当时金百利通过全美国所有医院的医生与护士搜集孕妇的名单，据传全美接近75%的孕妇都是金百利的会员。金百利先是每个月定期寄送育婴相关信息给孕妇们，维系与会员之间的关系。直到预产期快到了，金百利就寄送好奇尿不湿的免费试用包给即将出生的婴儿使用。

其中关键在于金百利在每份试用包中都放了一张尿不湿的优惠券（coupon），而每一张优惠券都有独一无二的编号。过去发送优惠券的方式都是天女散花式地发放，最终到底有谁会使用优惠券去兑换价格折扣，企业并不知道。反观金百利在优惠券上加了编号，就可以追踪被兑换的优惠券来自于哪些会员，也可以得知哪些会员没有使用，这两群消费者适合不同的营销策略。针对有使用优惠券的会员，金百利马上写一封感谢信，并询问尿不湿的使用情况，同时推销其他相关产品，建立起一对一的直销事业。针对没有使用优惠券的会员，金百利也寄一封信询问他们对于好奇尿不湿是否有任何问题，先不急于推销其他产品，而是先解决顾客问题，维系好顾客关系。这种可以事后追踪个别顾客反应的做法，属于闭环商业模式（closed-loop business）。

尿不湿这种产品的需求，有非常明显的动态性。首先，随着婴儿的快速成长，使用的尿不湿尺寸也需要从小号、中号，最后换成大号，耗用周期非常规律。曾有一份问卷针对美国家庭主妇的调查显示，尿不湿的最大问题是很占空间。消费者虽然会想趁着促销期间大量买进，却为了家中存放问题而伤透脑筋。如果企业能够通过交易记录的分析，准确预测每个家庭的耗用周期，在存货用完之前贴心地适时提醒并提供送货上门的服务，对于忙于处理家务与照顾婴儿的家庭主妇来说绝对是一大福音，当然会想要与企业维持长久的关系。

其次，按照婴儿的生命周期，连带鞋袜、衣服等物品的替换速度也相当可观。金百利能够成功地根据顾客生命周期来满足顾客：在婴儿尚未出生就开始建立关系，掌握婴儿每分每秒的成长，在成长过程中的每一个环节提供所需产品。如此，购买者就不会只买金百利的尿不湿，而是会随着长期的交易关系而对金百利这个品牌产生信任感，进而愿意购买金百利旗下其他的婴幼儿用品。

2.6.4　耐用品的交互式营销

第二个交互式营销案例是汽车。不像易耗品，汽车的购买周期很长，大约是三到五年以上，汽车厂商又该如何在这个周期之内与顾客维系关系呢？大概分为两种方式，第一种是汽车经销商提供售后服务与保养维修。以加拿大汽车4S店提供的服务为例，一名消费者买了汽车之后可能很久没有更换轮胎了，直到觉得有点危险才送进4S店。4S店的维修人员并没有急着推销新轮胎，而是在测量胎纹深度之后，告知车主轮胎还可以再用六个月，之后再来换胎也比较便宜。于是顾客便留下了详细的信息，4S店也因此得到了会员数据。五六个月后，4S店通知车主该换轮胎了，顺便告知有哪些轮胎正好在做促销。不出意外，这名车主最后就选择了这家4S店更换轮胎。如果这名顾客觉得这份服务非常贴心，与这间4S店的交易会仅限于一次吗？相信日后完成多次交易是可以期待的，这就是交互式营销的精神。

第二种方式是由汽车制造商来执行，其中以通用汽车（General Motors，GM）的案例最为著名。GM要求每一名车主在购车时必须详实填写客户数据卡。这张资料卡向客户询问许多用车行为，如购车用途、每日通勤距离、周末是否有出游度假的习惯等。这些资料可以让GM预测车主每隔多久可能需要做一次汽车保养，并且在适当时间通知车主，尽量避免平白无故地打扰或错失保养期限。在通知定期汽车保养的信件中，GM又再向车主提出许多有关用车习惯的问题，最后还提出车主在三年后是否有换车的打算。如果车主回复有换车需求，GM就会寄出汽车的车型目录，并附有一张GM联名信用卡。车主使用这张GM卡的累计刷卡金额的百分之五，可以在购买下一部GM汽车时用于扣抵。GM通过信用卡提供了具体的诱因,将顾客紧紧锁住(interlock demand)。当顾客的累积刷卡金额愈来愈高时,下次换购另一部 GM 汽车的可能性也就愈来愈高。刷卡内容也呈现了顾客的生活型态与生活水平,是 GM 向顾客推荐合适车款时的重要信息。

2.7 营销4.0:连锁式营销

相较于交互式营销,连锁式营销(chain-reaction marketing)将一对一的概念扩张为"网对网"的概念。首先,供给方的多个企业聚集形成一个网络平台,彼此之间维持一种既竞争又合作的关系。例如,购买网站的首页往往汇集了各家厂商的产品信息,同一商圈内经常聚集多家便利超商,信息广场与电子街亦充斥 3C(computer,communication,consumer)店家。当聚集的店数量愈多时,对外展现的专业形象就愈明显,愈能成为消费者心目中优先选择的购买通路。

其次,互联网也会提供消费者之间建立网络关系的绝佳机会。在过去,消费者的参考群体以亲朋好友为主,消费者经常参考亲友的意见来形成对产品的态度。但是在网际网络蓬勃发展之后,互不相识的消费者集结而成的网络社群、论坛、个人博客等,他们发布的产品开箱文、信息文、询问文、心得文以及淘宝、京东等各种购物平台上的购后评价,可信度反而胜过亲朋好友,成为消费者信息搜寻的主要来源。这代表消费者的参考群体从实体走向虚拟,规模也扩大到数以千倍计。

为了伴随消费网对供给网的现象,企业在营销手法上出现许多新的变化。连锁式营销的最早的典型案例就是亚马逊网上书店(Amazon.com)。当时,许多消费者对于网络购物持保留态度的主要原因是,消费者无法接触到实体产品,无法亲自检查产品的好坏。亚马逊书店当初的成功之处在于善用消费网提供的信息,多元化地呈现给潜在购买者参考,让产品质量具体化。首先是提供每一本书籍的销售量排名,相当于根据消费者的实际购买情形而产生的书籍推荐清单;其次是提供购买者的评价等级,包括由专业买方评断不同书籍的质量,以及一般消费者在网络上留言与给分;第三,使用购物篮分析(market basket analysis),提供"浏览过这本书的顾客又买了哪些书"(what other items do customers buy after viewing this item?)的购买口碑(word of purchase),对消费者进行产品推荐。后来,随着各种购书平台竞相模仿,亚马逊已经调整为侧重显示顾客不同的评分等级及其占比,以及精选详细的顾客购买评价,给其他顾客提供尽可能有效的帮助,如图2-5所示。

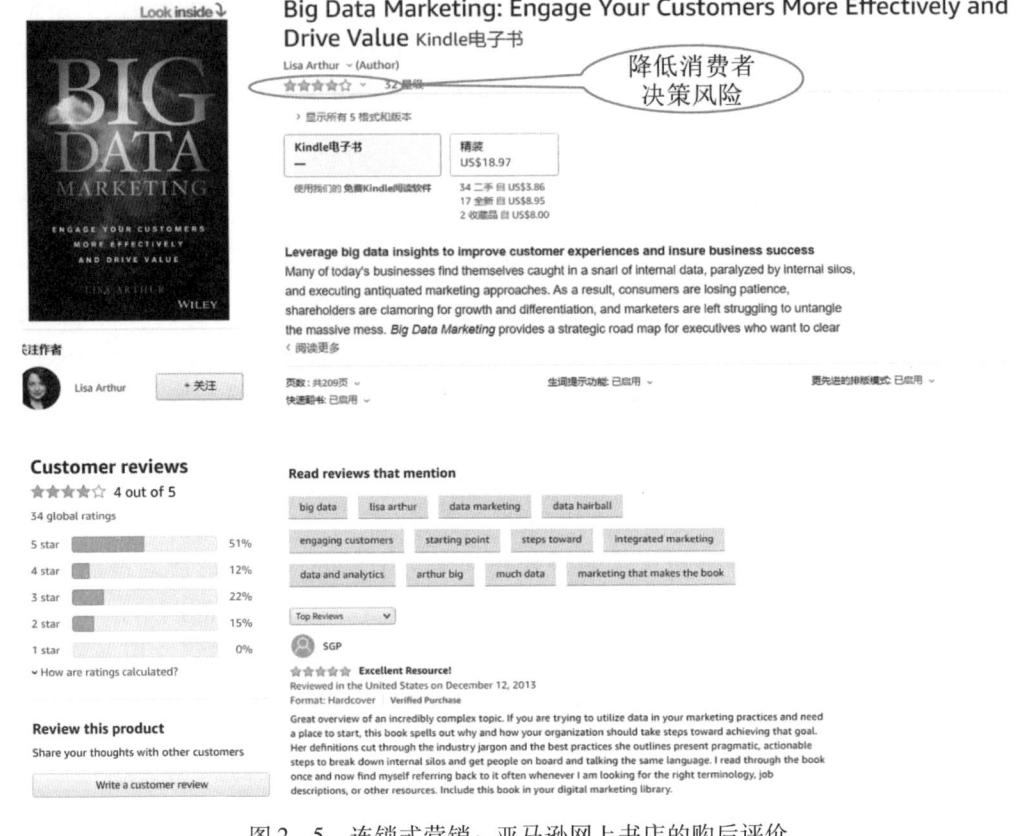

图2-5 连锁式营销：亚马逊网上书店的购后评价

连锁式营销利用网络机制，提供实时式（real-time）、随机式（random-access）与在线式（on-line）的定制化信息。电子商务的网页可以在消费者点击特定信息之后，快速产生不同的信息来给予消费者决策建议，如亚马逊书店的推荐机制。这背后的机制除了靠信息科技人员的开发与维护之外，更需要有管理人员或者营销人员，从营销视角告诉信息人员网页互动的规则为何，才能产生实时信息来响应或唤起消费者需求。其中不乏要使用更精密的统计模型来提高互动实时性与推荐成功率。换句话说，根据营销理论，采用适当的统计模型来产生预测与推荐，才能洞察顾客的一举一动，也才能提供贴心的产品与服务去打动消费者，使他们心甘情愿地与企业一直维持关系，这正是大数据营销要做的事情。

2.8 消费者隐私权

消费者的隐私权是不可侵犯的基本权利。按照现行法律法规，厂商不能私自将消费者的数据转卖他人（即使是关系企业）使用。美国的消费者保护团体甚至认为厂商没有权利保留消费者的历史交易记录。站在消费者的立场，在过去所有交易都已经银货两讫的情况下，厂商根本没有保留这些资料之必要。政府部门的税务机关在对企业进行税务查核时，也只需要看到相加后的进货、销货、存货等数据，不必深入到个别消费者的交易记录。因此，消费者保护团体认为厂商不应该继续保留个别消费者的交易记录，这已经侵犯了消费者的隐私权。

在今日消费者主权高涨的时代，若厂商企图利用顾客数据进行大数据营销，则势必要让消费者不至于反感，甚至愿意接受厂商的促销信息。其中的关键在于如何让消费者感受到，厂商通过大数据营销所创造出更高质量的产品与服务。因此，厂商认同交易数据为顾客所有，厂商只是帮顾客代为管理，使用历史交易数据的目的是为了提供增值的服务，让消费者体会和认识到厂商代管个人资料的优点。例如，美国的超市企业规定会员顾客可以先上网登记预订购买的商品，等到顾客来店购买时，企业提供打印购买清单的服务（被动式营销），并且在清单上提醒顾客有些东西可能也需要购买（主动式营销）。超市的推荐机制正是根据顾客历史交易数据，预估其日用品的存量，进而推荐可能家中存量已经不够的商品（交互式营销）。

根据顾客计划购买的产品，超市企业亦可将自己想要促销的品牌，罗列于顾客的购买清单之中。此种做法远比一般大众媒体广告更为有效，因为是针对有需求的顾客（right customer），在正要购买的时机（right timing），推荐想要促销的品牌（right product）。这样的推荐信息看似由超市免费提供，但实际上是零售企业对品牌制造商收取另一种形式的上架费，让品牌制造商们来竞标出现在推荐列表位置的机会。当然，推荐清单成功的首要前提是，企业能够使用正确的统计分析方法（right analysis）从庞杂的交易数据中萃取出顾客因人而异的购买习惯和特性，作为建立产品推荐列表的依据。正确的统计分析是重中之重。

第 3 章

万丈高楼平地起：构建顾客关系营销数据库

在面对营销决策的问题时，首先要寻找合适的营销理论基础，其次是定义出关键的行为绩效变量，转成核心的营销研究问题，然后采用合适的营销研究设计，通过多元化的数据搜集方法获得数据，再应用正确的统计模式进行分析。最后，利用营销理论去解读分析结果，并制定出具体可行的行动方案。在第 1 章提到，企业必须拥有专门为营销目的而建立的数据库，方有可能提供给营销决策者必要、适时并且正确的信息。巧妇难为无米之炊，有了好数据，才能具体讨论如何分析数据。因此，本章重点放在构建顾客关系营销数据库的过程，以及最常见的营销数据库，包括客户基本静态数据文件、客户交易动态数据文件、产品特性数据文件等。其中，尤其以最后一个数据文件最为重要，也是企业最缺乏的资料文件。

引例：如何借助顾客大数据分析实现汽车 4S 店的精准营销

广东某市一家专注于中高档中外合资及国际品牌的综合性大型汽车服务供应商，占据该市大部分市场份额。经销的品牌包括广汽埃安新能源、捷豹、路虎、凯迪拉克、东风日产、北京现代、一汽丰田、一汽大众、大众新捷达、东风启辰、雪佛兰、别克等，现拥有 17 家 4S 店、3 家分公司、1 家二手车交易市场、1 家汽车快修中心、5 个快修服务网点及 1 家保险代理公司。该公司拥有广泛的汽车经销及服务网络、庞大的客户基础；经验丰富的管理团队和稳定的技术人才队伍；独一无二的一站式汽车生态系统；与众多领先的中高档乘用车制造商建立长期稳固关系。公司愿景是为客户创造美好出行，公司的核心价值观是为客户创造更高价值，成为客户值得信赖的汽车管家。未来将朝着拓展其他综合性汽车服务、网络扩张内生增长、大数据分析及网上营销、选择性收购等方向不断发展。

笔者在 2020 年 8 月带领华南理工大学 MBA 学员为其做精准营销企业诊断时发现，为整合顾客资源深挖数据价值，有必要建立汽车经销商自己的顾客大数据（经过脱敏处理）营销系统。因不同汽车门店使用不同品牌商所对应的管理信息系统，所以面临的首要挑战是统一不同系统的数据格式。之后才能将顾客基本信息、顾客购买或维修的动态交易数据、汽车产品数据等逐一完整呈现。在此基础上，从顾客价值角度并借助深层的统计分析对顾客进行分类与画像，真正实现对顾客的精准购车与维修等推荐服务。另外，通过各品牌顾客数据的分析与比较，有望实现各门店之间的有效资源共享与优势互补，实现协同营销。

【案例思考】

（1）你觉得汽车4S店哪些方面做得比较好？

（2）关于汽车维修，你会选择4S店吗？为什么？

3.1 构建营销数据库的必要性

3.1.1 大数据营销管理系统

以消费者为营销对象的 B2C 营销（business-to-consumer marketing，B2C），由于消费者数量庞大，需求异质性又高，无法只靠销售人员或促销去进行一对一营销，必须要发展有别于传统营销策略的手法。因此，企业开始建立顾客交易数据库，以掌握消费者的一举一动，进而规划不同的营销策略和活动来与顾客建立关系。若企业面对的顾客数量愈多、类型愈多、购买频率愈高，或者购买内容愈多样化，则愈适合执行大数据营销，进而提升顾客关系管理的效率。适合执行大数据营销的企业类型，如表 3-1 所示。

表 3-1 适合执行大数据营销的厂商类型

厂商类型	客户对象	客户数量	客户类型	购买频率	购买内容
百货零售业	消费者	极多	多样	高	多样
金融服务业	消费者	极多	多样	高	多样
生产制造业	公司	多	较同质	中	较同质
观光旅游业	消费者	多	多样	低	同质
汽车经销商	消费者	多	多样	低	同质
流通服务业	公司	不多	较同质	中	较同质

相对地，工业品营销（industrial marketing）或 B2B 营销（business-to-business marketing，B2B）业态中，构建大数据营销管理系统就比较容易。首先，在工业市场中，企业面对的下游厂商数量并不多。许多信息科技大厂在全球的主要客户可能只有十几家，一般企业的客户数也只有几百家，最多上千家。由于客户数量少，企业想要做到顾客关系管理或者一对一营销，都不会太困难。其次，工业市场内每一家客户的特性都很明确且容易掌握。因为这些客户都是以每一家为

单位的企业，不论是产业类别、企业规模、生产据点等数据，只要通过人员访查或者网络搜寻，都能搜集得到。再者，工业市场的产品大多是标准化的规格，而客户也多半集中在特定产业中，因此需求的同构型非常高。所以，在考虑是否要投入资源构建大数据营销管理系统之前，工业市场的企业宜先评估本身的客户数量、客户类型、购买频率、购买内容等是否大量化与多样化，然后再做决定也不迟。

现今企业的人事部门、生产部门、财务会计部门等都已经发展出一个比较完整的系统，唯独专门针对营销部门设计的系统，还是付之阙如。营销系统的信息化，根本上还是需要靠人为的设计，企业必须结合许多不同能力的人才，如图3－1所示：首先，由营销人员（包括营销策略规划专家和管理销售专家）去研究各种不同的生活型态，然后发展出针对不同生活型态的营销策略与决策准则。其次，由统计专家根据营销人员的规划，将营销决策准则转换成统计决策模式。最后，再由计算机专家将营销策略分析的统计决策模式，转为程序语言，并将程序植入计算机，让计算机可以根据决策需要产生不同数据与报表，供营销决策参考。

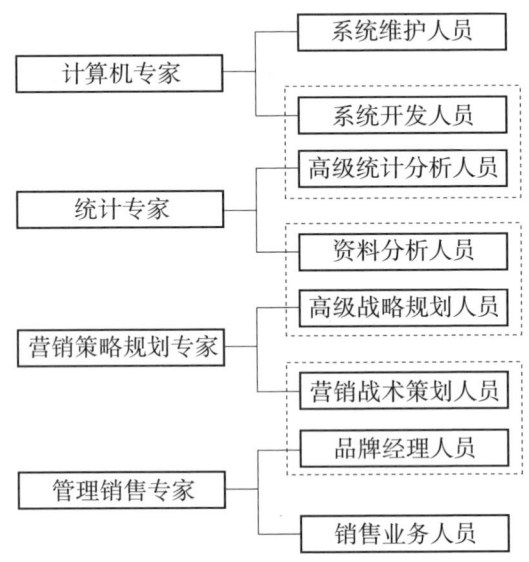

图3－1　大数据营销管理系统之人才需求

这些专家大致上又分为高级人员跟初级人员。例如，计算机专家中的高级人员负责系统开发，初级人员负责系统维护。统计专家中的高级人员负责开发模型，必须能够针对特定的营销问题，去做统计模型的发展；初级人员则至少应具备操作统计软件包的能力，进行基本的统计分析。营销策略规划专家也分为高级的战略规划与营销战术策划两种。一般企业最缺乏的是同时具备两种能力的人才，如同图3-1中的虚线方框所示：高级统计分析人员在开发出一个新的统计模型出来之后，必须要落实成具体的计算机操作平台，或者可以执行的统计软件，才能够让一般的初级统计人员进行日常运作，这些都需要结合高级系统开发人员才能顺利进行。

3.1.2 营销研究实务

如果企业想让整个营销企划有合理的流程并适当地执行，就必须具备扎实的营销研究知识。营销研究提供系统化与客观性的信息，让决策者可以减少对直觉思考和经验准则的依赖，降低决策面临的风险与不确定性。然而，除了大型的消费品制造商之外，多数企业几乎没有成立营销研究部门。营销研究部门从事的研究大致分为三类：首先是程序化研究（programmatic research），是指企业定期在做的资料分析，如分析每日销售量的变化，每半年做一次消费者问卷调查等，研究主题包括市场细分分析、市场机会分析、消费者态度与使用情境分析等；其次是选择性研究（selective research），旨在测试各种营销方案的效果，如新产品概念测试、广告文案测试、营销前测，以及试销等；第三个是评估性研究（evaluative research），是执行营销计划后的绩效评估，包括追踪广告回忆度、企业与品牌形象研究、衡量消费者对于产品或服务质量的满意度等。大数据营销也需要从事这三种研究，但是所采用数据类型与过去做法有所不同。

伴随程序化、选择性、评估性等三种研究，信息系统（information system）应包括三种类型的数据库。第一种是每天都发生的信息（recurring day-to-day information）。例如，某3C卖场的内部日常管理依赖一套企业资源计划（enterprise resource planning，ERP），包括商品、供应商与会员数据的维护，并结合各门店的POS系统。在每天交易截止的晚上，ERP系统会回馈前一日的业绩销售数据并更新商品库存数据。企业根据营销目的去设定编码规则，将原本为了流通管理而设计的数据内容，重新定义成营销研究需要的变量，再投入顾客关系管理系统（customer relationship management，CRM）。当天早上，高阶主管们与各地分店的店长都可以通过计算机看到截至昨日，由更新的交易数据所产生的CRM信息。第二种信息是有关未来经营决策的情报（intelligence relevant to the future strategy），是不定时地根据特定的一些问题所搜集的资料。企业在发展未来的营销策略之前，如推出新产品或新的促销组合，应先了解不同消费者对于这些营销手法会有哪些不同的反应。例如，超市通过营销数据库的分析，发现购买吸尘器的顾客也经常购买空气净化器，所以决定在母亲节特价促销吸尘器时，在吸尘器旁展示原价出售的空气净化器，最终这两款商品在母亲节档次的销售量都明显上升。第三种信息属于备用信息，将过去的研究结果存储在系统之中，让其他用户也可以取用，充分发挥营销研究的潜在实用性。

3.1.3 营销决策支持系统

企业会定期接收各式各样的数据类型，如工厂出货或订单、产业分析报告、产品销售报告、会员基本数据、个人交易记录等。这些数据的分析层次各有不同，数据期间也各异其趣，甚至使用的计算机语言也各不兼容。然而，对于身为决策者的经理人员来说，他们并不想看到这些原始未经整理的资料，而是想要看到经过适当分析之后与决策有关的信息，最好能够以图表形式呈现。开发营销决策支持系统（marketing decision supporting system，MDSS）的目的，就是将来源各不相同的营销信息，整合成一个数据库，让经理人员可以与之互动，得以迅速地界定决策问题、取得标准的定期报告，以及获得分析性问题的答案，如图3-2所示。

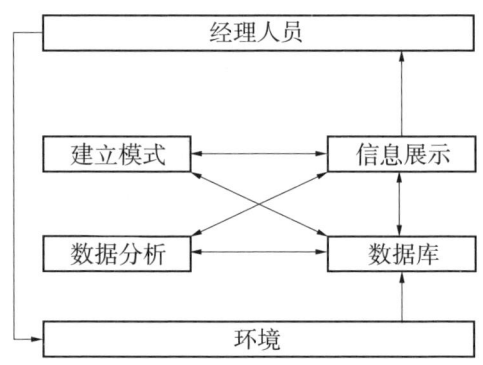

图3-2　营销决策支持系统概念图

MDSS基本上由四个部分构成：

首先是数据库（database），集中管理来自于企业内部与外在环境（包括消费者与竞争者）的各式各样的资料。

其次是数据分析（analysis），企业使用的分析方法多半是常见的统计模式，如描述性统计、时间趋势分析、回归分析、因素分析等。不过，传统的统计模式站在总体的角度进行推论，即假设同一群内的每位消费者的平均状态是同质的，因此无法侦测异质性和动态性这两种需求特性。从第4章开始介绍的数据分析准则是站在个人的角度，目的是要获得个人化的参数估计，以准确掌握消费者的一举一动。

第三是建立模式（modeling），利用计算机程序语言建立决策准则。例如，企业先根据顾客的交易记录，通过数据分析，计算出每位顾客的价格敏感度（参考第 2 章 2.3 节）之后，再进行排序，取前 20% 高价格敏感度的顾客，作为此次促销活动的通知对象。假设高价格敏感度群的门槛值是 -1.08，也就是说如果（IF）价格敏感度（原为负值）小于 -1.08 者，那么（THEN）被挑出来作为促销的通知对象，否则（ELSE）就不通知，写成计算机程序语言则如图 3-3 所示。

```
IF 价格敏感度 < -1.08
    THEN  通知 = 1
    ELSE  通知 = 0
```

图 3-3　建立模式的计算机程序语言

以程序语言来扫描企业的会员数据库，其中，价格敏感度与通知是会员数据库里的既有变量，-1.08 是设定好的参数。值得注意的是，建立模式需要设定好的参数，也就是门槛值，并非由计算机人员或营销人员主观决定，而是由数据分析结果决定之。也就是说，必须先通过数据分析获得个人的估计值之后，再按照决策者的要求，设定适当的门槛值作为建立模式需要的参数。因此，参数并非一成不变的数值，而是会随着每日更新的个人交易记录而改变。只要交易记录更新，数据分析的估计结果就会更新，建立模式需要设定的参数也就随之改变。

第四个部分是信息展示（display），就是设计一些图表格式，让经理人员容易了解 MDSS 的分析结果。

3.2　构建营销数据库的流程

3.2.1　研究问题的设定

企业该如何构建营销数据库，可以先从营销研究的完整流程一探究竟，如图 3-4 所示，经理人员面对决策问题的时候，若对于问题的本质了解不足，以致无法定义相关的研究变量，应使用探索性研究（exploratory research）在短时间内了解问题的本质，以及初步获得少数意见。做法包括二手资料回顾，搜集书面资料，或者通过专家访谈或焦点小组访谈直接询问少数消费者的意见。如果消费者对于问题不太愿意表达意见，也可以实地去观察现象或行为的发生。或者通过投射法，让消费者站在第三人的角度表达对问题的看法。例如，询问妇女："你很少看到你的邻居购买速冻饺子，你觉得可能的原因是什么？"就是一种投射法，间接地询问妇女不买速冻饺子的理由。

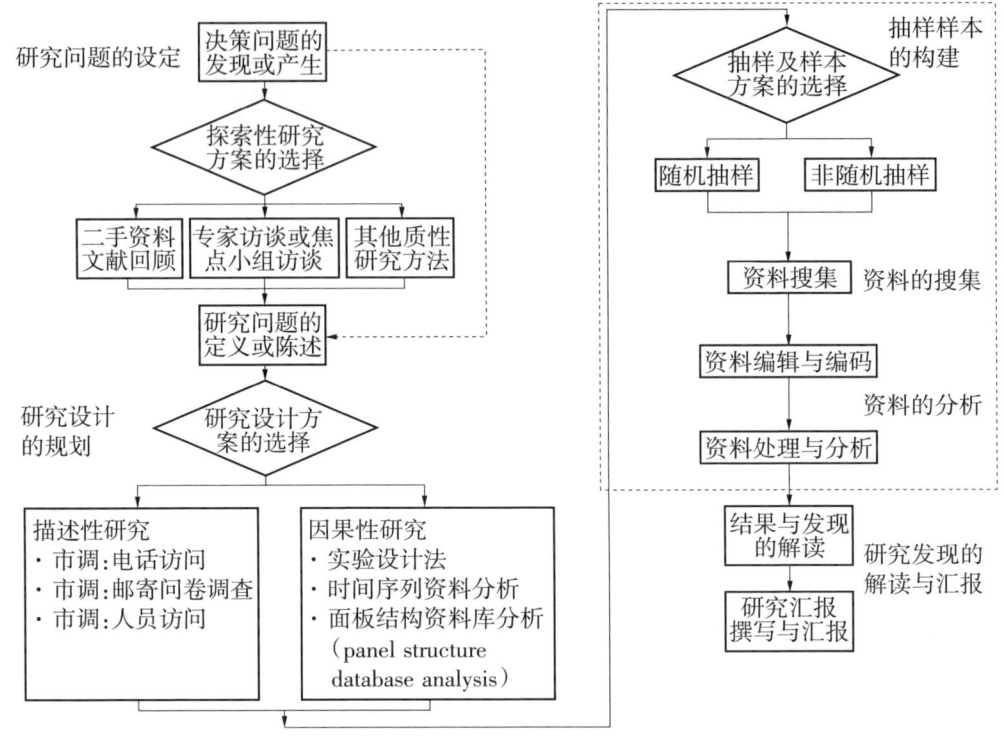

图 3-4 营销研究流程

3.2.2 研究设计的规划

在厘清并定义清楚所有研究问题之后，就可以开始思考可能的解决方案有哪些。例如，银行在管理信用卡客户时，常常需要注意客户是否会变成不再刷卡的"静止户"。为了避免这种情形发生，银行应先一步了解客户逐渐变成静止户的原因，再思考对策，预先对客户进行促销活动来防止客户流失。在确认研究问题之后，营销人员就要开始进行研究，提出可能原因与相应措施。例如，也许是因为银行对信用卡客户提出的诱因相对于竞争对手太少；或者是以往提出的诱因一成不变，让客户丧失新鲜感；又或者是因为银行很久没搞活动，让消费者渐渐淡忘。这些不同的原因，代表着不同的营销方案，营销人员需要进一步采用不同的研究方法去探讨哪一种营销方案有效。

量化的研究方法分为两种，描述性研究与因果关系研究。描述性研究的目的是描述数据的现有结构。例如，银行根据会员的刷卡记录挑出被定义为"静止户"的会员，分为三个月没刷卡、六个月没刷卡和九个月没刷卡三个等级。然后，使用交叉表或百分比报告，描述这三群人的特性，如倾向是男性或者女性，多是住在北部、中部还是南部等。描述性研究经常被问卷调查、数据库分析、CRM 系统等所采用,但是研究限制也很大。

真正对营销决策问题有帮助的是因果关系研究。因果关系研究用到的统计方法跟程序,远比描述性研究复杂。因果关系描述的是自变量(independent variable)与因变量(dependent variable)的关系。其中,因变量通常以 Y 表示,是我们想要解释的事物或现象;自变量通常以 X 表示,是事物的起因,也就是我们基于理论认为导致因变量出现或引起因变量变化的因素。我们先根据决策问题定义出可能的 Y,再根据理论列出可能具备影响力的 X,结合二者建立回归模型。然后,确认前因后果的发生时序,也就是自变量 X 必须发生在前,因变量 Y 必须发生在后。

过去由于缺乏营销数据库,分析人员只能使用实验设计法或时间序列模型,确保模型设定符合前因后果的时间顺序。现在通过会员制度的建立,企业得以搜集面板结构(panel structure)的数据库(请参考图 2-1),由消费者(i)、时间(t)、变量(X,Y)三个维度所组成,同时记录了需求的异质性与动态性,有利于进行因果关系研究。可惜的是,现今的大数据分析多数停留在描述性研究而已,很少能够做到因果关系研究。本书从第 4 章开始,将针对面板结构的营销数据库,建立许多能够探讨因果关系的统计模式,有利于后续的预测,进而帮助营销人员做决策。

3.2.3 抽样样本的构建

当企业开始建立会员制度之后,营销数据库积累的数据量急剧增长,如何从海量的数据中提取有用的知识成为当务之急。数据挖掘(data mining)就是应运而生的数据处理技术,是指可以从大量的、不完全的、有噪声的、模糊的、随机的数据中,提取隐含在其中人们事先不知道,但又有潜在作用的信息和知识的过程。软件代理商向业界推广数据挖掘工具的时候,宣称数据挖掘软件可以完整扫描数据库中的所有数据,检测出一些微小难以观察到的关系;并且提出警告说,使用抽样来摘取数据很可能会错过这些细微的,但可能是关键的信息。然而,这些论点存在一些逻辑上的缺陷。

首先,如果所谓的关键信息,只在上千万笔数据中占据一个很小的部分,通过随机抽样都观察不到的话,那么决策者也不必太在意这种信息,因为据此发展出来的营销策略肯定也不会有太大的效果。其次,在大数据营销的时代,营销策略的制订是以个人客户为基础。如果在做数据挖掘时,将大量不相干的客户资料混入个人行为分析,反而无法突显出每位客户的消费特性,无助于发展一对一营销策略。再次,这个论点认为数据挖掘的对象必须是全体数据(census data),

不应该做资料抽样（sampling），基本上就是推翻了统计学的理论基础。

统计学分为描述性统计与推论统计。描述性统计关注的是如何将原始资料摘要（summarize）成数值量数或次数分布，完全没有概率模型的假设。推论统计则是建立在概率模型之上，根据观察到的样本数据，对未知的母体参数做出以概率形式表述的估计与检验。数据挖掘的目的比如描述性统计，使用全部数据去计算数值量数，却忽略数值量数本身的不确定性，而无法评估决策风险。事实上，推论统计才是统计学的核心。参数的估计与检验都以样本数据为基础，先假设资料的母体概率分布，再推论样本估计量或检验统计量的抽样分布，据此计算 p 值（p-value），用以评估决策犯错的概率有多高。

最后，对数据库的全体数据进行分析，是相当浪费资源的做法。即便是使用简单的统计方法，也会受限于计算机系统的内存容量及 CPU（central processing unit）指令周期，从而延长 MDSS 的反应时间。第 2 章提到连锁式营销利用网络机制提供实时式、随机式与在线式的定制化信息。试想，如果消费者在亚马逊网上书店浏览书籍，但该网站的网页总是要先缓冲停留十几秒后才能提供定制化的书籍推荐清单，这样的等待时间肯定会让推荐机制的效果大打折扣。

对会员数据库进行随机抽样（random sampling），抽取出的会员样本最能够完美地代表数据库里的全体会员。一般在做问卷调查的时候，市场调查人员往往站在街头、火车站或者购物商场门口等人潮聚集的地方，随意邀请人们填答问卷，其实并不符合随机抽样的要求。随机抽样的首要条件需要列出母体所有成员的详细名单，构成抽样架构（sampling framework）。会员数据库原本就包含所有会员客户的联系信息，最适合进行随机抽样。

一般人常误以为抽取的合理样本数与母体总数有绝对关系。事实上，根据统计原理，不管母体是美国的 2 亿多人口还是中国的 13 亿人口，需要的样本数只要 1067 个[①]即可。因此，与其耗时耗力又无法评估决策风险的对全体数据进行描述性统计，还不如从会员数据库随机抽取 1067 个样本，既能完全代表全体客户，又能快速地获得统计分析结果。确认抽样名单之后，接下来就是搜集数据，进行数据编码，然后再进行统计分析，并使用营销语言解读研究发现。

3.2.4 构建数据库的流程

构建营销数据库的流程，简单来说就是要回答以下七个问题：

（1）管理者需要做出哪些营销决策？

（2）每一种营销决策所需要的信息是什么？

---

①根据统计原理，若欲对母体比例进行推论，在95%信心水平下，且抽样误差为正负3%以内，则最多需要的样本数为1067个（虚无假设设定的母体比例为50%）。

(3) 各项信息要通过何种分析方法获得？
(4) 各种分析方法所需的数据型态为何？
(5) 如何定义数据库中的各个字段？
(6) 每个字段的数据如何转化成问卷的题目？
(7) 每份问卷要通过何种渠道加以搜集？

首先要思考的是管理者需要做出哪些决策，其次要思考做这些决策时，需要什么样的信息，而这些信息要通过什么分析方法才能获得。然后，再去思考这些分析方法需要的数据型态有哪些，而这些数据将在各个数据库中被定义成哪些变量（字段）。再根据每个变量的定义，思考应该设计哪些问卷题项，或者可以从原始的交易记录摘取而得。最后思考问卷数据该通过什么渠道获得，是要做问卷调查，还是从既有的数据库（如 ERP 系统）中获得。

3.3 客户基本静态数据文件

在关系营销的观念下，顾客只要上门，不管交易是否发生，都代表企业与顾客开始建立关系。为了管理与大量顾客之间的一对一关系，企业必须先能辨认每位顾客是谁，最常见的做法是建立会员制度。企业在邀请顾客加入会员的同时，通常会通过问卷调查搜集顾客的基本资料，包括会员的联系方式、人口统计资料、家庭背景、生活型态、消费型态等。如图 3-5 所示，会员的基本背景在短期内通常不会改变，企业只要定期更新数据即可，如每年做一次问卷调查，是相对静态的数据。

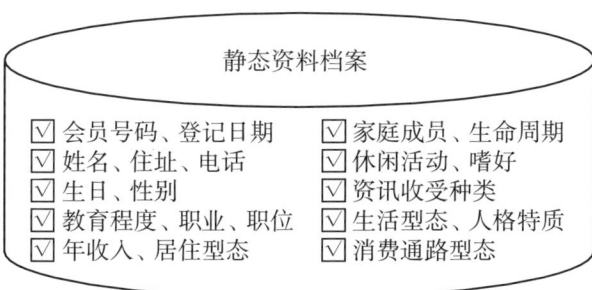

图 3-5 会员的基本数据库

3.3.1 问卷内容

问卷内容除了基本资料之外，最好也纳入与购买型态等有关的个人特质。例如，当消费者处于不同家庭生命周期的阶段时，其消费型态、生活型态、购买内容等都不一样。企业可以利用一些人口统计变量来判断会员的家庭生命周期,如未婚还是已婚,若已婚则是否有孩子,若有孩子则孩子数量是多少,各自的出生年份又是多少等。在附录问卷中,还询问了会员家中拥有哪些3C产品,不同产品各自使用了几年,这些数据都有助于企业进行一对一营销。

在兴趣方面,可以询问会员经常浏览哪些网站和手机APP、生活型态等。生活型态又可分为公交车族、夜猫族、工薪族、及时行乐族等,设计成复选题由会员自行勾选。最常使用的交通工具分为大众运输、电动自行车、汽车等。当这份问卷通过厂商的会员接待日发出去之后,短短的两周之内就回收了6万多份。调查结果显示接近80%的客户最常使用的交通工具是汽车,也就是开车族。公司基于这个调查结果,决定以后开新门店的时候,一定优先考虑有停车的位置。

3.3.2 态度的衡量

交易数据库只能记录消费者表现于外的购买行为,但这些行为却是由无法观察的心理状态所引发的,尤其是消费者的态度。态度(attitude)是个人对于人、事、物、广告或主题等目标对象的一般判断,通常是长久维持而不易改变的。态度分为三个方面,首先是认知因素(information possessed),即个人对目标对象的认识、理解、相信、怀疑等;其次是情感因素(feelings of like and/or dislike),即个人对目标对象的主观偏好,包括喜欢 – 讨厌、尊敬 – 蔑视、同情 – 漠视等;最后是意向因素(intentions to behave),即触动行为的动机倾向。这些态度因素难以直接从交易数据库搜集数据或建立指标,通常必须通过问卷调查进行衡量。

将会员对问卷回复的答案定义为数值的规则,称为衡量尺度(measurement scale),分为四种,在定义、特性、运用上都不相同,如图3 – 6所示。即使是同一位受访者的回答,也会因为研究人员采用不同的衡量尺度,而得到不同的衡量结果:

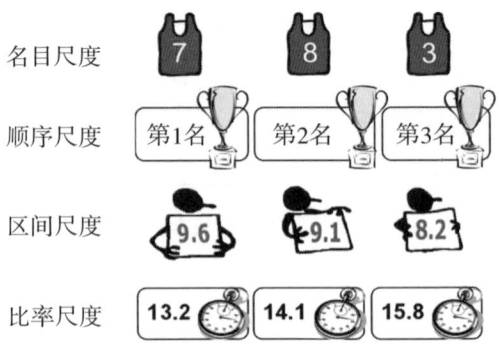

图3 – 6 四种衡量尺度范例

第一种是名目尺度（nominal scale），是指用以辨识或归类而指定的数值，没有大小之分。例如，每一个球员的背后的号码：7号、8号、3号等等，数值只是一个代号，不代表8号球员比7号球员高大，只代表8号和7号是不同球员。

第二种是顺序尺度（ordinal scale），是指用以排序而指定的数值，代表衡量结果的先后、强弱、好坏、等级等关系。以跑步名次为例，选手名次有第1名、第2名、第3名等，可分别编码为1、2、3。虽然根据名次可以知道第1名的选手速度比第2名快，但是无法根据名次的差距去推测两位选手的速度差距。因此，顺序尺度的数值仅代表等级或顺序，接连两个等级之间的差距并不保证相等，因此无法进行加减运算。

第三种是区间尺度（interval scale）又称为等距尺度，用以表示所测事物间的相对差异程度。特质有三：①接连两个等级之间的差异皆为等距，或假设等距。②具任意原点（arbitrary origin）之特质，即数值0不代表无或没有，仅具操作上的定义。③数值具连续性的性质。例如，体操比赛的三位评审对同一位选手的给分依次为9.6分、9.1分、8.2分，这些分数的原点分别代表这三位评审主观的比较基准，而不是"无"的概念。区间尺度的分数可以做加减运算，例如图中这位选手获得的平均分数是（9.6+9.1+8.2）÷3=8.97分。

第四种是比率尺度（ratio scale）也称为比例尺度，用以表示所测事物间的实质差异程度，如所得、销售额、考试分数等，具有衡量单位。比率尺度具有绝对原点（absolute origin）的性质，即数值0代表无或没有。例如三位选手跑100米，成绩分别是13.2秒、14.1秒、15.8秒，这三个数值有一个绝对的共同标准，都是从零秒开始起算，所以可以直接进行比较。比率尺度的数值最能精准地反映所测事物之间的差异，可以做加减乘除运算。

3.3.3 数据编码

名目尺度的数据无法直接做加减运算，必须先编码成虚拟变量，才能进行统计分析，如图3-7所示。"你最常去哪家百货公司？"这个题项，列举了四个百货公司选项，因此受访者的回答属于名目尺度，数值代表各家百货公司。例如，第1个人的回答是"4"，代表沃尔玛超市（Wal-Mart）；第2个人的回答是"3"，代表西尔斯百货（Sears）。不过，名目尺度数据的相加没有任何意义，须重新编码为虚拟变量。虚拟变量（也称哑变量）（dummy variable）的观察值只有0或1两种，又称为二元变量（binary variables）或0-1资料（0-1 data）。当观察值为1时，代表受访者属于特定组别；当观察值为0时，则代表受访者不属于该特定组别。

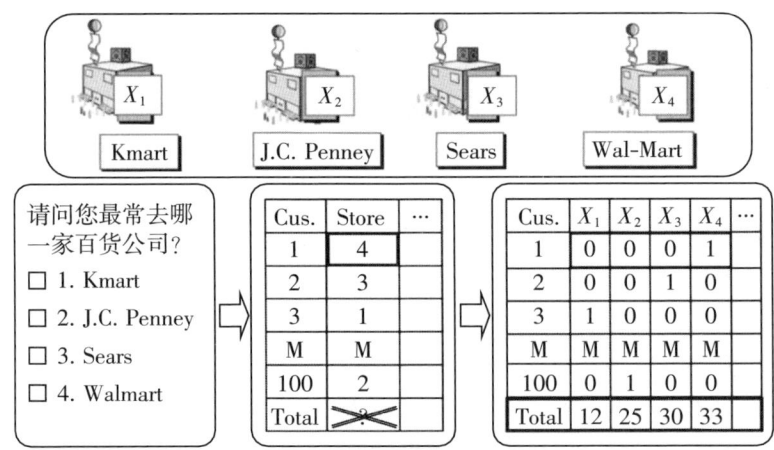

图 3-7 名目尺度与数据编码

例如,将这四家百货公司重新定义为四个虚拟变量(X_1、X_2、X_3、X_4),则原本只有一列的名目尺度数据,就被编码为四列的 0-1 数据。第 1 个人的原始答案是"4",经编码后为(0, 0, 0, 1);第 2 个人的原始答案是"3",经编码后则为(0, 0, 1, 0)。虚拟变量是可以相加的,例如 X_1 这个变量的数值计算总和为 12,代表共有 12 个人回答他们最常去的百货公司是凯马特百货(Kmart),其他变量以此类推。虚拟变量几乎适用于所有统计方法,应用范围非常广泛。

顺序尺度的数据无法进行加减运算,也不适合编码为虚拟变量。因此设计问卷最好不要使用顺序尺度。例如在奥运期间,每天都会结算各国得到金牌几枚、银牌几枚、铜牌几枚,但也仅止于此,无法再继续分析下去。最常应用于衡量顾客价值的 RFM(recency fyequency monetary)指标(第 4 章有详细说明),传统做法是将原始的购买行为数据(属于比率尺度),由高到低排序后硬生生切成五等分,再分别给予 5 分、4 分、3 分、2 分、1 分。这种分数的本质是顺序尺度,不适合再做加减运算,但还是有许多人误用统计方法进行分析,本书第 4 章有进一步的讨论。

区间尺度和比率尺度的数据都可以进行加减运算,跟虚拟变量一样,几乎适用于所有统计方法,如图 3-8 所示。例如,题目设定为"请问您对这四家百货公司的偏好程度分别是?(以 1~9 分来做评价等级)",则受访者的评分属于区间尺度资料。由图可知,第 1 位受访者给 Kmart 的评分只有 1 分,其余受访者中给 Walmart 最高评 9 分。虚拟变量数据也显示该位受访者最常去的百货公司是 Walmart。若题目设定为"请问您于过去 6 个月当中,到下列四个百货公司的购物次数是?",请受访者写下实际的购买次数,则属于比率尺度资料。例如,图中显示第 1 位受访者过去 6 个月去 Walmart 高达 10 次。

第 3 章　万丈高楼平地起：构建顾客关系营销数据库

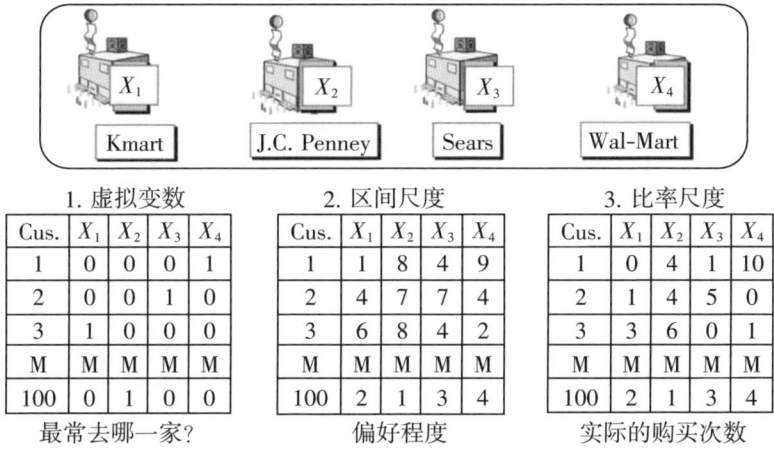

图 3-8　三种数据编码

3.3.4　信度与效度

在设计问卷的时候，每一道题目都必须同时具备信度与效度，得到的数值资料才能正确地反映真实现象，统计分析才有意义。若题目的信度或效度受到质疑，则搜集到的资料就不可靠，即便使用最复杂的统计方法，得到的分析结果也不能成为决策依据。信度（reliability）是指重复衡量的结果具有一致性与稳定性的程度。例如，在第 1 章的 1.2 小节提过，为了衡量消费者的冲动型购买倾向，银行以信用卡客户的网红直播购物消费占比为衡量指标。由于网红直播购物是客户自己的消费习惯，短期之内不会有太大的改变，所以在不同时间点的衡量结果不会有太大的差异，代表有高信度。然而，网红直播购物的消费占比真的能够充分反映冲动型购买倾向吗？这就是效度的问题了。效度（validity）是指衡量工具可以如实反映所欲衡量目标特质的程度。像冲动型购买倾向这种偏向心理状态的变量，其实很难使用交易数据库里的购买行为变量，去创造出高效度的衡量指标，所以需要定期的问卷调查来更新会员数据库。

3.3.5　会员数据库的完整性

会员问卷内容愈丰富，构建的会员数据库会愈完整，如图 3-9 所示。企业在设计会员问卷的时候，通常会害怕问卷看起来太长而降低会员的填写意愿，所以问卷看起来都短短的，最常见的做法是仅保留基本的人口统计问项。如此虽然能大量增加会员填答人数，但是搜集到的变量个数却很少，如图中左边较窄长的数据格式。事实上，由于个人基本数据与实际购买行为之间的因果关系十分薄弱，即使会员数据库的人数再多，数据笔数再多，对于会员的行为预测与未来的营销决策，也没有太大的帮助。

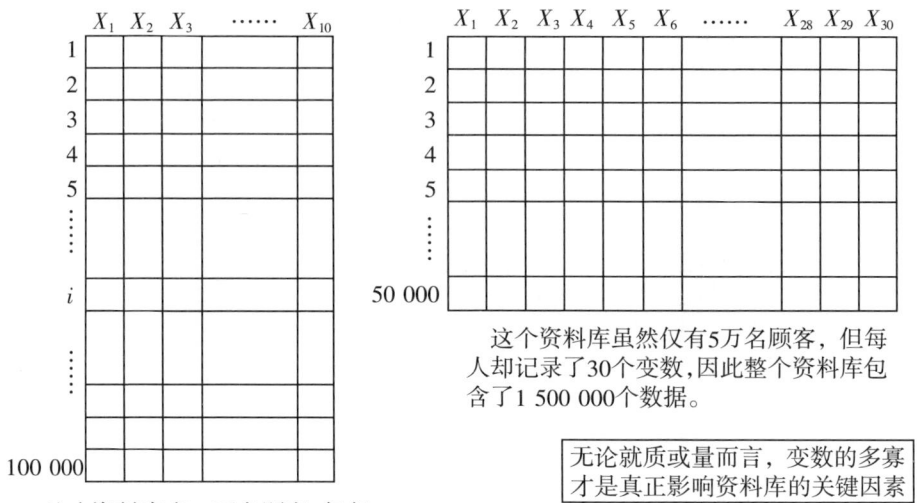

图 3-9　影响数据库的关键因素

如果会员问卷的长度太长，会不会根本没有人想填问卷呢？其实，只要给足顾客诱因他们还是会愿意填写的，如赠送礼物或获得较低折扣等。虽然有可能回答得不完整，但所展露的信息仍远超过只问几个基本问题的短问卷。当然，长问卷所包含的题目，必须事先经过营销人员缜密的思考，确认每道题目都是实际购买行为的领先指标，都与营销策略有关。如此，即使全部会员中只有一半的人填了这份长问卷，也会构成图中右边较宽短的数据格式，但数据的数量与质量都远比左边的数据格式更好。更何况，通过推论统计的理论基础，就可以根据填过问卷的会员数据，去推论没填问卷者的回复，还能够评估决策风险有多高。简言之，无论就质或量而言，变量的多寡才是真正影响数据库的关键因素。

3.4　动态的交易数据文件

交易数据库记录的是与每笔交易有关的内容，如图 3-10 所示。除了购买日期、时点、店名、商品编号、单价、数量、金额等发票内容，更应该包括购买当时，制造商或渠道商执行的营销活动（如促销活动），以及当时购买者的想法（如购买原因与性质）与购后意见（如满意度与抱怨处理）等。

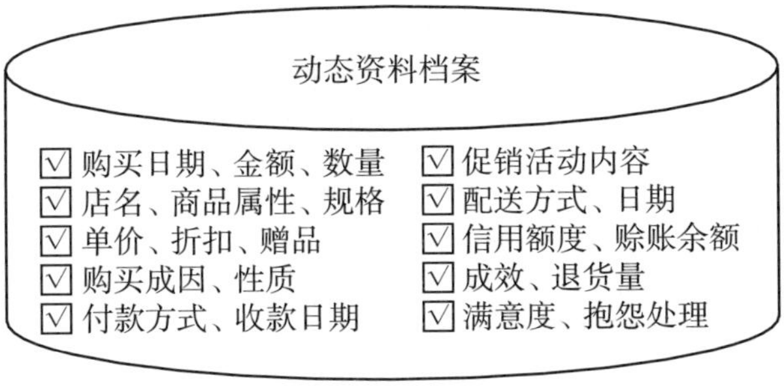

第 3 章　万丈高楼平地起：构建顾客关系营销数据库

```
动态资料档案
☑ 购买日期、金额、数量      ☑ 促销活动内容
☑ 店名、商品属性、规格      ☑ 配送方式、日期
☑ 单价、折扣、赠品          ☑ 信用额度、赊账余额
☑ 购买成因、性质            ☑ 成效、退货量
☑ 付款方式、收款日期        ☑ 满意度、抱怨处理
```

图 3-10　动态交易数据库

3.4.1　问卷内容

顾客的购买行为（如发票明细数据）能够自动登录于交易数据库中。但是，与顾客心理状态有关的数据又该如何记录下来呢？图 3-11 是一个简单的 3C 卖场问卷范例。事先将这份简短问卷设计在收款机系统里，当顾客在结账的时候，收款机屏幕自动显示这份问卷内容，收银员再以聊天方式来访问顾客。例如，询问顾客购买产品的原因，是将原本旧的换掉还是要送礼？题目措词不宜太长，而且只能问关键性的问题。由站在第一线的收银员主动询问顾客，再以人工方式将顾客回复登录于交易数据库，与购买行为连结在一起。

发票项目	店别、购买日期（时间）、计算机序号、发票号码、统一编号、产品序号、销售数量、商品单价、销售金额、折扣金额、折扣金额、收款金额
购买之商品是否有促销活动	□是　□否
交易型态	□一次付清　□分期付款
商品购买理由	□以旧换新　□旧机损坏　□新加购　□送人　□其他_____
是否为会员	□是　□否
是否使用优惠券	□是　□否
交易方式	□现金　□信用卡　□支票　□提货单　□礼券　□应收
购买决策	□计划型购买　□非计划型购买
信息来源	□亲友介绍　□朋友圈推荐　□报纸/杂志　□店面布置　□网络　□手机 APP　□其他_____

图 3-11　卖场交易记录之问卷范例

值得注意的是，大多数交易记录必须进一步的归类与编码，才能转换为数值资料，有利于后续的统计分析。首先是发票内容，除了数量、价格、金额三者为量化变量之外，其他数据多为编号，如日期、产品序号、店别等。编号是名目尺度，不适合进行统计分析，须进一步编码为虚拟变量，如交易日期数据文件、产品特性编码文件等。

3.4.2 交易日期数据文件

交易日期在交易数据库中虽然只是一个编号，但是包含许多日期性质，如表3-2所示。表中的交易日期由8个数字构成，如20200101代表2020年1月1日。这一天还包含许多日期特性，如星期日及连续假日等。为了记录这些日期特性，表中列举了9个虚拟变量。其中，前7个虚拟变量分别代表星期日、星期一……星期六等7个特性；后两个变量分别代表连续假日与雨量。根据20200101的日期特性与虚拟变量的定义，这一天对应的数据编码为 {1, 0, 0, 0, 0, 0, 0, 1, 0.0}。

表3-2 交易日期特性编码范例

编号	年/月/日	日	一	二	三	四	五	六	连续假期	雨量
1	2020/1/1	0	0	0	1	0	0	0	0	0.0
2	2020/1/2	0	0	0	0	1	0	0	0	0.0
3	2020/1/3	0	0	0	0	0	1	0	0	0.6
4	2020/1/4	0	0	0	0	0	0	1	1	0.0
5	2020/1/5	1	0	0	0	0	0	0	1	0.0
6	2020/1/6	0	1	0	0	0	0	0	0	0.4
7	2020/1/7	0	0	1	0	0	0	0	0	0.2
⋮	⋮	⋮	⋮	⋮	⋮	⋮	⋮	⋮	⋮	⋮
613	2020/10/1	0	0	0	0	1	0	0	1	2.5
614	2020/10/2	0	0	0	0	0	1	0	1	1.5
615	2020/10/3	0	0	0	0	0	0	1	1	36.5
616	2020/10/4	1	0	0	0	0	0	0	1	144.5
617	2020/10/5	0	1	0	0	0	0	0	1	18.0

除了星期几与假日性质之外，还有许多日期特性可以被记录下来，但都需要事先在交易日期数据文件里设定好对应的变量。常见的日期特性列举如下：

（1）星期几、是否双休日、是否连续假日。

工作日和休假日的消费行为可能有明显的不同，如工作日的外卖销量会比较高，休假日的餐厅生意会比较好。这些日期特性可以使用虚拟变量记录之，如表3-2所示。

（2）节假日：如春节、母亲节、父亲节、中秋节、清明节、年会等。

对消费者来说，每个节假日都有特别的意义，可能引发特定产品的消费行为，这些日期特性可以使用虚拟变量记录之。

（3）天气状况：如温度、湿度、是否有台风、地震等。

不同的天气状况也会引发不同的消费行为，如热天的冰品销量会比较好，台风前夕的方便面、干粮、电池等用品会比较抢手。这些资料可从中央气象台或各种手机APP获取，像温湿度是量化资料，台风、地震等是否发生则由虚拟变量记录。

（4）厂商的营销活动：例如店铺的周年庆、会员日、特定促销活动等。

这些营销活动都可使用虚拟变量记录。例如，假设今年的周年庆活动共举行两个礼拜，则周年庆这个虚拟变量，在活动期间连续14天的观察值都设定为1，其他日期则设定为0。

一旦设定好交易日期数据文件的内容之后，就可以与门店地区、产品销售记录等等进行交叉分析，获得营销决策信息。例如，为了提升购买人气，3C卖场规划在母亲节进行吸尘器的特卖活动。除此之外，厂商还必须决定在人气商品旁边摆放何种产品作为利润来源。在通过顾客关系管理系统的交易数据分析之后，结果显示消费者在购买吸尘器之后，最常购买的是空气净化器。因此，厂商在母亲节特价促销吸尘器时，也在旁边展示原价出售的空气净化器，最终这两款商品在母亲节档次的销售量都明显上升。关键在于，如果厂商没有做交易数据分析的话，根本很难会想到要将这吸尘器和空气净化器摆在一起销售。

另外一个例子是厂商预备在某地开设一家新门店，想要邀请会员前来参加新门店开幕的特卖活动，特卖商品是电脑显示器。在发通知时，厂商并没有天女散花式地发给所有会员。取而代之的做法是从该地区的会员中，根据交易数据分析的结果选出最可能会因为促销活动而购买电脑显示器的3000人名单。再针对这3000人每人寄发一张明信片，上面只印着简单的几行字，说明新门店开幕有电脑显示器特卖活动的信息。根据资料分析结果，该地区门店的客单价（平均购买金额）大约是2000元。然而，在新门店开幕的特价期间，客单价竟然提升到3000元。原因就在于收到通知的3000位客户，真的都因为收到信息而到新门店消费，但是舍弃了特价的电脑显示器，反而去选购更新款的商品，客单价高达6000元。也就是说，被通知吸引来的客户，他们的需求反而升级到想要买更贵的商品。厂商因为有这种封闭循环式（closed-loop）的顾客关系管理系统，每一项促销活动的事后绩效都可以被追踪、被评估。

3.4.3 产品特性编码文件

产品序号在交易数据库中虽然只是一个编号，但其实是由一组客观的属性（attribute）所构成。例如，图3-12是三种象印保温杯的说明书。由图可知，容量、重量、保温效果、保冷效果、材质、制造来源国、品牌来源国等，都是用来描述这些产品的实体属性。每个属性又可再细分为几种水平（levels），如容量分为0.36升、0.48升、0.6升三个水平。

品名：不锈钢真空保温杯
型号、容量、本体重量、保温/保冷效力（注）：

型号	容量（升）	重量（千克）	保温效力（ 度以上）		保冷效力（ 度以下）
			1小时	6小时	6小时
SM-SA36	0.36	0.17	86	67	9
SM-SA48	0.48	0.205	87	71	8
SM-SA60	0.6	0.235	88	73	8

（注）保温/保冷效力是商品在直立放置下，于室温20℃±2℃时，放入热开水后其水温降至95℃±1℃开始，经过1小时及6小时之后；或放入冷开水后其水温升至4℃±1℃开始，经过6小时后，在瓶颈下方所测得瓶内的温水或冷水水温。

材料：本体内测　不锈钢（防沾涂层）　　　中　栓　聚丙烯
　　　本体外测　不锈钢（压克力树脂涂层）　上　盖　聚丙烯
　　　杯　口　不锈钢　　　　　　　　　　垫　圈　硅胶
原产地：泰国
制造商：象印殷份有限公司
地　址：日本国大阪市北区天满1丁目20番号

图3-12　象印保温杯的产品说明

在产品特性编码文件中，属性水平可使用虚拟变量呈现，如表3-3所示。例如，保温杯的容量属性，分为三个水平，可设定为三个虚拟变量（X_1，X_2，X_3）。第1个保温杯的容量是0.36升，因此编码为（X_1，X_2，X_3）=（1，0，0），其余以此类推。要注意的是，如果产品特性编码文件只列出专属于某个产品（如保温杯）的属性水平，则其他产品就无法进行编码。例如，3C卖场销售的产品包括各式各样的电子产品，如电饭锅、电热水瓶、电咖啡壶、烤箱、微波炉、吸尘器、CD音响、平面电视等，这些产品因为不具备保温杯容量与重量这两个属性，所以虚拟变量（X_1，X_2，…，X_6）的编码都为0。也就是说，其他3C产品的购买与否，与保温杯的产品特性没有任何关系。

第3章 万丈高楼平地起：构建顾客关系营销数据库

在建立产品特性编码文件时，设定的属性水平变量不宜局限在单一产品的特色，而是要广泛地思考不同产品的共同属性有哪些。表 3-3 中的制造来源、品牌来源就是 3C 产品的共有属性。例如，象印保温杯是泰国制造、日本品牌，在虚拟变量（X_7，X_8，…，X_{12}）上的编码各有不同。因此，产品在共同属性上的编码数据有助于解释顾客购买行为。

表 3-3 3C 卖场的产品特性编码文件

序号	产品名称	保温杯容量			保温杯重量			制造来源			品牌来源		
		0.36	0.48	0.6	0.17	0.21	0.24	泰国	中国大陆	中国台湾	日本	美国	中国台湾
		X_1	X_2	X_3	X_4	X_5	X_6	X_7	X_8	X_9	X_{10}	X_{11}	X_{12}
SA36	保温杯1	1	0	0	1	0	0	1	0	0	1	0	0
SA48	保温杯2	0	1	0	0	1	0	1	0	0	1	0	0
SA60	保温杯3	0	0	1	0	0	1	1	0	0	1	0	0
⋮	电饭锅	0	0	0	0	0	0	0	0	0	1	0	1
	烤箱	0	0	0	0	0	0	0	1	0	0	1	0
	CD音响	0	0	0	0	0	0	0	1	0	1	0	0

现以 CD（compact disk）音响为例，列出 3C 产品的共同属性以及产品特性编码，如图 3-13 所示。其中，制造来源分为四个水平，包括中国台湾制、中国大陆制、日本制，以及其他，被设定为 3 个虚拟变量（X_1，X_2，X_3）；品牌来源亦然。功能分为两个水平，功能强与功能弱，被设定为 1 个虚拟变量（X_7），其余以此类推。因此，根据不同虚拟变量所代表的属性水平，这台音响的产品特性编码为 (0, 1, 0, 0, 0, 1, 1, 1, 1.58, 1)。

先锋牌音响(X-VS88)

- 中国大陆制
- 日本品牌
- 功能强(有VCD)
- 外型前卫
- 价位比为1.58
- 市场口碑佳

中国台湾制造	中国大陆制造	日本制造	中国台湾品牌	中国大陆品牌	日本品牌	功能强	外形前卫	价位比	口碑佳
X_1	X_2	X_3	X_4	X_5	X_6	X_7	X_8	X_9	X_{10}
0	1	0	0	0	1	1	1	1.58	1

图 3-13 CD 音响的产品特性编码

值得注意的是，图中的性价比不是虚拟变量，而是连续数据。虽然价格是所有产品的共同属性，但是原始价格的高低，无法呈现高价位与低价位的差异。例如，一支上千元的 USB（universal serial bus）录音笔可算是高单价，但是定价五千元的手机却很平价。换句话说，产品价位昂贵与否，应相对于业界定价水平而定。我们将性价比定义为产品单价除以同类产品平均单价的比值；比值为 1 代表中价位，大于 1 则代表中高价位。当消费者买的 3C 产品如吹风机、床头音响、电视等，性价比都是 1.5 或 2 之类的比值，代表这个人的价格敏感度比较低，不太在乎价格，买的都是高价位的商品。反过来说，如果消费者买的商品，价位比都是只有零点几，就知道这个人喜欢买低价商品。将产品特性数据文件与产品购买记录结合在一起，通过适当的统计分析，就能推论个人的偏好结构，作为新产品推荐系统的决策依据，本书第 7 章有更详尽的说明。

第 4 章

顾客价值的解析与策略运用：ARFM 模型

计算顾客价值，是大数据营销策略发展的起点。每一位顾客对于企业的价值贡献度是不同的，企业对每一位顾客投资的维系成本也应该有所不同。对于贡献度高的顾客，企业应提供特殊优惠或精致的服务，促使这些顾客成为忠实顾客；对于贡献度不高的顾客，则应降低维系成本的支出，资源分配才有效率。

顾客价值与购买行为有密切的关系，购买金额愈高、购买次数愈多的顾客，对于企业的价值贡献愈高。目前实务界广泛使用的 RFM 分析，就是根据三种购买行为计算每一位顾客的价值。然而，RFM 分析只关心顾客的购买现况，缺乏对于未来价值的预测。本章引入活跃性指标（activity index）的观念，构成 ARFM 模型，用来预测顾客价值的未来变化会越来越活跃还是越来越沉寂，进而协助企业提早预防高价值顾客有逐渐脱离企业的不利情况。

引例：新型中药饮片通过大数据营销提升顾客价值

该集团是集中成药、中药饮片、健康食品的科研、生产、销售以及药品零售连锁为一体的大型医药科工贸企业。下属子公司之一为某大药房连锁有限公司，同时借助公司自有平台和京东等第三方平台线上销售，是 2021 年笔者诊断的优秀民营企业之一。其品类价值在于更好吸收和服用便捷，为顾客提供有效成分更好吸收的西洋参等草本。该公司源于互联网，长在电商，立足大众健康。线上药品种类比实体药店更丰富，满足消费者各类用药需求。公司医药电商保持增长，初代用户黏性已经形成。其"平台电商＋会员模式"持续创新完善，会员服务精细化。

企业通过数据分类、储存与维护实现数据赋能；通过技术研发使数据分析得以落地。经诊断发现，企业具备完整的顾客交易数据、少量顾客基本信息和部分产品基本信息。针对顾客交易数据中顾客价值的分析得知，两年内八成顾客只购买一次，即复购率普遍较低。继续追踪其背后可能的原因，一方面源于新产品和新技术需要一定时间培育顾客，另一方面表明企业为顾客提供的服务尚待提升，比如对部分问题的解答不够具体和深入等。未来可继续对顾客进行分类，区分不同价值的顾客，分析其活跃性并跟踪其状态变化以更好预测顾客行为等，即基于顾客行为数据的分析，更能准确判断顾客价值并据此找到背后的原因，从而制定精准营销策略。

【案例思考】

（1）你会购买中药饮片等相关保健养生产品吗？为什么？

（2）什么条件下顾客会持续购买此类产品？哪类人群最有可能成为忠诚顾客？

4.1 衡量顾客价值

美国营销科学学会对于"营销"一词的最新定义是：营销是活动、组织与程序，为了创造、沟通、传递、交易具有价值（value）的提供物给顾客、客户、合伙人及社会大众。许多教科书按照该定义，将顾客价值（customer value）定义为顾客从公司提供的产品或服务中所获得的价值，如认知效用除以支付成本的比值，或者认知效用扣除支付成本的剩余，又称为顾客感知价值（customer perceived value）。不过，站在顾客关系管理的角度，顾客价值则是指顾客终身价值（customer lifetime value），企业通过与顾客建立长久的交易关系，来提升顾客对企业的价值贡献度。顾客感知价值与顾客终身价值，都曾被学者简称为顾客价值，但却是截然不同的概念，本书讨论的顾客价值是指后者。

4.1.1 *RFM* 指标

RFM 指标是最常用来衡量顾客价值的做法，早在百年前就已存在于美国的邮件直销（mail order）行业。邮件直销又称为邮购、目录或无店铺营销，做法是通过寄送产品目录与订单供客户订购，因此必须先取得每一位客户的邮件地址。在计算机还没有发明之前，邮购企业将搜集到的客户联系信息逐一写在卡片上，再依序放在柜子里。每当顾客下单购买后，企业就把这位顾客的卡片找出来，把订购记录登记上去。久而久之，在找卡片的过程中，企业就发现最近才购买过、下订单次数较多以及购买金额较大的顾客，都具有较多的重复购买次数，可归类为优质顾客。企业也因此开始减少对低价值顾客寄送产品目录，把省下来的钱投资在优质顾客身上，与优质顾客维持长久的交易关系。其实，现今的网购商业模式除了媒介不同，与百年来的邮购直销模式并无太大差异。

RFM 代表顾客价值的三种指标。*R* 是最近购买期间（recency），是指顾客最近一次的购买日到目前为止（购买仍未发生）的相隔天数。相隔天数愈多则代表顾客价值愈低，因为可能已经失去这名顾客了；若上个礼拜才买过，则可确定这

个顾客（关系）还在，对企业的价值就高了。F 是购买次数（frequency），是指顾客在最近一段时间内的购买次数，购买次数愈多代表顾客价值愈高。M 是购买金额（monetary），表示客户在最近一段时间内购买的平均金额，平均金额愈高亦代表顾客价值愈高。这三个指标所代表的顾客价值，其含义非常直观、简单明了。但是如何综合这个三个指标去评量顾客价值的高低就有一点麻烦了，RFM 分析的目的就在于解决这个问题。

除了 RFM 指标之外，是否还有其他指标也适合用来衡量一个顾客的价值？曾经有人提出，老顾客介绍其他新客户购买产品（或加入会员）的人数，也可作为顾客价值指标。但是，这些被介绍进来的新客户的顾客价值又该如何计算呢？顾客价值绝不可能人人相同，还是得按照 R、F、M 这三个指标进行衡量。例如，某位顾客介绍了 10 位新客户与企业交易，那他的顾客价值增额绝非仅是 10 个人而已，仍然还是要以 RFM 分析去衡量这 10 位新客户的价值总和。因此，长久以来企业只使用 R、F、M 这三个指标去衡量顾客价值。

理论上，RFM 分别代表三种顾客价值，并不适合整合成一个指标，而是应该建立一个分析架构。例如，采用购买次数与平均购买金额两个指标建立一个分析架构，如图 4-1 所示。位于第一象限的顾客，有较高的平均购买金额与较高的购买次数，自然被归类为高价值顾客；反之，处于第三象限的顾客，因为两种指标都低，也顺理成章地被归类为低价值顾客。那么有趣的是位于第二象限与第四象限的顾客，顾客价值又该如何计算及适当地解读以发展有效的营销策略呢？

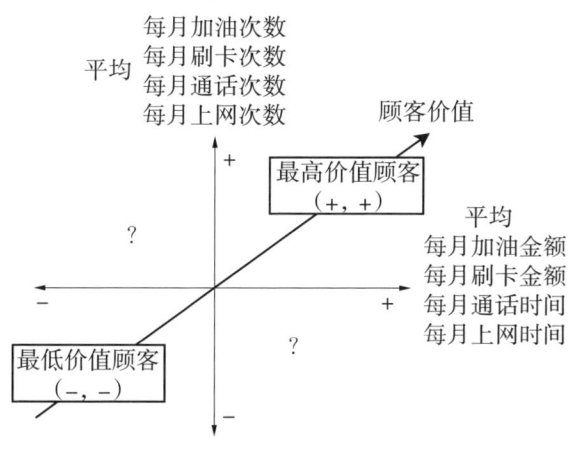

图 4-1　顾客价值分析架构

以通话行为为例，电信企业使用每月通话次数与每次通话时间两个指标去分析客户的通话行为结构。有些人经常打电话，可是每一通电话时间很短，如上班族每天忙着打电话处理公事，其顾客价值属于图中的第二象限。也有些人很少打电话，但是一通话就是20多分钟，甚至超过1个小时，如父母打国际长途电话关心在国外留学的子女，其顾客价值就属于第四象限。换句话说，图中的四个象限代表四种行为型态，代表不同的细分市场，其营销意义胜过以单一维度衡量顾客价值。

4.1.2 RFM 数据特性

我们进一步举一个实际案例说明 RFM 指标的数据特性。美国某家经营办公用品的 B2B 企业，拥有约40万名的企业客户，包括银行、律师事务所等。我们在第3章曾经提过，对全体客户数据进行分析是非常费时费力的做法。通过随机抽样取得具有代表性的样本数据之后再做分析，不仅省时省力，分析结果也与母体相差不大。为了学术目的，这家 B2B 企业提供约4万多位客户的交易数据给宾州大学的某位教授，这位教授再从中随机挑出2000位客户的数据给我们，我们再从中随机挑出20位客户的交易记录作为范例。即便是只有20位客户的样本数据，也能呈现全体40万名客户的顾客价值结构，这就是随机抽样的优势。

样本客户的原始交易记录经过计算整理之后，呈现的顾客价值结构如表4-1所示。表中，横行代表客户，纵列代表购买时序，方格数值代表本次购买与下次购买之间的相隔天数，即购买期间（interpurchase time）。例如，样本中的第1位客户（编号为71），共有两笔交易数据（$F=2$）；第1次购买与第2次购买之间相隔595天，第2次购买之后到现在为止的天数为386天（$R=386$）。其中，F是购买次数（frequency），R是最近购买期间（recency）。

由表可知，每位客户的交易笔数至多不超过18笔，方格数值也显示购买期间的变化相当大，短则三四天，长则一两年。也就是说，就算是全体客户的总数据笔数很庞大，但是每一个人的数据笔数还是很稀少。20人当中有9人，近50%的客户，只有两笔交易记录，也就是说我们只能用这两笔数据去推论他们的价值。除了每位客户的购买型态各具特色之外（异质性），个人自身的购买型态也有很大的变化（动态性）。如果将所谓的大数据全部放进来摘要成一个指标（如平均数），绝对无法精确地代表全体客户的顾客价值，因为每一个人的差异性实在是太大了。

第4章 顾客价值的解析与策略运用：ARFM模型

表4-1 随机抽样20位客户的购买期间资料　　　　　　　　　　单位：天

客户No.	购买时序 1	2	3	4	5	6	7	8	9	10	11	12	13	14	15	16	17	18	R	F
71	595	386																	386	2
80	49	120	657	81															81	4
100	54	969																	969	2
167	10	52	5	177	4	10	147	214	3	155	259								259	11
172	257	223	432	28															28	4
383	15	158	192																192	3
1277	10	140	11																11	3
1489	340	80																	80	2
1617	209	696																	696	2
2509	18	371																	371	2
2640	424	42																	42	2
2741	242	844																	844	2
2785	29	771																	771	2
2817	231	126	35	11	39	4	42	14	38	20	34	40	21	18	116	72	63	169	169	18
2876	70	120	50	18	261	63	118	139	81										81	9
2981	215	157																	157	2
3200	473	448	70																70	3
3209	41	116	3	25	14														14	5
3297	381	62	392	78	70														70	5
3373	335	258	76	218	65	91													91	6

我们以两个班级的考试分数为例，说明一个简单的统计观念。假设有A、B两个班级同时进行统计学考试。A班的最低分是65分，最高分只有75分；B班的最低分却低达0分，最高分则高达90分。虽然两班的平均分数都是70分，但是哪个70分比较能代表该班的全体成绩呢？比较之下，A班的分数差距比较小，同构型比较高，因此平均分数比较能代表该班学生的程度。B班的分数差距比较大，虽然平均70分似乎代表全班学生的程度不错，但其实是成绩好的分数很高，成绩差的分数很低；平均数无法反映这样的学生素质，决策风险也就随之提高。

消费者行为本来就兼具异质性与动态性，数据呈现的变异程度势必很大。业界常见的数据挖掘（data mining）工具多是将数据库的数据全部纳入计算，很少使用个人层次的数据。因此，由数据挖掘（data mining）工具得到的分析结果，代表性实在堪忧,决策风险亦高。所以我们说,大数据的大与多并不重要,个人层次的数据才是重点。

购买金额(monetary value)是另一个顾客价值指标,20位样本客户的交易数据如表4-2所示。以第1位客户(编号为71)为例,第1次的购买金额是74美元,第2次是94美元,平均购买金额(M)是84美元。结合表4-1与表4-2,就能得到每位客户的 RFM 指标数据,有利于进行顾客价值分析。值得注意的是,随着每天交易记录的更新积累,RFM 资料也是每日在变的。当企业想要把一个ERP系统转换成一个CRM系统的时候,就必须要思考如何将每日更新的交易记录自动转换成CRM系统需要的数据,才能开始做分析。

表4-2 随机抽样20位客户的购买金额资料　　　　　　　　　单位:美元

客户 No.	购买时序																		M
	1	2	3	4	5	6	7	8	9	10	11	12	13	14	15	16	17	18	
71	74	94																	84
80	159	8	172	177															129
100	50	111																	81
167	72	17	8	9	12	77	29	90	64	101	69								50
172	38	141	188	51															105
383	93	27	25																48
1277	92	25	136																84
1489	21	23																	22
1617	61	80																	71
2509	203	46																	125
2640	265	208																	237
2741	379	86																	233
2785	95	8																	52
2817	46	217	80	61	44	102	20	20	29	64	31	99	84	606	64	79	71	91	100
2876	86	143	106	29	241	112	151	276	122										141
2981	82	91																	87
3200	141	152	134																142
3209	121	641	29	54	314														232
3297	17	124	18	34	92														57
3373	129	80	189	84	135	91													118

4.2 五等均分法

如何综合使用 R、F、M 三项指标来衡量顾客价值？业界常见的做法是根据客户在三个指标上的排序，转换 RFM 原始数据成为可合并的分数。首先，将客户的最近购买期间（R）由小到大排序；排序愈靠前的客户代表不久之前才购买，与企业的交易关系仍很密切，因此有较高的顾客价值，得到较高的 R 分数（R-score）。其次，再按照客户的购买频率（F）由大到小排序，排序在前的客户获得较高的 F 分数（F-score）。最后，再按照客户的平均购买金额（M）由高到低排序，排序在前的客户获得较高的 M 分数（M-score）。

4.2.1 给分机制的设计

五等均分法的给分机制是令排序在前 20% 的客户获得 5 分，下一个 20% 的客户获得 4 分，其余以此类推。图 4-2 显示客户按照最近购买期间（R）由小到大的排序结果，以及对应的给分结果。例如，编号 1277、3209……等客户的 R 值最小，因此 R 分数获得 5 分。然后，重新按照客户的购买次数（F）由大到小排序，再以 20% 的人数比例切割成五群，依序给予 5、4、3、2、1 分。最后，再重新按照客户的平均购买金额（M）由大到小排序，依序给予各群客户适当的 M 分数。

No.	R	F	M	R-score
1277	11	3	84	5
3209	14	5	232	5
172	28	4	105	5
2640	42	2	237	5
3200	70	3	142	4
3297	70	5	57	4
1489	80	2	22	4
80	81	4	129	4
2876	81	9	141	3
3373	91	6	118	3
2981	157	2	87	3
2817	169	18	100	3
383	192	3	48	2
167	259	11	50	2
2509	371	2	125	2
71	386	2	84	2
1617	696	2	71	1
2785	771	2	52	1
2741	844	2	233	1
100	969	2	81	1

图 4-2 最近购买期间（R）的给分机制

根据五等均分法的给分机制，20 位客户的 *RFM* 分数如表 4-3 所示。其中，第 1 位客户的分数是（2，2，2），而第 2 位客户的分数是（4，4，4）。为什么要通过给分机制，将原始的 *RFM* 指标转换成 *RFM* 分数呢？原因很简单，因为 *R*、*F*、*M* 这三个指标代表三种购买行为，衡量单位完全不同。其中，最近购买期间的单位是"天"，购买次数的单位是"次"，平均购买金额的单位是"美元"，三者无法直接相加合并成单一顾客价值指标。虽然在多变量统计方法中，主成分分析（principal component analysis）能将不同单位的变量组成一个总指标，但是在 1980 年代数据库营销刚开始发展的时候，统计软件包尚没有发展成熟，难以将主成分分析整理合并在 CRM 系统之中。因此，常见的做法是按照前述的给分机制建立 *RFM* 分数，并视为区间尺度（interval scale），将三个分数相加，以总分判定每位客户价值的高低，15 分代表最高价值，3 分代表最低价值。

表 4-3　20 位客户的 *RFM* 分数

No.	*R*	*F*	*M*	R-score	F-score	M-score
71	386	2	84	2	2	2
80	81	4	129	4	4	4
100	969	2	81	1	1	2
167	259	11	50	2	5	1
172	28	4	105	5	4	3
383	192	3	48	2	3	1
1277	11	3	84	5	3	3
1489	80	2	22	4	2	1
1617	696	2	71	1	1	2
2509	371	2	125	2	2	4
2640	42	2	237	5	3	5
2741	844	2	233	1	1	5
2785	771	2	52	1	1	1
2817	169	18	100	3	5	3
2876	81	9	141	3	5	4
2981	157	2	87	3	2	3
3200	70	3	142	4	3	5
3209	14	5	232	5	4	5
3297	70	5	57	4	4	2
3373	91	6	118	3	5	4

除了相加之外，RFM 分数还可以应用于建立顾客价值细分，如图 4-3 所示。图中以 R、F、M 三个分数为坐标轴，构成一立体图，再划分成 5×5×5 = 125 个方格代表 125 个细分。其中，(5,5,5) 代表最有价值的客户，(1,1,1) 代表最低价值的客户。每个方格的坐标呈现不同细分的特性，有的是刚买过，但是购买次数还很少，金额也不高，还有其他各式各样的 RFM 组合。然而，企业有必要将客户分成 125 个细分吗？除非企业能够拟出 125 个策略，分别满足每个细分的需求，否则实在没有太大的必要。

值得讨论的是，根据给分机制所获得的 RFM 分数，究竟属于何种衡量尺度？常见的做法是将 RFM 五等份分数视为区间尺度，以便将三个分数相加整合成一个指标。然而，给分机制是按照顾客价值排序将客户人数分成 5 等份之后，再给客户贴上 5 分、4 分、3 分、2 分、1 分等标签，代表的是客户在顾客价值中的先后顺序，而非实质上的差异。因此，RFM 五等份分数在本质上是顺序尺度，并非区间尺度。

换句话说，将 RFM 分数相加是一种误用，因为顺序尺度无法相加，区间尺度才可以。有些人甚至将 RFM 分数视为三个集群变量，对客户进行集群分析，更是不知所云。首先，RFM 分数是顺序尺度，根本无法作为集群变量。其次，集群分析的目的是建立数个群别，各群人数不宜差异过大。但是只要按照 RFM 分数的 5 分、4 分、3 分、2 分、1 分等建立群别，如图 4-3 所示，就能保证各群人数均匀相等，集群分析实在没有必要。虽然将客户的 RFM 分数输入统计软件，就能得到集群分析结果。但是计算机是死的，人是活的，针对不同的研究主题，研究人员有责任去明辨何者才是正确的统计方法，而不是一味地误用。

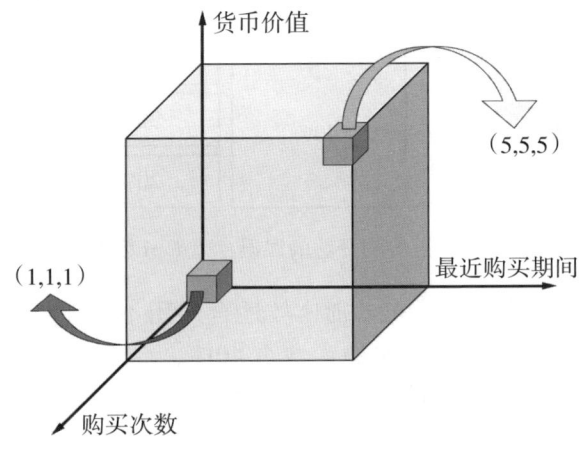

图 4-3　125 个顾客价值细分

4.2.2 给分机制的校对

五等均分法作为 *RFM* 的给分机制,将客户人数等分为 125（5×5×5）个群别。这样的做法存在两个问题,包括均分成 5 等份是否为最佳设定,以及均分法是否能够有效辨认顾客价值的差异。

1. 适当的均分份数

第一个问题是,将指标数值均分成 5 等份是否会太粗糙还是太精细?如果不需要分这么细,那么将三个指标都分成高、低两种程度,分成 2×2×2 = 8 个群别是否适当?又或者觉得 5 等份不足够,则切成 10 等份,建立 10×10×10 = 1000 个群别适合吗?随着群数的增加,群内客户的异质性会逐渐降低,同构型随之提升。群内的同构型愈高,样本测试结果愈能代表母体特性。可是,随着群数的增加,群内人数也会随之减少,反过来又威胁着代表性。该两难的困境,促使到底应该要切成 10 等份、5 等份,还是 2 等份比较好有待深入研究。

2. 均分法与不等比例法

第二个问题是,均分法不一定能呈现顾客价值的差异。假设数据库中有高达 40% 的客户只有购买一次的记录,如图 4-4 所示,虽然这些客户有相同的购买频率,但是按照 5 等分法,*F* 分数却有 1 分与 2 分的差异。因此,若 *RFM* 数据不符合均匀分布,使用均分法产生的 *RFM* 分数,其实无法真切反映顾客价值。

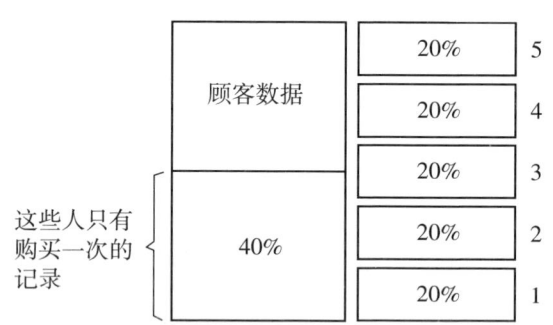

图 4-4 五等均分法的谬误:以 *F* 分数为例

若 *RFM* 分数不服从均匀分布,则比较适合采用不等比例法作为给分机制,如图 4-5 所示。例如,购买一次的人数占 40%,令 *F* 分数为 1;购买两次的人数占 30%,令 *F* 分数为 2;购买 3～5 次的人数占 15%,令 *F* 分数为 3;购买 6～10 次的人数占 10%,令 *F* 分数为 4 分,购买 11 次以上的人数占 5%,令 *F* 分数为 5 分。不过,这样的切割设定是最恰当的吗?

第 4 章 顾客价值的解析与策略运用：ARFM 模型

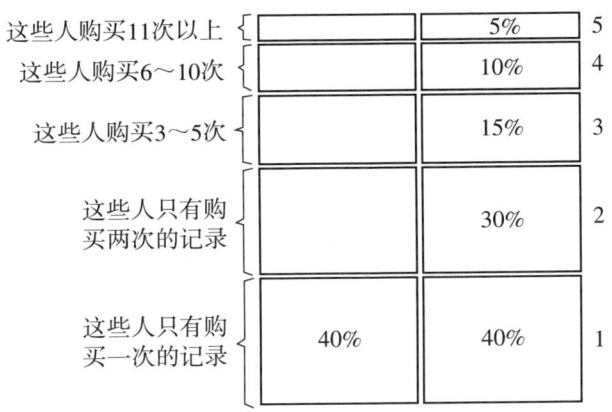

图 4-5 不等比例法：以 F 分数为例

在设定切割点的时候，应注意各群人数不宜差异太大，尤其是人数不宜过少。除了使用 F 分数定义出五群之后，还要按照 R 分数与 M 分数再继续细分下去。如果 F 分数为 5 分的人仅占全体客户数的 5%，还要再将这群人分派到由 R 分数与 M 分数交织构成的 $5 \times 5 = 25$ 方格之中，可以想见有些方格的人数可能过少，甚至根本没人，那就没有意义了。那么，到底要怎么切割才合理呢？

数据库厉害的地方是可以做到完全随机抽样，确保抽出来的样本数据足以代表母体结构。研究人员可以先将样本数据输入 Excel 软件，尝试各种切割比例，目标是得到各种 RFM 组合的人数比例不要过低的结果。根据多方研究的结果，为三种顾客价值指标设定好合理的切割比例，才能赋予合理的 RFM 分数，进行顾客价值分析。

虽然简易的五等均分 RFM 方法有很多问题，但是在提供解决这些问题之前，我们先提供一个范例介绍如何使用此方法于直销实务中，协助营销人员执行有效的策略以增加利润。

4.3 范例：邮件直销测试

如何使用 RFM 分析来创造利润？这里提供一个邮件直销的案例①。如 4.1 节所述，RFM 分析最早应用于美国的邮件直销行业。在大规模的寄送促销商品的广告信件之前，企业想要先测试客户在收到广告信件之后的反应，即是否会因为促销活动而回复订单。因此，企业先从约 100 万名客户的顾客数据库中，随机抽

---

①Stone, Bob. 1997. Successful Direct Marketing Direct Marketing Methods, 6th edition, NTC Business Books.

出3万名客户作为测试样本，并只针对这些人寄出促销商品的广告。

4.3.1 测试样本的回复率

根据五等均分法计算3万名客户的 RFM 分数，并链接到他们对于促销活动的回复情形，结果如表4－4所示。其中，属于"555"这个方格的人数有238人，属于"554"有244个人，其余方格的人数也都在240人左右，人数比例差不多都是0.8%。这是因为 RFM 分数共可构成 $5 \times 5 \times 5 = 125$ 种组合，将人数均分之后，每个组合的人数比例约为 $1/125 = 0.8\%$，测试人数约为 $30\,000 \times (1/125) = 240$ 人。

将广告信件发给3万名客户之后，总共收到474位客户的回复订单，全体回复率（response rate）为 $474 \div 30000 = 1.58\%$。长久以来，邮件直销行业的回复率大约都是1%到2%之间。不过，如果进一步细看，表中显示顾客价值群的回复率各有不同。例如，顾客价值最高的"555"客户，回复率为 $19 \div 238 = 7.98\%$，约为全体回复率的5倍；顾客价值最低的"111"客户，回复率为0，代表该群无人回复想订购商品。由此可知，若要提升广告信件的回复率，则应该慎选寄发对象，不宜天女散花式地发给全体客户。

表4－4 测试样本的回复率

方格序号	RFM 分数	人数比例	测试人数	订购人数	回复率
1	555	0.79%	238	19	7.98%
2	554	0.81%	244	12	4.92%
3	553	0.83%	250	12	4.80%
4	552	0.77%	231	8	3.46%
5	551	0.81%	244	2	0.82%
6	545	0.80%	240	9	3.75%
7	544	0.74%	221	12	5.43%
8	543	0.81%	243	7	2.88%
9	542	0.89%	267	4	1.50%
10	541	0.96%	287	3	1.05%
…	…	…	…	…	…
121	115	0.84%	253	0	0.00%
122	114	0.81%	243	1	0.41%
123	113	0.78%	234	0	0.00%
124	112	0.84%	253	1	0.40%
125	111	0.92%	277	0	0.00%
总计	125	100.00%	30 000	474	1.58%

4.3.2 损益平衡分析

邮寄广告信件需要花费成本。若客户的回复率高，代表广告信件能够成功吸引客户下订单，产品收益也才能弥补广告信件的邮寄成本而产生利润。反之，若回复率过低，致使产品收益小于邮寄成本，反而造成亏损。在追求获利的目标下，产品总收益必须要大于广告信件的总邮寄成本。其中，总收益等于单位收益乘以订购人数，总邮寄成本等于邮寄单位成本乘以邮寄人数；前者必须至少能弥补后者，才能产生利润，如下所示：

$$产品单位收益 \times 订购人数 \geqslant 邮寄单位成本 \times 邮寄人数 \qquad (4-1)$$

因此，广告信件的回复率至少要达到以下水平：

$$回复率 = \frac{产品订购人数}{信件邮寄人数} \geqslant \frac{邮寄单位成本}{产品单位收益} \qquad (4-2)$$

假设此次活动的产品单位收益是 350 元，每封广告信件的邮寄成本是 5.5 元，则回复率至少要达到 5.5÷350＝1.57%，才能达到损益平衡（break-even），甚至是赚取利润。在邮件直销产业中，邮寄单位成本除以产品单位收益的比值，又称为损益平衡回复率（the break-even response rate）。

根据邮件直销测试的结果（表 4-4），若企业天女散花式地将广告信件寄送给每一位客户，则全体回复率约为 1.58%，仅略高于损益平衡值 1.57%。换句话说，若将广告信件寄送给全体客户，则利润趋近于 0，甚至可能是亏损。因此，企业应挑选回复率高的客户作为目标客户，广告信件的促销效果才能得以彰显。挑选客户的方法很简单。首先，将客户按照 RFM 分数进行分群，如分成 125 个群别。其次，进行邮件直销测试，先通过随机抽样选取广告信件的测试对象，再评估样本中各群的回复率，如表 4-4 所示。最后，找出回复率高于损益平衡值的 RFM 群，如 555、554、553 等，再从客户数据库中挑出属于这些群别的客户，作为广告信件的寄送名单。

4.3.3 三种寄送对象的利润分析

随着寄送对象选取方式的不同，广告信件的回复率与产品利润亦有所不同。如表 4-5 所示，寄送对象分为随机抽样的测试样本、不予抽样的全体客户，以及挑选高于损益平衡回复率的目标客群三种。假设每件产品的单位净收益为 350 元，每封广告信件的邮寄成本是 5.5 元，就 3 万人的测试结果而言，共有 474 人回复订购产品，因此产生净收益为 350×474＝165 900 元，但邮寄成本却花费了 5.5×30 000＝165 000，因此仅产生 169 900－165 000＝900 元的利润。测试之后，企业还是不分彼此地对全体 100 万客户寄送广告信件，结果显示仅有 13 432 人回复订单，回复率为1.34%，低于损益平衡回复率1.57%，导致产生亏损。

若只挑选高于损益平衡回复率（如1.57%）的目标客群作为邮寄对象，就只需寄送约29万份的广告信件。结果显示目标客群的回复率为2.54%，高于全体寄送的回复率1.34%，产生的收益约为259万，扣去邮寄成本约160万，可获得约99万的利润，远高于前面两种寄送方式。此种方法的成功关键因素有二：一是找到适当的细分基础（如RFM指标）去建立回复率各异的市场细分；二是通过市场测试去评估各细分的回复率，有利于挑选目标客户名单。

表4-5 三种寄送对象的利润分析　　　　　　　　单位：美元

利润分析	寄送对象		
	测试样本	全体客户	目标客群
收入			
回复率	1.58%	1.34%	2.54%
订购人数	474	13 432	7394
总净收益	165 900	4 701 200	2 587 900
成本			
寄送人数	30 000	1 000 000	290 763
总邮寄成本	165 000	5 500 000	1 599 200
利润	900	-798 800	988 700

4.3.4　市场细分与市场测试

在建立目标客户名单之前，应先进行市场细分（marketing segmentation）。根据营销理论，市场细分是指将市场切成不同群别后，属于同一群内的消费者具有类似的需求或购买行为。因此，消费者行为变量是最有效的细分基础。目前实务界最常使用的细分基础仍是性别、年龄、职业等人口统计变量，因为资料最容易取得，却不适合用来推论细分可能会有的消费行为特性。假设企业决定将目标客群锁定为性别为男性的40岁的中阶主管，能够再依据这些人口统计资料去预测这群人的RFM分数与行为特性吗？也许可以，但是准确度必然很低，因为具有相似人口统计特性的细分，不见得有类似的需求或购买行为。

因此，企业在建立客户数据库之初，除了记录客户的基本特性之外，更重要的是交易数据库须包含足够的消费行为变量。如第3章3.4节的讨论，除了将交易记录整理成动态交易数据库之外，交易日期数据库、产品属性数据库、营销活动数据库等亦应一并建立。如此，企业才能将客户的购买行为，实时转换为关键的营销决策信息，如计算RFM分数。

如果是一家新公司，客户的交易记录笔数太少甚至是缺失，以致无法计算 *RFM* 分数，又该如何是好？当公司缺乏客户的交易数据时，只能退而求其次，使用既有的人口统计变量建立细分。然而在这么做的时候，就算是假设人口统计特质相似的一群人，也会有相似的需求，虽然这种假设是没有什么依据的，但这是没有办法中的办法。值得注意的是，在网络发达的现代，几乎每个人都会有自己的电子邮件（E-mail）地址，如 aaa@ xxx. com。企业可以针对 E-mail 地址进行内容分析，如@ 符号后面接的一组文字——xxx. com，通常代表客户的工作机构或家庭使用的宽带服务，也可以当作细分基础。

在建立市场细分之后，另外一个成功关键就是要做市场测试。企业通常缺乏市场测试的概念，在执行任何营销活动的时候，总是一次性地将活动信息寄送给全体客户，没有想到其实可以先做市场测试，预先对各细分的回复率做一评估。由邮件直销案例来看，不同顾客价值群面对相同的促销信息，回复率却有明显的差异。因此，企业宜先使用随机抽样[①]挑出一群具代表性的样本客户，进行市场测试，获得每个细分对于促销活动的回复率。然后，使用损益平衡回复率作为门槛，挑选回复率高于门槛的细分作为目标客户。按照该决策规则，就可以写出一套挑选目标客户名单的程序，安装在顾客关系管理系统之中。

甚至，企业在规划营销活动的时候，最好能发展成两个以上的版本，再通过市场测试挑选出适合不同版本的目标客户名单。若能明确地指定哪些客户应该收到哪种版本的广告、产品推荐或促销活动，就能让客户各取所需，享受到贴心的服务，顾客价值自然提高。

4.4 Bob Stone 的给分机制

根据五等均分法所产生的 *RFM* 分数，实质上属于顺序尺度，不适合进行量化分析。因此，Bob Stone（1995）提出另外一种给分机制，将 R、F、M 等衡量单位不同且数值范围大小有异的三个变量，按照比例尺的概念，转换成简洁的整数，如表 4-6 所示。例如，最近购买期间（R）等比例地切割成最近 3 个月之内、3~6 个月、6~9 个月、9~12 个月及超过 12 个月等五个区间，对应的 R 分数分别是 24 分、12 分、6 分、3 分及 0 分等。代表购买频率高低的 F 分数，设定为实际购买次数的 4 倍。代表购买金额多寡的 M 分数，设定为平均购买金额（以美元计）的 10%，再无条件进入为整数，超过 9 分者以 9 分计。

[①] 再一次强调随机抽样的重要性。由于客户数据库有完整的列表，我们可以做到最符合学理的完全随机抽样，其样本是可以充分地代表全体（母体）的特性。

表 4-6 Bob Stone 的给分机制

维度	给分机制	权重
最近购买日（R）	最近 3 个月为 24 分 最近 3～6 个月为 12 分 最近 6～9 个月为 6 分 最近 9～12 个月为 3 分 最近 12 个月以上为 0 分	中
购买频率（F）	购买次数 × 4 分	高
购买金额（M）	购买金额 × 10%（最高为 9 分）	低

4.4.1 RFM 三者的重要性

与五等均分法不同的是，Bob Stone 的设定条件是依据变量本身的尺度进行切割，而非以人数作为切割依据，这是第一项优点。而由于 RFM 三种分数的范围大小不一，代表这三个维度的重要性各有不同，这是第二项优点。表中，F 分数是唯一没有被设定上限的指标，代表购买次数愈多，F 分数就可以一直冲高。R 分数与 M 分数则都有上限，R 分数的上限是 24 分，M 分数的上限是 9 分。由此可知，客户的 RFM 分数是否够高，主要由 F 分数决定，其次是 R 分数，M 分数的影响最小。换句话说，Bob Stone 给分法最重视购买频率，其次是最近购买期间，最不重视购买金额。为什么这三个指标的数值范围要如此设定呢？

原则上，愈能协助企业清楚辨识顾客价值高低的购买行为指标，愈应该受到重视，设定的分数范围也应该愈大。随着产业特性的不同，顾客的购买特性也截然不同。例如，顾客到超级市场的消费以日常用品为主，如柴米油盐酱醋茶、生鲜水果蔬菜、生活杂货等，购买金额通常较少，顾客间的差异也不大。因此，来店消费次数（即购买频率）比购买金额更能呈现顾客价值的差异。反之，3C 卖场的客户所能选择的产品范围很广，小到数颗电池，大到空调电冰箱，购买金额从数十元到数万元不等，差异甚大。3C 用品以耐用品为主，客户上门消费次数不会太过频繁，客户之间的差异也不大，因此购买金额比购买频率更能反映顾客价值的高低。

Bob Stone 的给分机制，最初是为了银行的信用卡业务而设计的。对银行而言，客户的刷卡次数愈多，代表用别家信用卡的概率愈低，对本行的忠诚度愈高。刷卡金额的高低反而不重要，因为银行本身不卖产品，无法从刷卡金额中创造利润。客户通过刷卡买了哪些产品，虽然能反映其产品偏好，但对信用卡的经营没有那么重要。因此，Bob Stone 给分法最重视 F 分数，最不重视 M 分数。

4.4.2 给分机制的比较与校对

五等均分法与 Bob Stone 法是两种截然不同的给分机制。Bob Stone 法可以根据产业特性，调整 *RFM* 分数的计算公式。为了兼顾 *RFM* 三种行为的重要性，我们取消了 *R* 分数与 *M* 分数的上限，计算公式与对应的 Excel 函数如图 4 – 6 所示。分式的计算结果都无条件进入到整数字，即 Excel 软件的 INT（.）函数。

$$\begin{array}{lll} & \text{计算公式} & \text{Excel 函数} \\ \text{R-Score} & = 2^{(4-\frac{R}{90})} & = \text{INT}(2\wedge(4-\text{INT}(R/90))) \\ \text{F-Score} & = F \times 4 & = F * 4 \\ \text{M-Score} & = \dfrac{M}{10} & = \text{INT}(M/10) \end{array}$$

图 4 – 6 调整后的 Bob Stone 给分法

现以 4.2 节的 20 位客户 *RFM* 数据为例，使用两种给分机制计算而得的 *RFM* 分数，如表 4 – 7 所示。由表可知，两种给分法的计算结果差异颇大。例如，编号 2817 的客户的顾客价值在 Bob Stone 法下是第 1 名，但是在五等均分法下却是第 8 名。那么，对于这家经营办公用品的企业而言，给分机制究竟要如何设定，*RFM* 分数才能有效地反映顾客价值的高低呢？在开发各种管理系统的时候，宜搭配 Excel 之类的统计软件去做一些研究，去确认参数设定的有效性。以 *RFM* 给分机制为例，企业可以通过样本的切割与比对，去评估何种参数设定具有最高信度（reliability），以此计算顾客价值。

表 4 – 7 *RFM* 分析：两种给分法的比较

客户 No.	原始资料			Bob Stone 法					五等均分法				
	R	*F*	*M*	*R*	*F*	*M*	总分	排序	*R*	*F*	*M*	总分	排序
71	386	2	84	1	8	8	17	17	2	2	2	6	16
80	81	4	129	16	16	12	44	6	4	4	4	12	3
100	969	2	81	0	8	8	16	18	1	2	2	4	18
167	259	11	50	4	44	5	53	4	2	5	1	8	11
172	28	4	105	16	16	10	42	8	5	4	3	12	3
383	192	3	48	4	12	4	20	16	2	3	1	6	16
1277	11	3	84	16	12	8	36	11	5	3	3	11	8
1489	80	2	22	16	8	2	26	13	4	2	1	7	14

续表 4-7

客户 No.	原始资料			Bob Stone 法					五等均分法				
	R	F	M	R	F	M	总分	排序	R	F	M	总分	排序
1617	696	2	71	0	8	7	15	19	1	1	2	4	18
2509	371	2	125	1	8	12	21	15	2	2	4	8	11
2640	42	2	237	16	8	23	47	5	5	3	5	13	2
2741	844	2	233	0	8	23	31	12	1	1	5	7	14
2785	771	2	52	0	8	5	13	20	1	1	1	3	20
2817	169	18	100	8	72	10	90	1	3	5	3	11	8
2876	81	9	141	16	36	14	66	2	5	5	4	12	3
2981	157	2	87	8	8	8	24	14	3	2	3	8	11
3200	70	3	142	16	12	14	42	8	4	3	5	12	3
3209	14	5	232	16	20	23	59	3	5	4	5	14	1
3297	70	5	57	16	20	5	41	10	4	4	2	10	10
3373	91	6	118	8	24	11	43	7	3	5	4	12	3

例如，若样本是两年的交易记录，则可予以切半，令前一年资料为建模样本（calibration sample），后一年数据为验证样本（validation sample），如图 4-7 所示。以 Bob Stone 法为例，根据这两种样本数据去计算每位客户的 *RFM* 分数之后，获得客户分别在建模样本与验证样本下的顾客价值顺序。然后，计算两者的顺序相关系数，系数愈靠近 1 则代表 Bob Stone 法的信度愈高，愈适合以过去的 *RFM* 分数去预测未来的顾客价值，也代表愈适合作为顾客价值的给分机制。采用类似的做法，企业可以多方尝试各种给分机制，如均分法的切割份数、不等比

客户 No.	建模样本（第一年资料）							验证样本（第二年资料）						
	原始资料			Bob Stone 法				原始资料			Bob Stone 法			
	R	F	M	R	F	M	总分	排序	R	F	M	R	F	M	总分	排序
71																
80																
100																
167																
172																
383																
M																

顺序相关

图 4-7 样本切割与信度评估：Bob Stone 法

例法的切割点等。如果不做这些研究，企业就无法知道何种给分机制最能够反映客户的顾客价值，有助于预测未来的顾客价值。

4.5 顾客价值与购买期间

RFM 分析将顾客价值拆解为三个维度，如图 4-8 所示。不过，若仔细探究这三个维度的行为本质，则会发现购买频率（F）与最近购买期间（R）衡量的其实是同一种顾客价值。购买频率是指客户于整个观察期间之内的购买次数；整体观察期间（天数）除以购买频率（次数）而得到的平均天数，称为平均购买期间。购买期间（interpurchase time）是指两两交易之间的间隔天数，最近购买期间（R）则是购买期间的特例。因此，购买频率与最近购买期间在某种程度上与购买期间的意义相同。若将平均购买金额（M）除以平均购买期间的天数，就可以获得客户平均每天的购买金额。RFM 分数以分（Points）为单位，平均每天购买金额以美元（Dollar）为单位，后者更能呈现顾客价值的实质意义，更适合用来评估客户平均每天对企业贡献的金额。问题在于，企业该如何掌握客户的购买期间型态？

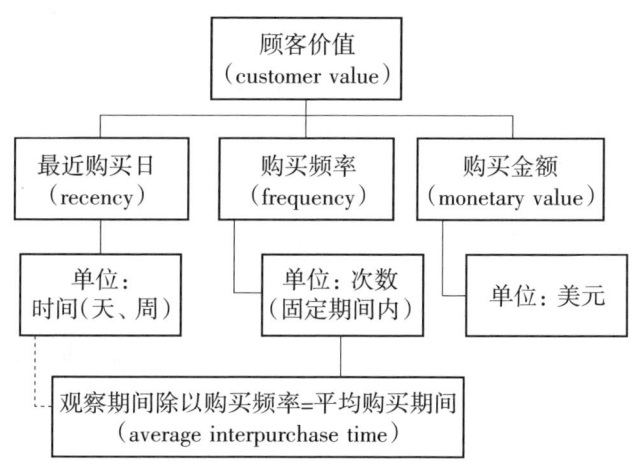

图 4-8 顾客价值指标

4.5.1 购买期间的概率分布

客户的购买记录包含购买期间与购买金额资料，如图 4-9 所示。其中，购买金额以金钱符号"$"表示，符号的大小代表购买金额的高低。在完成交易之后，客户隔了一段时间，就会再次购买，然后再隔一段时间，又会再次购买。连续两次购买之间的相隔天数，称为购买期间（interpurchase time）；最后一笔期间数据因为交易尚没有发生，称为最近购买期间（recency）。购买金额有高有低，购买期间亦有长有短，二者都为随机变量（random variable）。企业可以根据客户的购买记录，找到适当的概率分布来描述这两个随机变量的性质，进而推导每位客户的平均购买天数（λ_i）与平均购买金额（μ_i）。二者相除之后，就能获得个别客户对企业贡献的顾客价值。

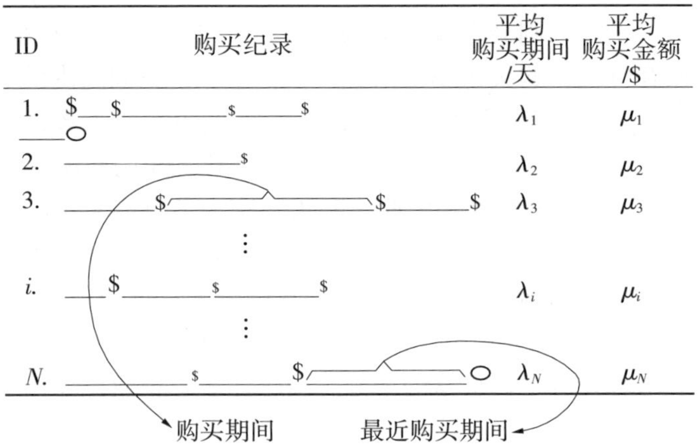

ID	购买纪录	平均购买期间 /天	平均购买金额 /$
1.	\$__\$__\$__\$	λ_1	μ_1
2.	_____\$	λ_2	μ_2
3.	__\$_____\$__\$	λ_3	μ_3
⋮			
i.	\$____\$____\$	λ_i	μ_i
⋮			
N.	__\$____\$_____	λ_N	μ_N

购买期间　　最近购买期间

图 4-9　购买期间与购买金额资料

从顾客关系管理的角度来看，企业关心的是每位客户的顾客价值。现以第 i 位客户的购买期间数据为例（如图 4-10），说明如何找到适当的概率分布。图中，购买期间资料共有三笔，以（t_{i1}，t_{i2}，t_{i3}）表示之；第四笔资料是最近购买期间，以 t_{i4} 表示之。由图可知，购买期间资料（t_{i1}，t_{i2}，t_{i3}）长短不一，因此购买期间是随机变量。

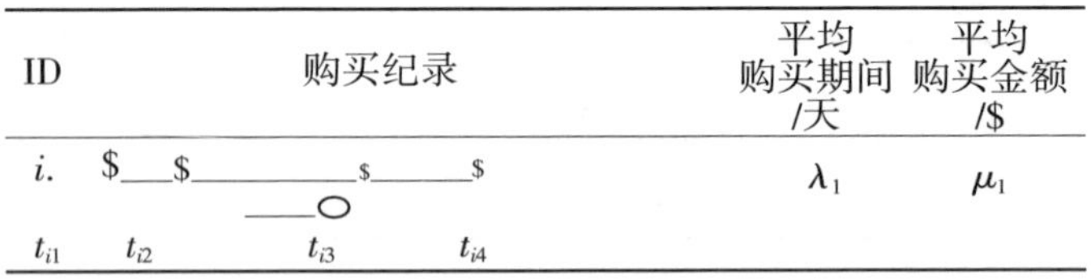

ID	购买纪录	平均购买期间 /天	平均购买金额 /$
i.	\$__\$____\$__\$	λ_1	μ_1
	t_{i1}　t_{i2}　　t_{i3}　　t_{i4}		

图 4-10　第 i 位客户的购买期间与购买金额

数值为正值且具连续性（positive continuous data）是购买期间资料的特性。统计学家根据该特性找到许多的概率分布，适合描述购买期间的型态。初级统计学中所介绍的指数分布（exponential distribution），就是其中之一，它的概率密度函数（probability dendsity function，PDF）如下所示：

$$f(t_{ij} \mid \lambda_i) = \lambda_i^{-1} e^{-\frac{t_{ij}}{\lambda_i}} \quad t_{ij} > 0 \qquad (4-3)$$

其中，t_{ij} = 第 i 位客户的第 j 次与第 $j+1$ 次交易的间隔时间长度，即购买期间；$\lambda_i = E(t_{ij})$，即第 i 位客户的平均购买期间，系未知参数。

假设第 i 位客户有 n_i 笔购买期间数据，且这些数据彼此独立，则其联合概率分布（joint probability function），又称为似然函数（likelihood function），相当于 n_i 笔数据的指数分布函数之连乘积，如下所示：

$$\ell(t_{ij} \mid \lambda_i) = \prod_{j=1}^{n_i} \lambda_i^{-1} e^{-\frac{t_{ij}}{\lambda_i}} = \lambda_i^{-n_i} e^{-\frac{\sum_{j=1}^{n_i} t_{ij}}{\lambda_i}} \qquad (4-4)$$

由于这 n_i 笔数据在购买记录中被观察到，代表其发生可能性最高，亦即似然函数达到极大化。据此推导出个人平均购买期间（λ_i）的估计值，称为最大似然估计元（maximum likelihood estimator，MLE）。在推导 MLE 之前，为简化起见，通常会先将似然函数取对数值，如下所示：

$$\ln \ell(t_{ij} \mid \lambda_i) = -n_i \ln \lambda_i - \frac{\sum_{j=1}^{n_i} t_{ij}}{\lambda_i} \qquad (4-5)$$

似然函数极大化的必要条件是一阶微分为 0，如下所示：

$$\frac{\partial \ln \ell(t_{ij} \mid \lambda_i)}{\partial \lambda_i} = -\frac{n_i}{\lambda_i} + \frac{\sum_{j=1}^{n_i} t_{ij}}{\lambda_i^2} = 0 \Rightarrow \widehat{\lambda_i} = \frac{\sum_{j=1}^{n_i} t_{ij}}{n_i} \qquad (4-6)$$

由推导结果可知，个人平均购买期间（λ_i）的估计值是购买期间资料（t_{i1}, t_{i2}, $\cdots t_{in_i}$）的算术平均数。换句话说，在指数分布的假设下，平均购买期间由 n_i 笔资料所构成，且每笔数据的权重都相同，都为 $1/n_i$。值得思考的是，这样的似然函数假设是否符合顾客价值的真正意义呢？

4.5.2 加权平均购买期间

假设三位客户 A、B、C 在一段期间内的购买记录，如图 4-11 所示。图中，每位客户都有四个"$"符号，代表发生四次交易，形成三笔购买期间资料。若以购买频率（F）衡量顾客价值，则每位客户的价值都相同，都为 $F=4$。然而，从购买期间的长度来看，三位客户有明显不同的型态（pattern）。客户 A 的购买行为非常规律；客户 B 刚开始很快就用了，隔了一段时间才来买，再隔了好长一段时间才来买；客户 C 在第一次买过之后，隔了一段很长的时间才来买，接着又比较短一点，最近又更短了。换句话说，即使是购买频率相同的客户，也可能拥有截然不同的购买期间型态，因此购买期间数据更有助于辨认顾客价值的异质性。

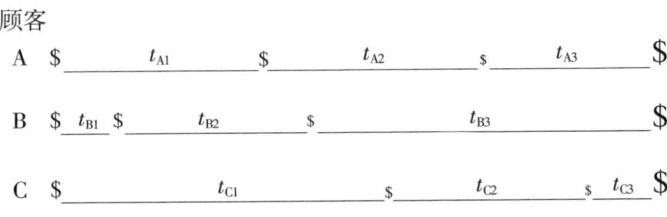

图 4-11 三位客户的购买记录

不过,如果以购买期间资料的算术平均数来衡量顾客价值,也无法反映 A、B、C 三位客户的异质性。这是因为不管是哪位客户,其所拥有的三笔购买期间资料的计算总和,都为总观测期间的长度(T),即 $t_{i1} + t_{i2} + t_{i3} = T$,因此算术平均数都为 $T/3$。换句话说,算术平均数虽然是简单易懂的计算公式,却因为无法准确地反映购买期间型态的异质性,对于后续的营销决策也就没有太大的帮助。

若要按照购买期间的型态去掌握客户的顾客价值,则每笔数据的权重不应该像算术平均数一样完全相等。对于企业而言,离当下愈近的数据,应该是愈有助于预测客户的未来价值,应赋予愈高的权重。在考虑各期数据权重不一的原则下,加权指数分布是适当的假设;n_i 笔数据形成的加权似然函数,如下所示:

$$\ell(t_{ij} \mid \lambda_i) = \prod_{j=1}^{n_i} \left[(\lambda_i^{-1} e^{-\frac{t_{ij}}{\lambda_i}}) \frac{j}{\sum_{j=1}^{n_i} j} \right] = \lambda_i^{-1} e^{-\frac{\sum_{j=1}^{n_i} t_{ij} \cdot j}{\lambda_i \sum_{j=1}^{n_i} j}} \quad (4-7)$$

同理,对似然函数取对数之后,求解平均购买期间(λ_i)的加权最大似然估计值(weighted MLE,以下简称 WMLE),如下所示:

$$\widehat{\lambda}_i = \sum_{j=1}^{n_i} \frac{j}{\sum_{j=1}^{n_i} j} t_{ij} = \sum_{j=1}^{n_i} w_j t_{ij} \quad (4-8)$$

式中,购买期间资料(t_{ij})由远到近的权重分别是 $\left(\frac{1}{\sum j}, \frac{2}{\sum j}, \cdots, \frac{j}{\sum j} \right)$,距今愈近的资料有愈大的权重。以图 4-11 为例,每位客户都只有三笔资料,因此 $j = 1, 2, 3$,而第 j 笔资料的权重为:

$$w_j = \frac{j}{\sum_{j=1}^{3} j} = \frac{j}{1+2+3} = \frac{j}{6} \quad j = 1, 2, 3 \quad (4-9)$$

如式(4-9)所示,第 1 笔数据因为距离现在最远,因此权重最低,即 $w_1 = 1/6$;第 3 笔资料因为距今最近,因此权重最高,即 $w_3 = 3/6$。若将权重考虑进来,则三位顾客的加权平均购买期间,计算如下:

$$\text{顾客 A:WMLE}_A = \frac{1}{6} \times t_{A1} + \frac{2}{6} \times t_{A2} + \frac{3}{6} \times t_{A3} \approx \frac{T}{3}$$

$$\text{顾客 B:WMLE}_B = \frac{1}{6} \times t_{B1} + \frac{2}{6} \times t_{B2} + \frac{3}{6} \times t_{B3} > \frac{T}{3}$$

第4章　顾客价值的解析与策略运用：ARFM 模型

$$\text{顾客 C：WMLE}_C = \frac{1}{6} \times t_{C1} + \frac{2}{6} \times t_{C2} + \frac{3}{6} \times t_{C3} < \frac{T}{3} \qquad (4-10)$$

式中，$T/3$ 是三位客户相同的平均购买期间，即没有加权的算术平均数（MLE）。图 4-11 中，三位客户的购买期间型态，反映在 MLE 与 WMLE 的比较结果上。例如，客户 A 的购买期间很固定，每笔资料几乎相等，因此 $\text{WMLE}_A \approx \text{MLE}_A$。客户 B 的购买期间有愈来愈长的趋势，由于近期数据的重要性高于早期数据，因此加权平均数大于算术平均数，即 $\text{WMLE}_B > \text{MLE}_B$，代表较低的顾客价值。同理，客户 C 的购买期间有愈来愈短的趋势，因此 $\text{WMLE}_C < \text{MLE}_C$，代表较高的顾客价值。

4.6　活跃性与 RFM 分析

4.6.1　ARFM 模型

我们根据购买期间的算术平均数（MLE）与加权平均数（WMLE）的比较结果，创造一个新的顾客价值指标，称为活跃性指标（customer activity index, CAI），计算公式如下：

$$CAI = \frac{\text{MLE} - \text{WMLE}}{\text{MLE}} \times 100\% \qquad (4-11)$$

若购买期间的算术平均数与加权平均数大致相等，则 $CAI \approx 0$，即客户购买行为非常规律。若算术平均数明显大于加权平均数，则 $CAI > 0$，代表愈近购买期间愈短，也就是客户的购买行为愈来愈活跃（active），是企业乐于见到的现象。反之，若算术平均数明显小于加权平均数，则 $CAI < 0$，代表距今愈近的购买期间拖得愈长，即客户愈来愈沉寂（inactive），企业须考虑是否要采用预防措施[①]。

活跃性指标（CAI）可再结合购买金额或购买频率等 RFM 指标，进行顾客价值结构分析，称为 ARFM 模型，如图 4-12 所示。位于第一象限的活跃-忠诚群（active-potential customers）的顾客价值最高，最应该受到企业的礼遇。位于第四象限的不活跃-重度使用群（inactive-heavy usage customers）最令企业头痛，因为他们原本是忠诚客户，但是活跃性却相对较低。企业应该要马上通过客服中心，主动打电话跟顾客联系，逐一去关心发生了什么事，为什么渐渐不跟企业往来。其他如活跃-潜力群（active-potential customers）与不活跃群（inactive cus-

---

① Jen, Lichung and Shih-Ju Wang. 1998. Incorporating Heterogeneity in Customer Valuation: An Empirical Study of Health Care Direct Marketing in Taiwan, *International Journal of Operations and Quantitative Management*, 4 (3): 217-228.

tomers），亦应采用不同的 CRM 策略。

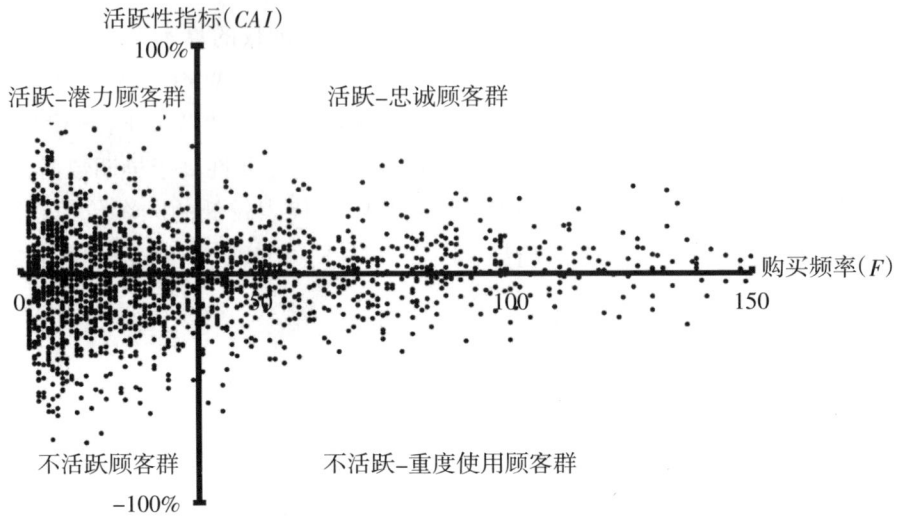

图 4-12 顾客活跃性分布图

4.6.2 刷卡行为的活跃性分析

现以银行的信用卡业务为例，进一步说明如何使用 CAI 值进行顾客价值分析。我们从该银行的信用卡业务随机抽样出两万名客户于 2011 年 1 月 1 日到 2012 年 12 月 31 日这段期间的刷卡记录，摘要如图 4-13 所示。这两万位客户共拥有 43 111 张信用卡，也就是每位客户平均拥有 2.18 张信用卡。在剔除刷卡金额为负值（如退货退刷）的资料后，总刷卡笔数约有 147 万笔，平均下来每人在两年内约刷 73.58 次信用卡，即每人每年使用该行信用卡约 37 次，每个月约使用 3 次。

◆ 总客户数：20 000 名
◆ 总信用卡数：43 511 张
◆ 总刷卡记录笔数：1 471 507 笔
◆ 平均每位客户约持有 2.18 张卡
◆ 平均每位客户在两年内约刷 73.58 笔

刷卡金额大于 0

图 4-13 客户刷卡记录的摘要统计

从这样的资料内容来看，是否符合大数据的意义呢？虽然客户有 2 万名，刷卡记录约有147万笔，看起来数据量很大，但是平均下来之后，每位客户只有74笔而已。更何况，这74笔数据还包括了食、衣、住、行、育、乐各方面的消费。如果企业想要分析持卡人在食品方面的消费，或者出国旅游方面的消费，则每一个人又能有几笔数据可以分析呢？站在顾客关系管理的角度，数据库的数据其实一点都不大，一点也不多。

为了测试 CAI 值的预测能力，我们首先将两年刷卡记录切成两个样本：2011年的刷卡记录视为建模样本，2012年的数据视为验证样本。其次，将同一客户于同一天的多笔刷卡记录整并为同一笔。然后，仅使用2011年的刷卡记录（即建模样本）去计算每位客户的 CAI 值[①]。最后挑出三位客户的计算结果，呈现 CAI 值与刷卡间隔天数的关系，如图4-14所示。图中，横轴数值是客户的刷卡时序，代表第1次刷卡、第2次刷卡等；纵轴是刷卡的间隔天数。

首先是编号为18364的客户，CAI 几乎等于0，代表刷卡间隔天数非常稳定；图4-14a 也显示间隔天数的时序变化相当平稳，属于稳定刷卡客户。其次是编号为9223的客户，CAI 为负值，代表愈是靠近现在的刷卡间隔天数愈长；图4-14b 亦显示间隔天数从数据初期的5天，渐渐拉长到后期约30天，属于渐趋静止客户。最后是编号为1290的客户，CAI 为正值，图4-14c 显示初期的刷卡间隔天数长约30天，但到后期已逐渐缩短为5天，故属于渐趋活跃客户。

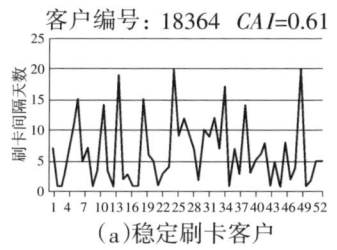
(a) 稳定刷卡客户

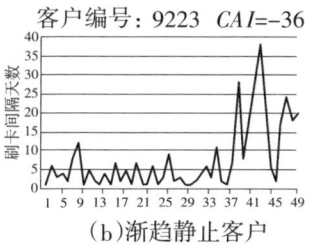
(b) 渐趋静止客户

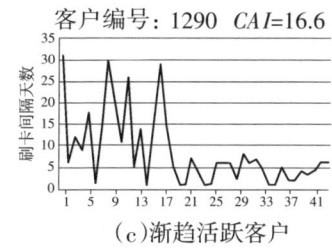
(c) 渐趋活跃客户

图4-14 刷卡间隔天数的时序变化

将所有客户的 CAI 值按顺序排类，绘制 CAI 指标的累积相对次数，如图4-15所示。图中，横轴是 CAI 值，纵轴是累积人数比例。统计结果显示，CAI 值的中位数是0.64，代表全部客户中约有一半比例的 CAI 值低于0.64，另外一半则是高于0.64。此处按照80/20准则，使用第80百分位数（即10.4）与第20百分位数（即-10.92）作为切分点，将客户区分为 Top 20% 群、Bottom 20% 群，以及中间群。其中，Top 20% 群的 CAI 值最高，称为渐趋活跃群；Bottom 20% 群的 CAI 值最低，称为渐趋静止群；居中者称为稳定刷卡群。

[①] 为了确保 CAI 值的代表性，仅保留于2011年内刷卡次数至少5次以上的客户纳入 CAI 分析，共有14 635位客户被保留。

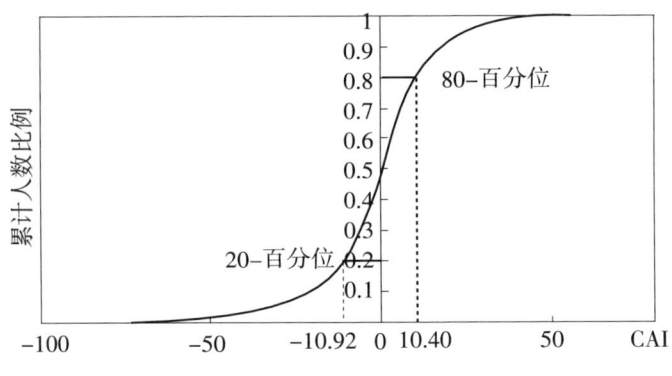

图 4-15 CAI 指标的积累相对次数

这三群人的单日平均刷卡金额与平均刷卡间隔天数如表 4-8 所示。由表可知，这三群人平均刷卡金额没有明显的差异，大约都为两千多元；平均间隔天数则是稳定刷卡群最少，渐趋活跃群次之，渐趋静止群最长。然而，以上分析结果都是已经实现的顾客价值，除非企业能够据此准确地预测客户的未来价值，否则对于营销决策没有太大的帮助。

表 4-8 三个 CAI 群的平均刷卡金额与平均间隔天数

CAI 群别	客户人数	人数比例	消费日平均刷卡金额	平均刷卡间隔天数
渐趋活跃群	2928	约 20%	2807.57	10.17
稳定刷卡群	8764	约 60%	2648.73	8.15
渐趋静止群	2639	约 20%	2868.60	15.61

4.6.3 CAI 指标的预测能力

CAI 指标的用途是让企业根据已发生的购买期间资料，预判客户在未来会更频繁地消费还是逐渐停止消费。为测试 CAI 的有效性，除了以 2011 年的刷卡记录计算每位客户的 CAI 值之外，另外再以 2012 年 1 到 6 月的刷卡记录作为验证样本，进而评估客户的未来刷卡进度是否随着 CAI 值而变化。现将客户于 2012 年前半年的刷卡进度，定义如下：

$$2012 \text{ 年前半年刷卡进度} = \frac{2012 \text{ 年 } 1 \text{ 月到 } 6 \text{ 月的刷卡次数}}{2011 \text{ 年 } 1 \text{ 月到 } 12 \text{ 月的刷卡次数}} \quad (4-12)$$

式中，以 2011 年整年度的刷卡次数，作为客户每年刷卡次数的估计值。若客户的刷卡进度稳定，则 2012 年前半年的刷卡次数应为整年度次数的一半，也就是进度应为 50%。若进度超前，则代表刷卡进度超过 50%；反之若进度落后，则代表刷卡进度会低于 50%。

企业根据客户在2011年的 CAI 值，区分为渐趋活跃群、稳定刷卡群及渐趋静止群。将各群在2012年前半年的刷卡次数除以2011年整年度刷卡次数，得到刷卡进度，如图4－16所示。根据定义，渐趋活跃群在2011年的 CAI 值高于其他两群，图中亦显示该群在接下来半年（即2012年1—6月）的刷卡进度为64.55%，代表刷卡次数已超过整年度刷卡次数的一半，即刷卡进度已经超前。稳定刷卡群在接下来半年的刷卡速度几乎是整年度的一半，代表刷卡进度与去年相似。渐趋静止群的后半年刷卡进度则明显少于应有的50%，而只有38.71%。由此可知，根据 CAI 值所建立的顾客价值群，能够有效预测客户在未来的刷卡进度会超前、持平还是落后。

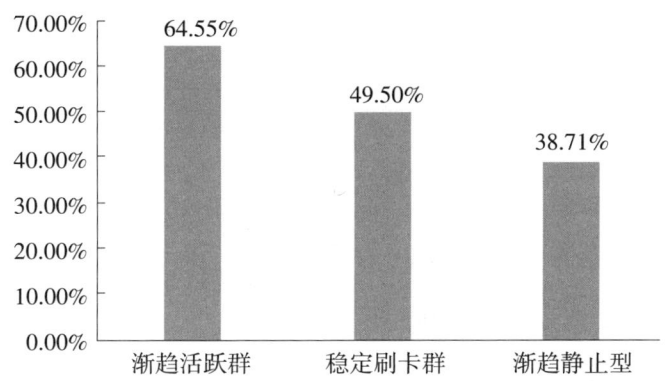

图4－16　三个 CAI 群于2012年前半年的刷卡进度

CAI 指标也可用来预测客户个人购买期间型态。图4－17呈现 CAI 值各异的三位客户在观测期间（2011年1—12月）的刷卡间隔天数形态。图4－17则是图4－14的延伸，补上客户接下来半年（2012年1—6月）的刷卡间隔天数变化。由图4－17a可知，编号为18364的客户在2011年的 CAI 值为0.61，被评估为稳定刷卡型；其在2012年前半年度刷卡间隔天数维持稳定，代表观测期间与预测期间 CAI 值高度一致，即 CAI 指标信度很高，有良好预测能力。图4－17b被评估为渐趋静止型客户，在预测期间刷卡间隔天数似乎颇为稳定，CAI 指标预测能力打折。图4－17c被评估为渐趋活跃型客户，在预测期间的刷卡间隔天数亦有缩短的趋势，因此 CAI 指标的信度良好。虽然对个别客户来说，CAI 指标的预测能力有高有低（如图4－17），但是总体而言，三个 CAI 群在预测期间的刷卡行为的确符合 CAI 值的意义（如图4－16），说明 CAI 指标是良好的顾客价值指标。

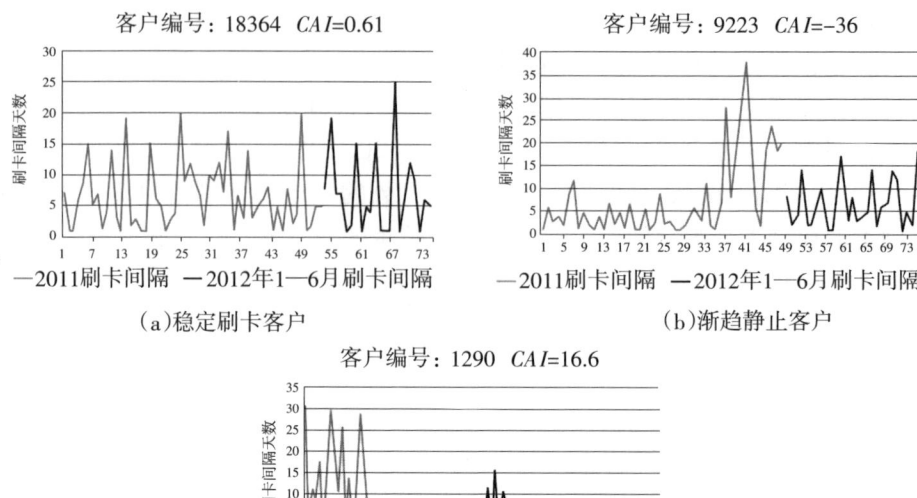

图 4-17 观测期间与预测期间的刷卡间隔天数型态

4.6.4 监控 CAI 指标的变化

每位客户的 CAI 指标并非固定不变的数值。企业构建的 CRM 系统要能够让 CAI 指标随着客户刷卡记录的新增而随之更新。这样就能定期地去监控每一个客户的 CAI 值指标的变化，然后及早去防范客户变成静止户（dormant account）的这种情况。例如，图 4-18 是六位客户的 CAI 指标的变化。图中，编号为 6598 和 4609 的客户，CAI 值很稳定地在 0 的附近波动，代表他是持续稳定刷卡型的客户。然而，编号为 6595 的客户的 CAI 值则是持续下降探底，代表这位客户持续地拉长刷卡间隔天数，最后极可能变成静止户。

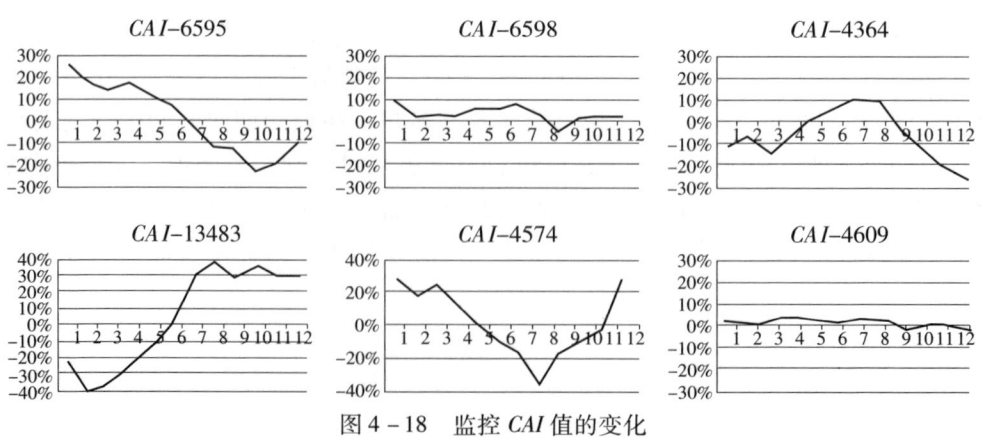

图 4-18 监控 CAI 值的变化

第 4 章 顾客价值的解析与策略运用：ARFM 模型

值得注意的是，根据 CAI 指标的变化去判断客户是否为静止户的结果，很有可能与现实中银行采用的判断标准是互相抵触的。常见的判断标准是客户最近一次刷卡日期距今的天数（recency）超过一个月以上者，就被视为静止户。银行将静止户分为三种类型，recency 超过一个月的客户称为 D1，超过两个月没刷卡的客户称为 D2，超过半年（6 个月）没刷卡的客户称为 D6。然而，这样的决策机制只使用一笔数据（即 recency）作为依据，完全没有考虑刷卡间隔天数的变化趋势。那些被银行判定为静止户的客户，也许刷卡间隔天数正在逐渐缩短，不久就会脱离静止户这个身份。银行却只根据 recency 超过一个月就直接判定客户是静止户，再减少甚至停止对于客户的营销活动，无异是放弃有利可图的潜在市场。

本章所介绍的 CAI 指标，有助于观察消费者行为的型态与变化。若客户的 CAI 值过低，则未来很有可能成为静止户。为了避免此种情形发生，企业可以设定一个门槛值，作为静止户预警系统的判断标准。只要客户的 CAI 值低于这个门槛，马上由预警系统列出名单，银行就可以针对这些客户采用预防措施，如刷卡次数换积分等，刺激客户增加刷卡次数。建议银行可以选取 CAI 指标的第 20 百分位数作为门槛值，将 CAI 值位于 Bottom 20% 的客户视为潜在静止户。

RFM 分析采用三个指标衡量顾客价值。但是，购买频率（F）与最近购买期间（R）并不能够充分表达出一个客户的价值。购买期间同时包含购买频率与最近购买期间的意义，是更好的指标。而且，购买期间资料不仅因人而异，还会因每笔交易而异，因此其变化型态能够反映顾客价值的异质性。为了呈现个人购买期间的变化型态，每笔数据的权重应有所不同。由于愈靠近现在的数据愈有助于预测客户的未来价值，因此应赋予愈高的权重。通过加权平均购买期间与算术平均购买期间的比较，我们建立一个能够反映消费进度的指标，称为活跃性指标（CAI）。活跃性指标衡量的是动态的顾客价值，能够预测客户未来的消费进度；RFM 指标只能描述顾客价值的静态结构。两相比较之下，活跃性指标的预测能力更佳，更有助于提升营销活动的成效。

本章实操

实操目的：将本章所学知识逐一进行实操练习，真正做到理论联系实际。根据给定数据做顾客价值及其预测。具体可分为以下 4 个实操逐一递进练习。

实操 1：对给定原始数据做整理并分别计算出 R、F、M，再分别用五等均分法、不等比例法、Bob Stone 法对 R、F、M 进行赋值并做比较。

实操 2：在实操 1 的基础上，计算购买期间和 CAI 值，以画出顾客活跃性分布图；再做活跃性分析，即画出折线图和 CAI 指标的累积相对次数图，得到稳定群、活跃群和静止群等三类人群。

实操 3：在实操 2 的基础上，通过刷卡进度和刷卡期间型态评价 CAI 指标的预测能力。计算三类人群前后两个时间段的刷卡进度；利用三个不同人群中的三位顾客的 CAI 指标预测其个人的刷卡期间型态。

实操 4：监控 CAI 指标的变化。计算每一位顾客的多个 CAI 值，并画出折线图。

第 5 章

海誓山盟：顾客终身价值与迁徙路径之预测

前一章提到，客户对于企业的价值贡献度，取决于客户的购买行为，如购买金额与购买期间的型态。根据营销理论，消费者的购买行为受到许多因素的影响，如个人的消费动机、企业的营销活动、科技的发展趋势，甚至是气候的变化等。有些因素是企业可以控制的营销变量，有些则是不可控制的个人因素或环境变量。这些可控因素跟不可控因素，如何影响到消费者的购买行为，是营销研究经常讨论的主题。本章先从购买行为本身出发，尤其是针对购买期间的型态，提出多种统计模型，进而评估顾客价值的变化，以此制定具体可行的行动方案。

引例：B2B 企业利用顾客价值分析提升忠诚度

笔者从 2020 年开始接触的另一家优秀民营企业是拥有多项国家发明及实用新型专利的广东省某科技型创业公司，分别在三个主要城市建立总部、先进研发中心和加工制造中心。作为先进的等离子体纳米防护技术解决方案提供商，解决电子、电器类设备的防潮、防水、防腐等方面的防护诉求，目前涉足小家电、连接器、电子烟和电声产品等四个行业。

我们基于公司 2020 年 1—9 月份的所有客户的销售数据，计算购买频次和平均购买金额，分别得到忠诚、金牛、常购和游离四个顾客价值群别。其中忠诚客户的平均购买频次最多（高达 11 次），平均购买金额较高（达到 102 889 元），分别来自电声和家电行业。该公司原来仅以购买金额作为客户分类的依据，这两种不同的客户分类方法得到的结果并不完全一致。如原本是企业最重要的客户，在我们的分析中属于金牛群，即仅具备最高的平均购买金额。而原本企业认为只是居中的两位客户却是值得企业高度重视的忠诚客户，即最有可能成为忠诚于企业的长期客户，企业可以为其提供终身价值。原来简单的顾客分类容易忽视客户原本的巨大潜力，错失企业商机。

【案例思考】
（1）你所在的公司是如何做客户或顾客分类的？效果如何？
（2）上述案例对你是否有所启发？为什么？

5.1 顾客交易稳定度分析

5.1.1 平均数的代表性

第 4 章针对购买期间资料提出算术平均数（MLE）与加权平均数（WMLE）两个估计值，作为预测客户未来的购买期间型态之用。根据统计理论，平均数是最好的预测工具。假设某班学生的统计学平均成绩为 70 分，老师利用该信息，预测每位学生的成绩都为 70 分。不过，第 1 位学生却回答"老师你的预测有误，我拿 72 分"，第 2 位学生也说"不对！我拿 60 分"。当然，面对学生高低不一的考试分数，老师使用全班平均数 70 分去预测每一个人的成绩，一定会产生预测误差（error），也就是预测分数与实际分数有一段差距。但是，平均数相对于其他预测值的优点是有最小的误差平方和（sum of squared error，SSE）。若使用平均数以外的数值来做预测，则会产生更大的误差平方和。

平均数只是一个数值，用来预测一组由 n 个观察值所构成的样本数据，似乎尚嫌不足。统计理论使用概率分布描述随机变量的数据特性，呈现数据中每个数值的发生可能性，如图 5-1 所示。若资料的离散程度（dispersion）较小，则次数分布曲线较为高耸集中，代表客户的同构型较高，平均数比较能够代表全体客户的行为；根据平均数做出的决策，风险也会比较低。反之，若数据的离散程度较大，则次数分布曲线较为低阔分散，代表客户的异质性较高，此时平均数的代表性降低，决策风险也就随之提高。

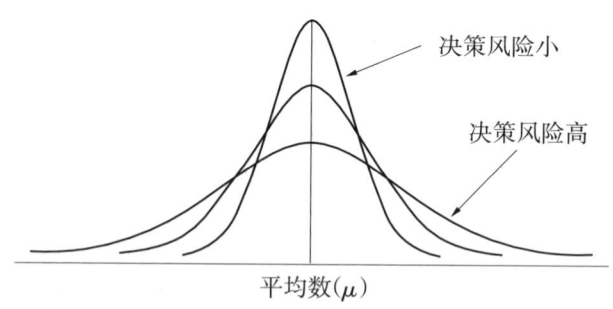

图 5-1　概率分布的型态

样本平均数的代表性由标准差（standard error）来衡量。标准差愈小，则样本平均数的代表性愈高，决策的风险愈低，计算公式如下所示：

$$\sigma_{\bar{X}} = \frac{\sigma}{\sqrt{n}} \tag{5-1}$$

式中，$\sigma_{\bar{x}}$ 为样本平均数的标准差；σ 为概率分布的标准偏差（standard deviation）；n 为样本数，即一组样本中的数据笔数。

由标准差的计算公式可知，样本平均数的代表性有两个决定因素。其一是标准偏差（σ），代表概率分布的离散程度。概率分布曲线愈是高耸集中，则标准偏差愈小，标准差也会随之降低，样本平均数的代表性也就提高。其二是样本数（n），即样本的数据笔数。样本数愈大代表数据量愈丰富，因此样本平均数的代表性愈高。因此，提高平均数的代表性，可以从降低标准偏差与增加样本数这两方面来着手。其中，标准偏差是数据与生俱来的特质，须引用正确的理论与适当的模型假设，才能降低数据的标准偏差。因此，增加样本数是更直接简便的做法。

常见的数据挖掘（data mining）工具通常将数据库中的所有数据全部纳入分析，使样本数（n）大为增加，甚至多到让标准差几乎等于0的程度。这样的做法虽然能让决策风险降低到0，却也违背了现实的常态。世界上没有任何预测能够达到零风险的完美境界。然而，这并非意味着标准差的计算公式是错误的，而是要在一个有限的样本数之内，标准差才有意义。这也说明了抽样的重要性，正确的做法是先通过随机抽样从数据库选取一定数量的样本数据后，再进行分析。将数据库中的全体数据纳入分析反而是错误的做法。

5.1.2 个人估计与群体估计

大数据营销的重点在于描述每一位客户的行为特征，基本上有两种方法。第一种方法是建立个人估计（individual estimate，IE），如个人平均购买期间、个人平均购买金额等，如图5-2所示。企业可以通过会员制度的建立，为每位客户累积个人的交易记录。由于消费者是异质性的，若要准确地预测某位客户的行为特征，最好是使用个人的交易记录去计算个人估计，作为预测。使用个人估计的优点是每笔数据都代表客户独特的购买型态，没有掺杂他人的数据；但缺点是数据笔数可能过少，导致个人平均数的代表性打了折扣。

第二种方法是建立群体估计（group estimate，GE），如购买期间的总平均数（$\bar{\lambda}$）与购买金额的总平均数（$\bar{\mu}$），如图5-3所示。图中，将所有人的个人估计全部相加之后，算出一个总平均数，以此预测每一个人的购买行为①。群体估计的优点在于使用的数据笔数很多，可有效降低标准差，提高群体估计的代表性。缺点是此种做法假设当同一群客户的购买行为是相似的，群体估计才适合用来预测每位客户的行为。相反地，如果实际上这群人的异质性很高，群体估计就不适

---

① 就像前面的例子，老师以平均分数70分来预测每一位同学的成绩。

合作为预测工具。

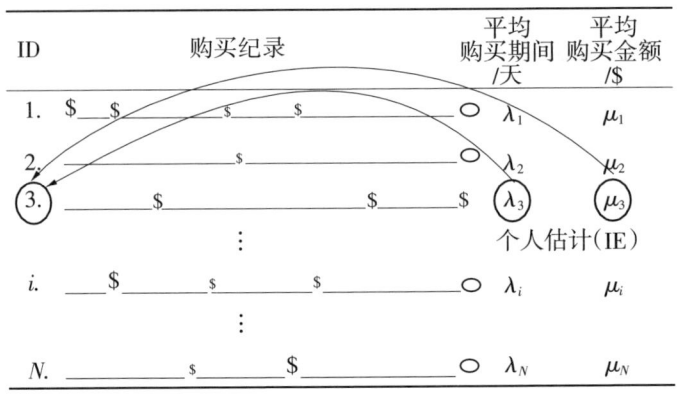

图 5-2 个人估计

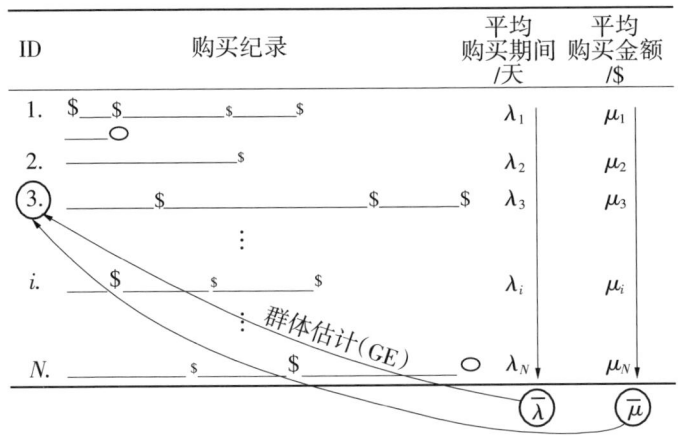

图 5-3 群体估计

个人估计与群体估计虽然各有优缺点,却也彼此互补。个人估计的优点是可以侦测每个人的异质性,缺点是因为个人资料笔数少而造成标准差高。比较之下,群体估计的优点是因为群体数据笔数多而能降低标准差,缺点是仅以单一群体估计值去预测所有客户的行为,却忽略了每个人的异质性。基于这些性质,学者们开始思考发展一种新的估计,可以结合个人估计与群体估计,使二者的优缺点可以彼此弥补。

5.1.3 贝氏统计的概念

如上一节所述,个人估计(IE)与群体估计(GE)分别来自于个人资料与群体资料。由于个人交易数据笔数较少,个人估计(IE)的标准差通常会比较大,抽样分布的型态较为低阔分散;相对的,群体估计(GE)的标准差比较小,抽样分布的型态就比较高耸集中,如图5-4所示。贝氏统计(bayesian statistics)假设个人参数是随机变量,其服从的后验分布(posterior distribution)的平均数,称为贝氏估计(bayesian estimate,BE)(见5.1.5节的说明)。概念上,贝氏估计(BE)相当于群体估计(GE)与个人估计(IE)的加权平均,即 $BE = w_1 GE + w_2 IE$。其中,权重(w_1,w_2)的大小与标准差呈反向关系。如图所示,GE的标准差明显小于IE,代表GE的稳定性比IE高,因此$w_1 > w_2$,促使BE往GE靠近。

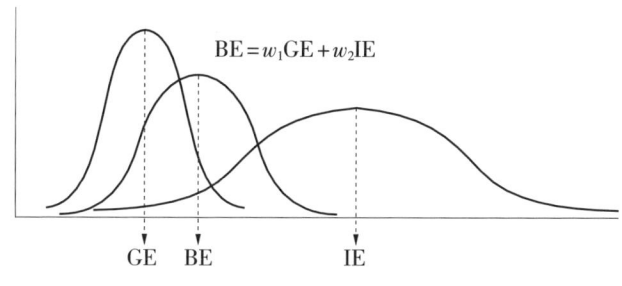

图5-4 贝氏统计的哲学

这里举个例子说明贝氏统计的概念。2008年金融海啸正在酝酿发生的时候,台湾某家科技大厂想要建立销售预测系统。除了根据销售量的历史数据建立销售趋势模型之外,预测系统还必须考虑金融海啸的影响。然而在观测期间内,金融海啸尚未发生,因此企业缺乏实际数据去评估该事件造成的影响。因此,除了现有信息系统中的销售数据之外,还必须依赖专家对于此事件对销售影响的看法。于是,公司制作了一份简单的问卷,请派驻在大陆市场的所有业务人员,还有公司的营销、销售等主管,按照自己的主观意见去预测金融海啸对于销售量冲击将有多大。

问卷调查结果发现,每位"专家"的预测数据不仅南辕北辙,连提出的原因、理由也是各异其趣,完全没有共识。究其原因,发现有些主管是站在全球化经济的角度来评估金融海啸的影响,而忽略了这家科技大厂主要业务是对大陆通信制造商销售芯片。换句话说,作为下游客户的大陆通信厂商,才是决定这家科技大厂销售绩效的关键。在检查客户数据库之后,企业发现这些大陆企业客户有些是百分之百内销,有些则是部分外销,外销对象又以金砖四国为主,如印度、巴西、俄罗斯等。而金融海啸主要对欧美等先进国家造成冲击,对于作为世界工厂的大陆来说反而没有太大的负面影响。后来到了来年的三月,实际的业绩数据一一出来之后,果不其然,这家科技大厂的业绩并没有受到太多影响。

在这个例子中,销售预测系统共有两个信息来源:一是过去的实际销售量数据，二是专家的问卷调查结果。按照贝氏统计的哲学，稳定性较高的信息被赋予较高的权重。由于专家预测各持己见，稳定性相对较低，因此销售预测理所当然地指向由过去销售量数据所形成的趋势。不过，如果专家预测的共识很高，有相对较高的稳定性，则销售预测应指向专家意见。

5.1.4 交易稳定度指标

个人估计（IE）、群体估计（GE）、贝氏估计（BE）呈现不同数据源的估计结果。我们根据三者的比较结果，创造一个新的顾客价值指标，称为客户的交易稳定度指标（customer reliability index，CRI）。如上一节所述，若估计结果显示，BE 比较接近 GE 而非 IE，代表 GE 的稳定度高于 IE。这也意味着个人的交易数据相对于群体而言，尚未形成一个稳定的型态，客户的交易稳定度较低。据此，交易稳定度指标（CRI）的计算公式，设定如下：

$$CRI = \left(1 - \frac{|BE - IE|}{|GE - IE|}\right) \times 100\% \qquad (5-2)$$

根据公式，贝氏估计（BE）与个人估计（IE）的差距愈小，CRI 指标愈大，代表个人交易数据的型态愈稳定。若贝氏估计（BE）与个人估计（IE）的差距变大，则代表贝氏估计（BE）愈靠近群体估计（GE），也就是贝氏估计比较依赖群体交易数据，因为个人交易数据的型态并不稳定，导致 CRI 指标变小。

现列举一个实际案例说明 CRI 指标的意义及其营销意涵。某美商直销公司从数据库中随机抽取 1344 位客户作为样本，针对购买期间数据进行研究。将客户按照性别与年龄层分成 10 群之后，各群的数据笔数与平均购买期间，如表 5-1 所示。由表可知，男性的平均购买期间普遍少于女性；而随着年龄的增长，购买期间也有增长的趋势，代表消费力愈来愈小。对这家企业来说，20～50 岁的男性是顾客价值最高的一群。不过，这个结论的前提假设是群内的同构型很高，群体估计方足以代表每位客户的行为特性。否则，如果每位客户有其独特的消费型态，代表群内异质性高，那么群体估计就无法代表个人行为。

表 5-1 平均购买期间之群体估计

年龄	男性		女性	
	资料笔数	平均天数	资料笔数	平均天数
21～30 岁	1957	7.80	1921	11.32
31～40 岁	2033	8.34	2081	10.89
41～50 岁	1827	8.93	2004	10.91
51～60 岁	1650	10.49	1818	11.88
61 岁以上	730	11.20	830	14.45

第 5 章 海誓山盟：顾客终身价值与迁徙路径之预测

我们随机挑选四位客户作为范例，说明交易稳定度指标（CRI）的涵意。如表 5-2 所示，四位客户分属不同性别与年龄层的群别。其中，个人估计（IE）是指根据个人交易数据所计算的平均购买期间，群体估计（GE）是指根据该群人全部交易数据而计算的平均购买期间（表 5-1），贝氏估计（BE）是来自于后验分布的平均数（请参考 5.1.5 节的内容）。根据式（5-2），计算而得。例如，第 1 位客户的 CRI 值，如下所示：

$$CRI_{ID=17435} = 1 - \frac{|3.94 - 3.99|}{|11.88 - 3.99|}$$

$$= \left(1 - \frac{0.05}{7.89}\right) \times 100\% = 99.37\% \qquad (5-3)$$

CRI 值愈大，代表客户的交易稳定度愈高。表 5-2 中以第 1 位客户的 CRI 值最高，代表贝氏估计非常接近个人估计；可能是因为个人交易数据高达 90 笔，能够充分展现这位客户的消费型态，所以交易稳定度相对较高。第 3 位客户的 CRI 值最低，代表个人估计的可信度很低，企业只能依赖群体估计来了解其行为特性。由表可知，第 3 位客户是位女性，年龄已超过 61 岁，交易记录只有两笔，消费活动性低，因此交易稳定度相对较低。

表 5-2 平均购买期间之估计结果与 CRI 值

客户 ID	性别	年龄	交易次数	个人估计（MLE）	群体估计（GE）	贝氏估计（BE）	CRI 值/%
4990	女	51～60	90	3.99	11.88	3.94	99.37
5660	男	41～50	7	41.29	8.39	36.40	85.14
16 338	女	>61	2	168.50	14.45	102.65	57.25
17 435	男	31～40	135	2.70	8.34	2.75	99.11

不论是 RFM 指标、CAI 指标，或者是 CRI 指标，目的都是要从庞杂的数据之中，看出每位客户的消费型态，供决策人员参考。当这些指标公式植入 CRM 系统之后，就算每天有庞大的数据量涌入 CRM 系统，系统也能通过简单的计算公式，从每日更新的数据库中摘要（summarize）出各项数字指标，呈现客户的行为特性。再根据各指标对客户进行排序，将排名在前 20% 或后 20% 的客户挑选出来作为目标客户（根据 80/20 原则），制定专属的营销策略。例如，CRI 值位居前 20% 的客户可视为稳定群，交易稳定度非常高，顾客价值也最高。相反的，CRI 值位居后 20% 的客户则是购买行为尚没有稳定的高风险群。企业应该要

多投入一些营销资源专注这个群体,想办法让他们的购买行为稳定下来,不然就会慢慢流失。

5.1.5 后验分布与 MCMC 法

贝氏统计与传统统计最大不同之处在于,前者认为参数并非是未知的固定数值,而是服从特定概率分布的随机变量,如表 5-3 所示。传统统计借助最大概似法,也就是极大化由样本数据构成的联合概率分布(或称为似然函数),产生参数估计。贝氏统计则认为样本的似然函数(sample distribution)只是参数估计的信息之一,必须再与参数的先验分布(prior distribution)结合形成后验分布(posterior distribution),作为参数估计的依据。

表 5-3 传统统计与贝氏统计之比较

	传统统计	贝氏统计
参数性质	未知的固定数值	随机变量
模型假设	样本分布	样本分布与先验分布
统计推论	参数估计与假设检验	参数的后验分布
估计方法	最大似然法	后验分布模拟值的平均数
信息使用	只利用个人信息或只利用群体信息	结合个人资料与群体信息

现以个人平均购买期间(λ_i)为例,说明后验分布的推导过程。首先,假设个人的 n_i 笔购买期间资料(t_{ij})都服从指数分布,则个人的似然函数如下所示(见 4.5.1 节的说明):

$$\ell(t_{ij} \mid \lambda_i) = \prod_{j=1}^{n_i} \lambda_i^{-1} e^{-\frac{t_{ij}}{\lambda_i}} = \lambda_i^{-n_i} e^{-\frac{\sum_{j=1}^{n_i} t_{ij}}{\lambda_i}} \quad (5-4)$$

由于每个人的 λ 值有长有短,当综观全体顾客的购买期间时会形成一个分布,因此我们假设 λ_i 服从的先验分布是反向 γ(inversed gamma)分布;函数中有两个参数(α,θ_i),如下所示:

$$\lambda_i \sim \text{inversed gamma}(\alpha, \theta_i)$$

$$\pi(\lambda_i \mid \alpha, \theta_i) = \frac{1}{\Gamma(\alpha) \theta_i^\alpha} \lambda_i^{-(\alpha+1)} e^{-\frac{1}{\theta_i \lambda_i}} \quad (5-5)$$

该概率分布的期望值与变异数,如下所示:

$$E(\lambda_i) = \frac{1}{(\alpha-1) \theta_i}; V(\lambda_i) = \frac{1}{(\alpha-1)^2 (\alpha-2) \theta_i^2} \quad (5-6)$$

由上式可知，两个参数（α，θ_i）与个人的平均购买期间都为反向关系，亦即（α，θ_i）的数值愈大，个人平均购买期间愈短，代表客户的顾客价值愈高。

先验分布的参数通常由群体数据决定。例如，假设因人而异的参数 θ_i 与人口统计变量有关，如下所示：

$$\theta_i = e^{X_i'\beta} = \exp(X_i'\beta) \qquad (5-7)$$

式中，X_i 是第 i 位客户的人口统计特性，如性别、居住地区等，β 是回归系数，衡量 θ_i 如何因人而异。例如，若男性的回归系数估计值为正值，则代表男性群体的 θ_i 值高于女性，也就是男性的平均购买期间比女性短，有较高的顾客价值。

根据贝氏定理，参数的后验分布正比于（proportional to）样本分布（式 5-4）乘以先验分布（式 5-5）的结果。因此，个人平均购买期间（λ_i）的后验分布，推导如下：

$$[\lambda_i | t_{ij}, n_i, \alpha, X_i, \beta] \propto \ell(t_{ij} | \lambda_i) \cdot \pi(\lambda_i | *\alpha, \theta_i)$$

$$\propto \lambda_i^{-n_i} e^{-\frac{\sum_{j=1}^{n_i} t_{ij}}{\lambda_i}} \cdot \lambda_i^{-(\alpha+1)} e^{-\frac{1}{\theta_i \lambda_i}} = \lambda_i^{-(n_i+\alpha+1)} e^{-\frac{1}{\lambda_i}(\sum_{j=1}^{n_i} t_{ij} + \frac{1}{\theta_i})}$$

$$\propto \text{inversed gamma}(A, B) \qquad (5-8)$$

其中，

$$A = n_i + \alpha$$

$$B = \left(\sum_{j=1}^{n_i} t_{ij} + \frac{1}{\theta_i}\right)^{-1} = \left\{\sum_{j=1}^{n_i} t_{ij} + [\exp(X_i'\beta)]^{-1}\right\}^{-1} \qquad (5-9)$$

由上式可知，λ_i 服从的后验分布为反向 γ 分布，该分布的期望值就是 λ_i 的贝氏估计，如下所示：

$$E(\lambda_i) = \frac{\sum_{j=1}^{n_i} t_{ij} + [\exp(X_i'\beta)]^{-1}}{(n_i + \alpha - 1)} \qquad (5-10)$$

式中还有其他参数，如 α 与回归系数 β。在贝氏统计下，所有参数服从的后验分布都必须推导出来，才能计算参数估计值。

贝氏统计最常使用马可夫链蒙地卡罗（Markov chain monte carlo，MCMC）估计方法去计算后验分布的参数值。MCMC 法是一个重复迭代的过程，利用后验分布模拟产生参数的候选值，再代入其他后验分布，再产生其他参数的候选值。例如，分别根据 α 与 β 的后验分布模拟产生（α，β）的候选值，再代入 λ_i 的后验分布（如参数 A、B），据此产生 λ_i 的候选值。然后，再将 λ_i 的候选值代回 α 与 β 的后验分布，模拟产生（α，β）的候选值，再重新代入 λ_i 的后验分布。在迭代的过程中，随着后验分布的更新，持续产生新的参数候选值。只要迭代次数够多（如迭代 5000 次），则每个参数最后产生的候选值（如最后 500 个候选值），将收敛到一个稳定的概率分布；而这些候选值的算术平均数，就是参数的贝氏估计值。许多统计软件，如 R 语言、矩阵语言软件包（gauss）、统计分析系统（SAS）、商业数学软件（matlab）等，网络上都有现成的 MCMC 程序代码可供修改使用，让贝氏估计得以落实在 CRM 系统中。

5.2 购买期间模型之反思

假设购买期间数据服从指数分布是很常见的模型设定，但该设定是否适当，是一个值得思考的问题。除了追求概率模型与样本数据的配适度之外，概率模型更需要符合消费者的行为逻辑，估计出来的参数才更具有营销意义。我们从危险率（hazard rate）的角度，重新思考购买期间模型是否符合消费者行为的一般逻辑，进而决定适当的模型假设。

5.2.1 危险率的意义

长久以来，最近购买期间（R）是业界常用的顾客价值指标之一，但事实上这个指标对于实务操作没有太大的帮助。一个营销策略的执行，最终目的是引发购买行为的产生。最近购买期间描述的却是到目前为止消费者尚未发生购买行为的天数。例如，某位客户最近一次的购买，迄今已有 30 天，因此 $R=30$。但换个角度来看，企业更关心的是客户在 $R=30$ 的条件下，也就是在已经 30 天没购买的条件下，当下会发生购买行为的可能性有多高。

统计上将该可能性称为危险率（hazard rate）。危险率的定义来自于存活分析（survival analysis），描述样本已经存活单位时间（t）的条件下，却在之后极小时间单位瞬间失败的条件概率密度函数，又称为危险率函数（hazard rate function），以 $h(t)$ 表示。应用于购买行为分析，危险率可用来描述在最近购买期间是单位时间（t）的条件下，客户在当下马上就发生购买的可能性。

购买期间的概率密度函数 $f(t)$ 与危险率函数 $h(t)$ 之间，可以相互转换。购买期间的概率密度曲线，描述各种间隔天数的发生可能性，如图 5-5 所示。例如，购买间隔天数 $t=30$ 所对应的概率密度，即 $f(t=30)$，代表购买期间正好为 30 天的可能性，也就是距上次购买后，隔 30 天的当下又再次购买的可能性。

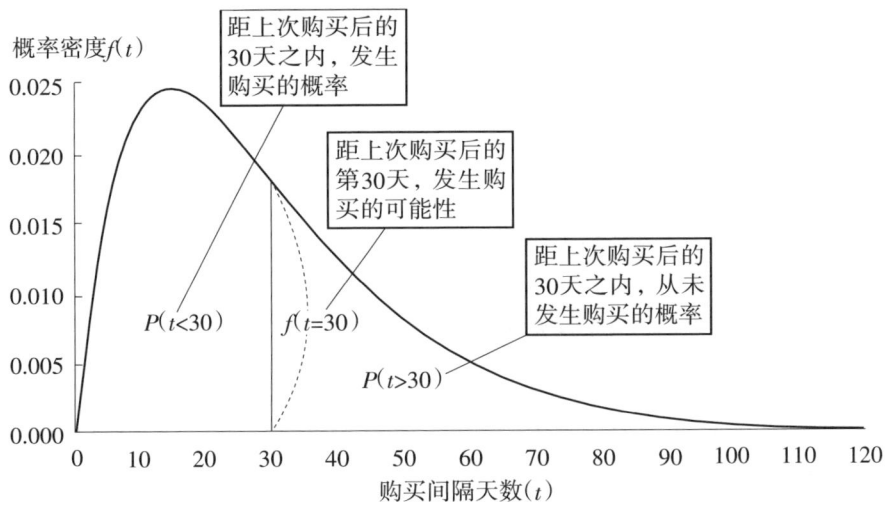

图 5－5　购买期间的概率分布

概率密度描述的事件与危险率并不相同，因为危险率多了"条件"的设定。这个条件呼应最近购买期间（R）的意义，也就是距上次购买后的 30 天之内从未发生任何购买，这也意味着购买间隔天数大于 30 天（$t>30$）。因此，危险率 $h(t)$ 并不等同于购买期间的概率密度 $f(t)$，但二者之间可以相互转换，公式如下：

$$h(t) = \frac{f(t)}{1-F(t)} \quad (5-11)$$

式中，$F(t)$ 是购买期间的累积概率函数，也就是从 $t=0$ 开始累积到某个特定 t 值的概率值。例如，从上次购买后 30 天之内至少发生一次购买的概率值，相当于购买期间短于 30 天的概率值，也就是图中以 $t=30$ 为界，左半边曲线下的面积，表示如下：

$$P(t<30) = F(t=30) \quad (5-12)$$

而式（5－11）的分母，则是补事件（complementary event）的发生概率，亦即距上次购买后的 30 天内没有任何购买发生，相当于购买期间大于 30 天的概率值，也就是图中以 $t=30$ 为界，右半边曲线下的面积，表示如下：

$$P(t>30) = 1 - F(t=30) \quad (5-13)$$

危险率以"购买期间大于 30 天"作为条件，因此式（5－13）为危险率函数的分母。

5.2.2　指数分布的限制

对危险率有了一定的认识之后，可进一步反思购买期间模型的设定是否恰当。例如，5.1 节假设购买期间（t_{ij}）服从指数分布，以个人平均购买期间（λ_i）

为参数，即 $t_{ij} \sim$ Exp（λ_i），对应的概率密度函数 $f(t)$ 与累积概率密度函数 $F(t)$，如下所示：

$$f(t_{ij}) = \lambda_i^{-1} e^{-\frac{t_{ij}}{\lambda_i}}$$

$$F(t_{ij}) = 1 - e^{-\frac{t_{ij}}{\lambda_i}} \tag{5-14}$$

因此，对应于指数分布的危险率函数，推导如下：

$$h(t) = \frac{f(t)}{1-F(t)} = \frac{\lambda_i^{-1} e^{-\frac{t_{ij}}{\lambda_i}}}{1-\left(1-e^{-\frac{t_{ij}}{\lambda_i}}\right)} = \frac{1}{\lambda_i} \tag{5-15}$$

式中，参数 λ_i 代表个人的平均购买期间，换句话说，若使用指数分布作为购买期间模型，则危险率就会变成一个固定数值，即 $1/\lambda_i$，与相隔天数没有任何关系，如图 5-6 所示。根据消费者行为理论，该结果并不合理。

图 5-6　指数分布的危险率函数

举个例子来说，假设某位客户的购买期间资料服从指数分布，且过去数据显示平均购买期间为 30 天。根据式（5-15），这位客户的危险率就等于 1/30，与最近购买期间无关。也就是说，不论这位客户已经多久没购买了，不管是 5 天、10 天，甚至是拖了 100 天都还没购买，当下发生购买行为的可能性都是 1/30。显而易见，这个推导结果与现实是不符的。也就是说，虽然以指数分布作为购买期间模型，容易推导出参数的贝氏估计及危险率模型，但是危险率的预测却显然违反购买行为的一般逻辑。因此，简单的模型假设可能会造成错误的推导结果，复杂的现象需要借助深层的模式才得以彰显。

5.2.3　危险率的型态

根据消费者行为理论，一个合理的危险率型态应该长成什么样子？图 5-7 是一个例子。当 $t=0$ 时，客户才刚买完，会马上再次购买的可能性应该很低，所以 $h(t)$ 值应该很小。随着时间的过去，上次购买的存货逐渐地被消耗，促使客户的购买可能性也随之提高。不过，如果随着期间一直拉长但客户却没有要购买的迹象，就代表客户有可能已经去别家购买，与原店家继续交易的可能性也愈来愈低了。因此，合理的危险率型态应该是一开始很低，随着最近购买期间的拉长而愈来愈高；但当最近购买期间超过平均购买期间而显得过长之后，危险率则会随着时间而逐渐降低。若以上论述是正确的，则现在要问的问题是，要使用何种概率分布作为购买期间模型，才能推导出单峰形（unimodal）的危险率型态呢？

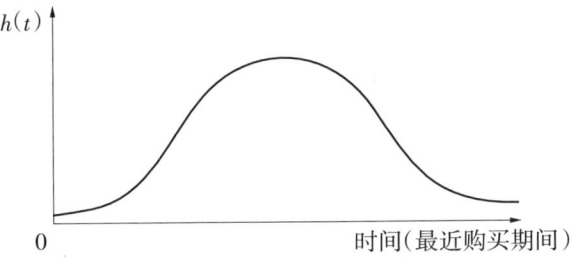

图 5-7　单峰形的危险率型态

用来配适购买期间数据（t_{ij}）的概率模型，以一般化 γ 分布（generalized gamma distribution）最有弹性，由三个参数控制分布的型态，如下所示：

令 $t_{ij} \sim GG(\alpha, \lambda_i, \gamma)$，则

$$f(t_{ij}) = \frac{\gamma}{\Gamma(\alpha) \lambda_i^{\alpha\gamma}} t_{ij}^{\alpha\gamma-1} e^{-\left(\frac{t_{ij}}{\lambda_i}\right)^{\gamma}} \qquad (5-16)$$

其中，$t_{ij} > 0$，$\lambda_i > 0$，$\alpha > 0$，$\gamma > 0$。随着其中两个参数（α, γ）的不同设定，一般化 γ 分布可简化为一些特例分布，如表 5-4 所示。例如，当 $\gamma = 1$ 时，式（5-16）简化为 γ 分布。

表 5-4　一般化 γ 分布的特例

特例分布	参数设定	概率密度函数
指数分布	$\alpha = 1$，$\gamma = 1$	$f(t_{ij}) = \frac{1}{\lambda_i} e^{-\frac{t_{ij}}{\lambda_i}}$
Erlang 分布	$\alpha \geq 2$ 且为正整数，$\gamma = 1$	$f(t_{ij}) = \frac{1}{(\alpha-1)!\lambda_i^\alpha} t_{ij}^{\alpha-1} e^{-\frac{t_{ij}}{\lambda_i}}$
γ 分布	$\gamma = 1$	$f(t_{ij}) = \frac{1}{\Gamma(\alpha) \lambda_i^\alpha} t_{ij}^{\alpha-1} e^{-\frac{t_{ij}}{\lambda_i}}$

续表 5-4

特例分布	参数设定	概率密度函数
Weibull 分布	$\alpha = 1$	$f(t_{ij}) = \dfrac{\gamma}{\lambda_i} \left(\dfrac{t_{ij}}{\lambda_i}\right)^{\gamma-1} e^{-\left(\tfrac{t_{ij}}{\lambda_i}\right)^{\gamma}}$
half normal 分布	$\alpha = 0.5$，$\gamma = 2$	$f(t_{ij}) = \dfrac{2}{\lambda_i \sqrt{\pi}} e^{-\left(\tfrac{t_{ij}}{\lambda_i}\right)^2}$

以 γ 分布为例，随着参数 α 值的不同，危险率型态如图 5-8 所示。当 $\alpha = 1$ 时，γ 分布简化为指数分布，危险率也就形成一条水平线，与图 5-6 相同。当 $0 < \alpha < 1$ 时，危险率随着最近购买期间（R）的加长而递减，最后会收敛到一个定值，不会降低到 0。反过来讲，当 $\alpha > 1$ 时，危险率随着最近购买期间（R）的加长而愈来愈高，高到一个程度就会停止不动。

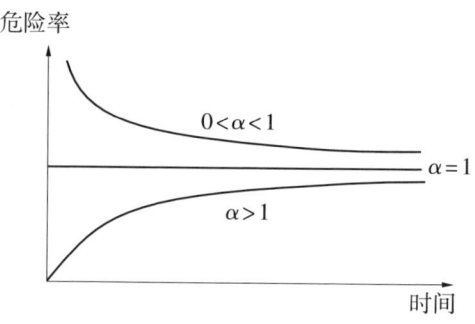

图 5-8 γ 分布的危险率型态

虽然这些危险率型态都不太符合消费者行为的现象，却可能适合其他研究主题。例如，企业赴海外投资的研究，欲探讨企业在海外市场经营一段时间之后退出海外市场的可能性。企业在进入海外市场之初，经营环境尚属陌生，因此投资失败的可能性高。然而，随着经营时间的增加，企业逐渐熟悉当地市场环境，经营失败的可能性也逐渐降低，但最后还是有一定的经营风险存在，不可能完全没有风险。该现象就适合以 $0 < \alpha < 1$ 的 γ 分布所对应的危险率型态描述。

当一般化 γ 分布的参数 $\alpha = 1$ 时，就会简化为 Weibull 分布，参数包括 γ 与 λ_i。随着 γ 值的不同，Weibull 分布对应的危险率型态，如图 5-9 所示：当 $\gamma = 1$ 时，Weibull 分布简化为指数分布，危险率型态为一条水平线，与图 5-6 相同；当 $\gamma < 1$ 时，则随着最近购买期间（R）的拉长，危险率愈来愈低，慢慢趋近于 0。试想一下，有什么现象适合此种危险率型态？例如，刚结婚的时候，容易因为一些琐事而离婚；但是随着结婚时间的拉长，如已经结婚 40 周年、50 周年，

甚至是 60 周年的时候，离婚的可能性就很低了，甚至是趋近于 0。总而言之，如果想要研究的现象在逻辑上或理论上存在一种既定的型态，则使用的统计模型必须能够掌握该既定型态，数据分析才有意义。如果使用的模型或公式不容许产生研究现象的既定型态，则搜集再多资料也无法估计出掌握型态的参数值，无助于营销策略的制定。

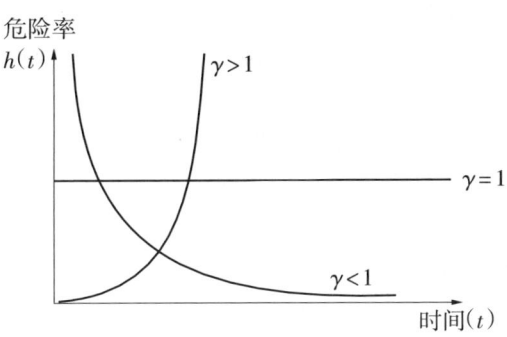

图 5-9　Weibull 分布的危险率型态

最后，当一般化 γ 分布的参数 α = 0.5、γ = 2 时，简化为 half normal 分布，概率密度曲线与危险率型态如图 5-10 所示。图中，概率密度曲线就像是以 0 为中心的常态分布，但只取右半边的曲线，因此称为半截的常态分布。危险率型态则像是一个单峰分布。当 t = 0 的时候，危险率有个基础值；随着时间的推移，危险率先慢慢爬升，到达最大值后，再开始慢慢降下来。该型态与客户距上次购买隔了一段时间后再购买的可能性不谋而合。

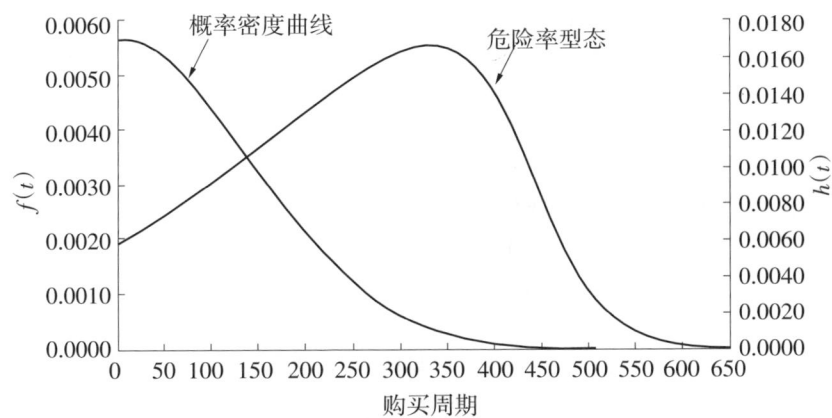

图 5-10　half normal 分布的危险率型态

5.3 顾客静止之预测

第4章的4.6.4节提到过，银行将最近一次刷卡距今的天数（R）超过一定天数的客户，称为静止户（dormant account）。例如，有些银行将静止户分为三种类型，如 R 超过一个月的客户称为D1，超过两个月没刷卡的客户称为D2，超过六个月没刷卡的客户称为D6。然而，这样的决策机制只使用一笔 R 数据，完全没有考虑刷卡间隔天数的变化趋势。为了改善该机制，第4章提出活跃性指标（CAI），通过个人购买期间数据的算术平均数与加权平均数的比较，评估客户的购买期间呈现愈拖愈长还是愈来愈短的趋势。若客户的 CAI 值持续下降，代表刷卡间隔天数持续的拉长，最后极可能变成静止户，银行应设定一个预警点，如所有客户 CAI 值的第20个百分位数：只要客户的 CAI 值低于预警点，企业必须对客户采取行动，提早预防客户落入静止户这个身份。

除了使用 CAI 值监控客户的动态之外，本节还以危险率预测顾客是否会成为静止户。例如，客户的原始资料如图5-11所示，每位客户的交易起始点不太相同。经过一段时间之后，因重复交易而构成购买期间资料；截至资料分析日为止，距最近一次交易日的相隔天数为最近购买期间（R）。根据个人的危险率函数，得以计算在特定的 R 天数之下，客户在当下会刷卡的可能性。

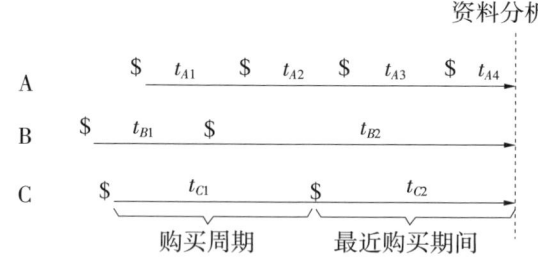

- 客户A在经过 t_{A4} 没有刷卡之后，在当下会刷卡之可能性为？
- 客户B在经过 t_{B4} 没有刷卡之后，在当下会刷卡之可能性为？
- 客户C在经过 t_{C4} 没有刷卡之后，在当下会刷卡之可能性为？

图 5-11 购买期间与最近购买期间

根据上一节的说明，现假设购买期间资料服从 half normal 分布，即 $t_{ij} \sim HN(\sigma_i)$，则概率密度函数 $f(t_{ij})$ 与累积概率函数 $F(t_{ij})$，如下所示：

$$f(t_{ij}) = \frac{\sqrt{2}}{\sigma_i \sqrt{\pi}} e^{-\frac{t_{ij}^2}{2\sigma_i^2}}, F(t_{ij}) = \mathrm{ERF}\left(\frac{t_{ij}}{\sigma_i \sqrt{2}}\right) \qquad (5-17)$$

式中，ERF 是错误函数（error function）的缩写，是常用的数学函数，可使用

Excel 软件的指令"=ERF（.）"计算之。参数 σ_i 是标准偏差，最大似然估计元如下所示：

$$\widehat{\sigma_i} = \sqrt{\frac{1}{n_i}\sum_{j=1}^{n_i} t_{ij}^2} \qquad (5-18)$$

因此，第 i 位客户从第 $j-1$ 次购买起，迄今为止已有 t_{ij} 天都还没有购买，而在当下会马上购买的条件概率（即危险率），计算步骤如下：

（1）根据个人交易数据去计算 σ_i 的估计值；

（2）将最近购买期间数值（t_{ij}）与 σ_i 值一起代入 $f(t_{ij})$ 与 $F(t_{ij})$，计算个人的危险率。

现以三名范例客户的数据为例，说明其意义（表 5-5）。首先就编号 5017 的客户而言，其平均的购买周期（interpurchase time）是 8.78 天，而距离最近一次购买日期到分析日为止仅一天（$R=1$）。因此，根据 Hazard rate function 的公式计算出这位客户在当日（分析日）的时间点的购买可能概率是 9.43%。其次，编号 1830 的客户，其平均的购买周期是 36.56 天，而距离最近一次购买日期到分析日为止仅三天（$R=3$）。此时该客户在当日（分析日）的购买概率是 2.28%。第三位编号 82 的客户平均的购买周期是 4.30 天，而距离最近一次购买日期到分析日为止长达 77 天（$R=77$），此时这位客户在当日购买的可能概率几乎为零。

表 5-5 三名范例客户再购可能性之预测

客户 ID	平均的购买周期（interpurchase time）	最近购买期间（R）	$h(t)$
5017	8.78	1	9.43%
1830	36.56	3	2.28%
82	4.30	77	<0.001%

从两个角度解读 $H(t)$：动态性与异质性。根据上一节的介绍，因 t_{ij} 服从 half normal distribution，其危险率型态如图 5-10 所示。现以第一位编号 5017 客户为例，因其平均购买周期是 8.78 天，当距离最近一次购买日期到分析日为止的 $R=1$，2，3…时，$h(t)$ 应随之上升，但当 R 超过平均购买周期之后，$h(t)$ 应随之逐步下滑。部分的详细数据如表 5-6 所示。$h(t)$ 从 1 天的 9.43%、2 天的 9.91%，一直上升，到了第 8 天时，$h(t)=11.31\%$，此时该名客户的价值达到最高峰。第 9 天便开始一点点地下降到 11.24%，第 10 天再降一点点到 11.09%。

表 5-6　编号 5017 客户再购可能性 $h(t)$ 之预测

最近购买期间（天）	2	3	4	5	6	7	8	9	10
$H(t)$（%）	9.91	10.34	10.69	10.97	11.17	11.28	11.31	11.24	11.09

图 5-12 完整地显示这种动态性的特征。如果这名客户持续仍未购买，R 持续增长的话，$h(t)$ 则开始迅速下滑，第 20 天降到 6.45%，第 30 天 1.84%，到了第 40 天只剩下 0.27%。这代表着在任何一个决策的时间点，每一名客户的价值会随着 R 的变动而变动。

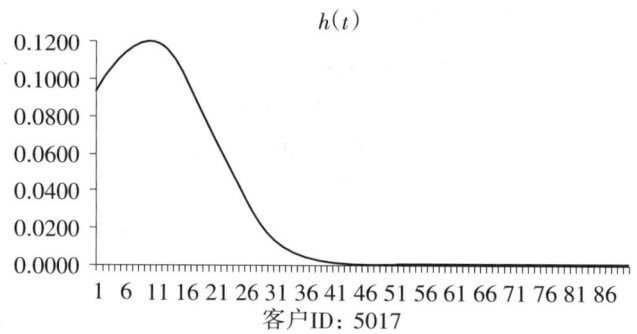

图 5-12　范例客户再购可能性 $h(t)$ 之预测

再从异质性的角度解读，编号 5017 客户第 3 天的 $h(t)$ 是 10.34%。可是编号 1830 的客户第 3 天的 $h(t)$ 却只有 2.28%。所以，当决策时间点在第 3 天时，编号 5017 的客户的价值会高于编号 1830 的客户。但是如果决策时间点在第 30 天时，这两位客户的价值就反转了。另外值得一提的个案是编号 82 的客户。根据过去数据计算而得的平均购买期间是 4.3 天。结果没想到 R 已经 77 天，所以 $h(t)$ 当然是接近 0。从实务的观点而言，当这名客户的 R 超过 10 天就已经不得了了，更何况超过 20 天、30 天。所以重点是公司是否有在第 10、20、30 天时，针对这名客户采用适当的促销策略以避免这名客户落入静止户的名单之中。

最后，我们检验一下这个模型的有效性（表 5-7）。当我们将每一个人的 $h(t)$ 算出来后，按照 $h(t)$ 值的大小，把所有的客户排序。将最低的 20% 客户，中间的 60% 客户，最高的 20% 客户分为三个群体。最低的 20% 客户有 2948 人。而这 2948 个人，在后来的一个月内，至少购买一笔的人只有 1309 个人（占 44.4%）。可是最高的 20% 客户有 2945 个人，他们中有购买的有 2931 人，高达 99.52%。

表 5-7 按照 $h(t)$ 预测客户行为的效度

	人数	2011年12月份至少购买一笔者	购买百分比
$h(t)$ 为最低 20% 者	2948	1309	44.40%
$h(t)$ 介于中间者	8815	7750	87.92%
$h(t)$ 为最高 20% 者	2945	2931	99.52%

5.4 顾客价值迁徙形态与预测

到目前为止已经介绍许多顾客价值指标，如 RFM、CAI、CRI、$h(t)$ 等。随着交易记录的日益积累，客户的顾客价值指标也在随时更新，有利于企业锁定高价值客户推动营销活动，或者关怀潜在静止客户以避免其真正离去。除了已实现的顾客价值之外，厂商更重视顾客未来价值的演变。

5.4.1 顾客的终生价值

站在顾客关系管理角度，企业着眼于客户关系的维系成本，以及客户在未来可能为企业带来的收益总和，称为顾客终身价值（customer life value，CLV）。常见的 CLV 计算公式，与财务管理的净现值公式（net present value）类似，是指将客户在往后各期对于企业的利润贡献，一一折现回来到现在的总价值，如下所示：

$$\text{CLV} = \sum_{t=1}^{T} \left[\frac{\pi(t) \times r^t}{(1+d)^t} - \frac{M(t) \times r^{t-1}}{(1+d)^{t-0.5}} \right] \quad (5-19)$$

式中，$\pi(t)$ 为每位客户于第 t 期对企业贡献的利润；$M(t)$ 为企业为了维系个别客户关系所支付的营销成本；T 为客户与企业维持交易关系的时间长度；r 为保留率（retention rate），假设各期有 $r \times 100\%$ 比例的客户会继续留下来与企业交易，但有 $(1-r) \times 100\%$ 比例的客户会离开；d 为折现率（discount rate），用来将未来各期的现金流折算到现在的价值。

式中，$\pi(t)$ 是最重要的元素，也是不确定性最高的元素。举个例子，某家信用卡发卡银行假设客户在与企业维持交易关系的期间，各期贡献的利润呈 S 形，如图 5-13 所示。在刚开始的时候，客户的刷卡次数与金额比较低；然后慢慢熟悉之后，利润贡献也随之成长；成长到一定高度之后就会稳定下来，乐观地估计客户在往后各期产生的利润都会维持在一定的水平。

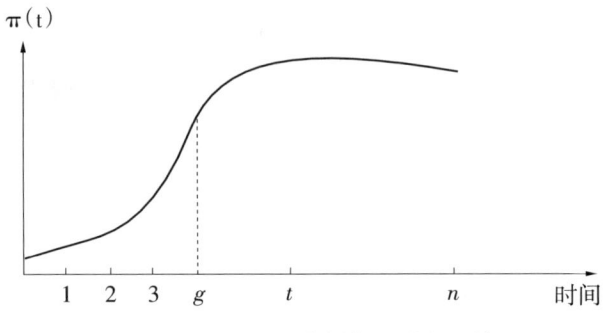

图 5-13　客户生命周期之利润函数

据此,客户的各期利润在刚开始时是加速成长,一直到某一时点 g,开始转折为减速成长,因此可设定利润函数如下所示:

$$\pi(t) = \begin{cases} \pi_1(t) = h t^2 + v & \text{for } t \leq g \\ \pi_2(t) = \pi_1(g) + [n(1 - e^{-t+g})] & \text{for } t > g \end{cases} \quad (5-20)$$

式中,时点 g 之前,利润函数是一个二次式,代表利润随时间而加速成长;时点 g 之后是指数函数,设定利润随时间而减速成长,最后收敛到一个定值。

举例来说,企业假设每位客户在起始点的利润贡献是 20 美元,并且预期利润会一直加速成长。直至第 5 年 ($g=5$),利润开始减速成长,最后收敛到最大值 200 美元。据此,这位客户的利润函数,如下所示:

$$\pi(t) = \begin{cases} \pi_1(t) = 4 t^2 + 20 & \text{for } t \leq 5 \\ \pi_2(t) = \pi_1(5) + [80(1 - e^{-t+5})] & \text{for } t > 5 \end{cases} \quad (5-21)$$

其中,客户在第 5 年转折点的利润为 $\pi_1(5) = 120$ 美元。企业设定保留率 (r) 为 90%,折现率 (d) 为 20%,则未来 8 年的顾客终身价值,计算如下:

$$CLV = \sum_{t=1}^{8} \frac{\pi(t) \times r^t}{(1+d)^t} = 212.163 \quad (5-22)$$

若将保留率 (r) 设定为 80%,则顾客终身价值降低为 134.68 美元,降幅为 37%。

顾客终身价值的计算牵涉到许多要素,而这些要素的决定,如果单靠企业主观的想法,计算结果很可能与实际状况相去甚远。首先,每位客户的购买行为各不相同,利润贡献具异质性,因此不适合用统一的利润函数以一概全。其次,折现率代表每位客户在未来各期利润贡献会实现的可能性,再折算成现值所使用的利率,也会因人而异。最后,每位客户的保留率也各不相同。然而,即使正确估算出每位客户的终身价值,对于后续的营销策略也没有太大的用途。顾客关系管理的重点是时时监控客户价值的变化,而不是只计算顾客终身价值这样的单一数值。

5.4.2 顾客价值迁徙形态

掌握客户的顾客价值成长历程，远比计算顾客终身价值更具有营销意义。客户的顾客价值由多个指标构成，如购买金额、购买频率、活跃性指标等。客户在这些顾客价值指标上的变化走向，称为顾客价值迁徙形态（customer value migration pattern），如图 5-14 所示。企业以购买金额与购买频率建立一个顾客价值分析架构。根据客户的交易记录，得以计算两个指标的数值，进而判断客户的现时状态为图中右上角的高价值客户，还是左下角的低价值客户。但更重要的是，观察客户交易记录的变化，判断客户价值的走向是往高处走或者往低处行。

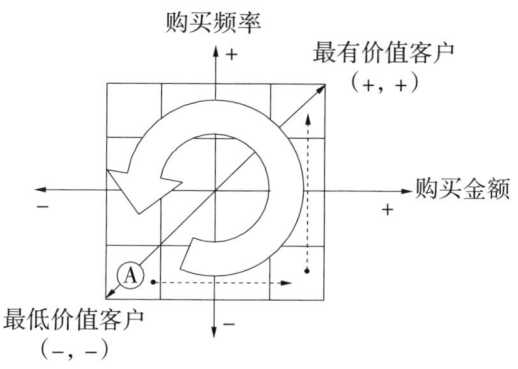

图 5-14 顾客价值迁徙型态

例如，新客户 A 在刚开始的时候，购买频率与购买金额都低，属于低价值客户。但随着交易记录的累积，其顾客价值亦开始变化。可能是先提高金额再提高频率，或者先增加频率再增加金额，也可能同时俱进；抑或是回头走向低价值。掌握每位客户的价值迁徙形态，有助于制定营销策略。例如，对于金额与频率同步上升的客户，厂商应设法维系与这群顾客的长期关系，避免让顾客有任何转换品牌的想法。对于先增加金额才增加频率的客户，厂商应着重于增加频率策略，如推出来店礼兑换券、来店次数换红利点数等优惠活动。问题在于，如何预测每位客户的顾客价值迁徙形态？

5.4.3 马可夫链模型

现将顾客价值切割成 4×4 = 16 个方格，每个方格代表一种价值状态，如图 5-15 所示。假设客户的目前状态是①，若未来各期的状态演变是先增加购买金额，再增加购买频率，则可能遵循的迁徙路径为①→②→③→④→⑧→⑫→⑯。同理，客户的价值也可能服从其他路径。通过适当的统计模型，得以计算客户价值遵循不同路径的可能性，并以可能性最高的路径预测客户未来的价值变化型态,作为营销决策之依据。

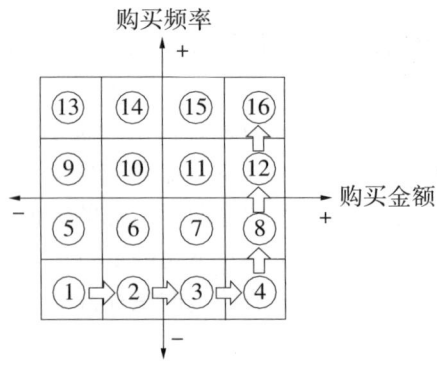

图 5 – 15 顾客价值迁徙路径之范例

稳定型马可夫链模型（stationary markov chain model）假设未来的状态演变只与目前状态有关,与过去的状态变化无直接关系,适用于估计客户遵循不同路径的可能性。该模型假设随机变量的状态空间（state space）共存在 S 种状态,如图 5 – 15 存在 16 种型态。而客户在下一期（$t+1$）的状态,只与本期（t）状态有关,以一阶转移概率矩阵（one-step transition probability matrix）描述之,简称为转移矩阵（transition matrix）,内容如下所示：

$$\boldsymbol{P} \equiv (t) \begin{matrix} 1 \\ 2 \\ \vdots \\ S \end{matrix} \begin{bmatrix} P(1|1) & P(2|1) & \cdots & P(S|1) \\ P(1|2) & P(2|2) & \cdots & P(S|2) \\ \vdots & \vdots & \ddots & \vdots \\ P(1|S) & P(2|S) & \cdots & P(S|S) \end{bmatrix} \quad (5-23)$$

式中,转移矩阵是 S×S 矩阵,$P(s_{t+1}|s_t)$ 代表在本期状态为 s_t 的条件下,预期下一期状态为 s_{t+1} 的概率。该矩阵决定客户遵循不同路径的概率。以图 5 – 15 为例,客户的顾客价值遵循路径（①→②→③→④→⑧→⑫→⑯）的概率,计算如下：

$P(①→②→③→④→⑧→⑫→⑯)$
$= P(②|①) × P(③|②) × P(④|③) × P(⑧|④) × P(⑫|⑧) × P(⑯|⑫)$
$(5-24)$

式中,每个箭头都代表着一个条件概率,如 $P(①→②)$ 代表给定目前状态是①的条件下,下一期状态是②的条件概率,也就是一阶转移概率矩阵中的 $P(2|1)$。换句话说,只要能够估计出客户个人的转移矩阵,就能够计算出客户遵循不同路径的可能性,进而预测其未来顾客价值的演变形态。

转移矩阵甚至可以再扩充为 m 阶转移概率矩阵（m-step transition probability

matrix)，即矩阵自乘 m 次，如下所示：

$$P^m = \underbrace{P \cdot P \cdots P}_{共乘m次} = (t) \begin{array}{c} \\ 1 \\ 2 \\ \vdots \\ S \end{array} \overset{(t+m)}{\begin{bmatrix} P^{(m)}(1|1) & P^{(m)}(2|1) & \cdots & P^{(m)}(S|1) \\ P^{(m)}(1|2) & P^{(m)}(2|2) & \cdots & P^{(m)}(S|2) \\ \vdots & \vdots & \ddots & \vdots \\ P^{(m)}(1|S) & P^{(m)}(2|S) & \cdots & P^{(m)}(S|S) \end{bmatrix}}$$

(5-25)

同理，矩阵 P^m 内的元素 $P^{(m)}(k|j)$ 定义为已知本期（第 t 期）为状态 j 的条件下，预测未来第 m 期（第 $t+m$ 期）状态为 k 的条件概率。当 m 趋于无穷大之后，不管先前的条件状态为何，最终状态的发生概率将趋于稳定。例如，最终状态为 k 的概率，表示如下：

$$P^{(m)}(k|1) = P^{(m)}(k|2) = \cdots = P^{(m)}(k|S) = \pi_k, k = 1,2,\cdots,S$$

(5-26)

所有最终状态的概率向量为 $\pi = \{\pi_1, \pi_2, \cdots, \pi_S\}$，又称为稳定状态概率（steady-state probability）。因此，若能先估计出客户的转移矩阵，则不仅能够预测客户的未来价值状态的演变，亦能预测最终状态的落点。

5.4.4 转移矩阵之估计

客户的各期交易记录可被定义为购买状态数据，进而建立连续两期状态之次数分布，如图 5-16 所示。首先，选取适当的时间单位，将客户在观测期间内的交易记录，转换为时间序列数据。以月资料为例，将客户在同一个月内的交易记录整合成一笔数据，并定义为 16 种状态之一，如图 5-16a 所示。其次，建立连续两期状态的次数分布，如图 5-16b 所示。例如，客户在第 1 个月的状态是①，第 2 个月的状态是③，因此于两期状态组合 $(j=1, k=3)$ 登录一笔。同理，该客户于第 2、3 个月的状态组合与第 5、6 个月相同，都为 $(j=3, k=2)$，因此于次数分布上登录两笔。

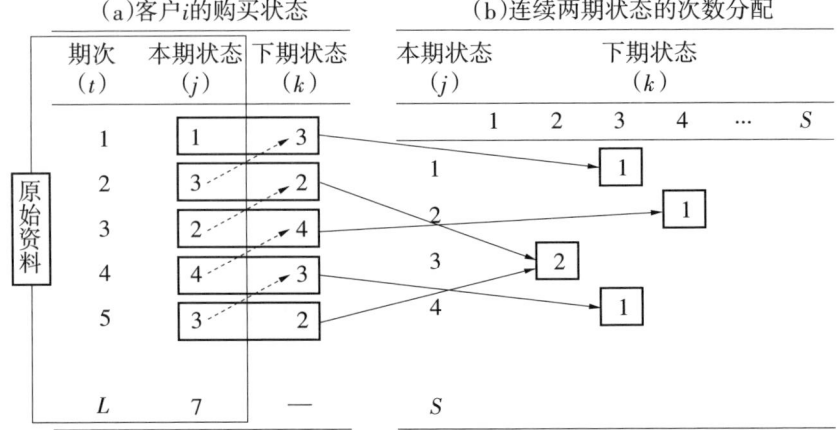

图 5-16 个人的连续两期状态之次数分布

连续两期状态的次数分布可转换为联合概率，如表 5-8 所示。表中，F_{ijk} 代表客户 i 的连续两期状态次数，即图 5-16b 的内容；括号中的 P_{ijk} 代表联合概率，相当于方格次数 F_{ijk} 除以总次数（$L-1$）的结果，L 是观测期间的总期数。转移概率是方格次数（方格概率）除以列次数和（列概率和）的结果，如下所示：

$$P_i(k \mid j) = F_{ijk}/F_{ij\cdot} = P_{ijk}/P_{ij\cdot}. \quad F_{ij\cdot} \neq 0 \ 与 \ P_{ij\cdot} \neq 0 \qquad (5-27)$$

值得注意的是，在计算转移概率的时候，分母不得为 0，也就是 $F_{ij\cdot} \neq 0$ 与 $P_{ij\cdot} \neq 0$ 是必须成立的。然而，个人资料只有（$L-1$）笔，不一定会平均分散在 16 个状态之中，因此有些状态的次数势必为 0，导致有些转移概率无法计算。

表 5-8 连续两期状态（j, k）之次数分布与联合概率分布

状态		下期（k）				列总和
		1	2	⋯	S	
本期（j）	1	F_{i11}（P_{i11}）	F_{i12}（P_{i12}）	⋯	F_{i1S}（P_{i1S}）	$F_{i1\cdot}$（$P_{i1\cdot}$）
	2	F_{i21}（P_{i21}）	F_{i22}（P_{i22}）	⋯	F_{i2S}（P_{i2S}）	$F_{i2\cdot}$（$P_{i2\cdot}$）
	⋮	⋮	⋮	⋮	⋮	⋮
	S	F_{iS1}（P_{iS1}）	F_{iS2}（P_{iS2}）	⋯	F_{iSS}（P_{iSS}）	$F_{iS\cdot}$（$P_{iS\cdot}$）
行总和		$F_{i\cdot 1}$（$p_{i\cdot 1}$）	$F_{i\cdot 2}$（$P_{i\cdot 2}$）	⋯	$F_{i\cdot S}$（$P_{i\cdot S}$）	$F_{i\cdot\cdot} = L-1$ （$P_{i\cdot\cdot} = 1$）

前面 5.1 节介绍的贝氏估计，结合群体估计与个人估计两种信息，能够有效解决个人资料稀少性所造成的问题。例如，贝氏多项式模型、层级贝氏 Probit 模

型、层级贝氏 Logit 模型等,都能建立个人的转移矩阵,推导内容请参考相关研究①,此处不予详述。

5.4.5 研究范例：信用卡客户

现以国内某信用卡发卡银行的数据库为实证研究对象,从数据库随机抽取出 2 559 位客户作为样本。观察期间设定从 1998 年 10 月起到 2000 年 10 月止,共 25 个月,交易记录包括客户编号、购买时点与购买金额。凡是于 1998 年无交易记录者一律从样本中剔除。经筛选后保留 1 076 位客户,共 67 672 笔交易记录。将同一个月的交易记录合并为一笔之后,每位客户都有 25 笔月数据;令前 20 笔数据为建模样本,后 5 笔为验证样本。

每位客户的每月消费次数与平均消费金额散点图,如图 5-17 所示。摘要统计显示平均月消费金额为 1566 元,平均月消费次数为 2.52 次。消费金额与消费次数都被切分为四个等级,二者交叉构成 4×4=16 种价值状态。由图可知,每个状态的数据笔数明显分布不均,如高价值状态的数据笔数较少,低价值状态的数据笔数较多。客户甚至有可能在一个月内没有任何消费,致使消费次数与金额都为 0,以 (0,0) 表示之,也被定义为一种状态。

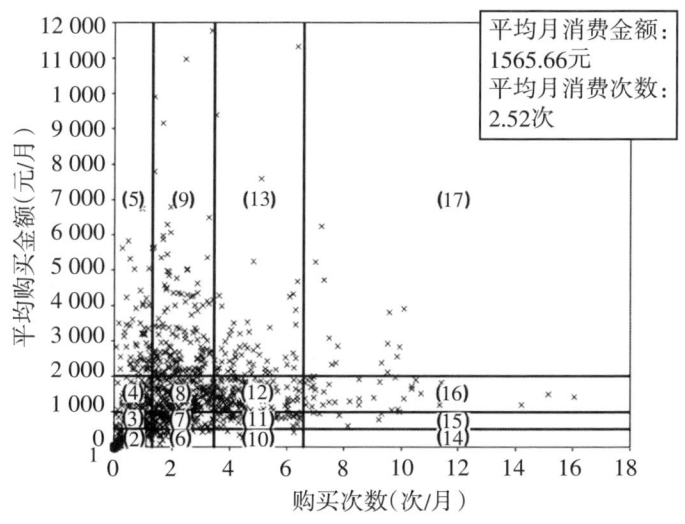

图 5-17　客户刷卡记录的价值状态定义

根据图 5-17,顾客价值被定义为 17 种状态,因此转移矩阵为 (17×17)

---

① 任立中、陈静怡 (2007),顾客价值迁徙路径分析:马可夫链模型,台大管理论丛,第 17 卷第 2 期,133-158。

矩阵，里面共有 289 个转移概率要被估计。然而，每位客户只有 20 笔状态数据，势必无法单靠个人资料去建立个人的转移矩阵。贝氏模型如贝氏多项式模型、层级贝氏 Probit 模型、层级贝氏 Logit 模型等，能够结合个人资料与群体数据，建立个人化的参数估计。以贝氏多项式模型为例，某位客户的转移矩阵估计结果如表 5-9 所示。表中的概率值以 $P(1|1)$ 最大，代表当这位客户在状态 1 的条件下，下期仍然有很高的概率维持在状态 1。

表 5-9 贝氏多项式模型之转移矩阵估计：以编号 2181 的客户为例

状态	1	2	3	4	5	6	7	8	9	10	11	12	13	14	15	16	17
1	0.663	0.028	0.026	0.036	0.058	0.014	0.027	0.035	0.046	0.005	0.011	0.016	0.020	0.000	0.002	0.005	0.006
2	0.139	0.453	0.022	0.016	0.013	0.055	0.059	0.051	0.066	0.016	0.020	0.034	0.026	0.003	0.009	0.009	0.009
3	0.251	0.040	0.107	0.050	0.062	0.047	0.101	0.095	0.064	0.009	0.043	0.055	0.043	0.003	0.008	0.015	0.008
4	0.326	0.030	0.053	0.113	0.067	0.011	0.072	0.095	0.097	0.004	0.024	0.040	0.037	0.003	0.007	0.008	0.014
5	0.364	0.027	0.031	0.041	0.166	0.009	0.041	0.082	0.118	0.003	0.016	0.032	0.039	0.003	0.006	0.007	0.017
6	0.118	0.092	0.027	0.017	0.018	0.211	0.086	0.066	0.036	0.050	0.097	0.059	0.043	0.019	0.024	0.019	0.018
7	0.143	0.063	0.050	0.031	0.031	0.056	0.135	0.092	0.067	0.026	0.083	0.088	0.058	0.002	0.023	0.034	0.019
8	0.158	0.068	0.043	0.040	0.041	0.035	0.084	0.156	0.111	0.007	0.046	0.084	0.063	0.002	0.016	0.032	0.020
9	0.205	0.070	0.036	0.053	0.097	0.019	0.066	0.088	0.139	0.007	0.026	0.051	0.083	0.003	0.008	0.023	0.027
10	0.076	0.079	0.015	0.012	0.012	0.118	0.057	0.049	0.021	0.130	0.124	0.064	0.038	0.055	0.058	0.044	0.023
11	0.063	0.039	0.017	0.020	0.019	0.069	0.102	0.067	0.047	0.047	0.138	0.113	0.063	0.017	0.077	0.074	0.029
12	0.068	0.038	0.024	0.028	0.032	0.037	0.073	0.096	0.099	0.017	0.075	0.136	0.072	0.002	0.049	0.098	0.055
13	0.119	0.038	0.017	0.032	0.057	0.028	0.062	0.081	0.138	0.009	0.046	0.089	0.123	0.005	0.016	0.069	0.071
14	0.049	0.007	0.007	0.007	0.001	0.057	0.021	0.037	0.014	0.169	0.118	0.036	0.020	0.181	0.205	0.056	0.014
15	0.036	0.014	0.009	0.005	0.005	0.041	0.042	0.031	0.024	0.043	0.107	0.080	0.040	0.039	0.223	0.187	0.072
16	0.030	0.020	0.023	0.013	0.021	0.022	0.045	0.053	0.045	0.021	0.083	0.105	0.076	0.012	0.120	0.203	0.109
17	0.049	0.025	0.014	0.019	0.027	0.019	0.040	0.060	0.063	0.015	0.050	0.104	0.102	0.007	0.070	0.145	0.193

接下来是要比较不同模型的预测力，结果如表 5-10 所示。随机概率法是指随机挑选一个状态作为预测值，猜中的概率仅有 1/17 = 5.88%。前期推测法系以本期状态预测下期状态，结果预测正确的人数比例（称为击中率）大约四成。另外三个贝氏模型，则是根据个人转移矩阵，以第 t 期实际状态为条件，挑选第 $t+1$ 期条件概率最高的状态作为预测值。综合观之，层级贝氏 Logit 模型的预测力最高。

第5章 海誓山盟：顾客终身价值与迁徙路径之预测

表5-10 模型预测力之比较

预测方法与模型	第21期	第22期	第23期	第24期	第25期
(1) 随机概率法	5.88%	5.88%	5.88%	5.88%	5.88%
(2) 前期推测法	42.84%	41.45%	41.17%	39.41%	39.50%
(3) 贝氏多项式模型	44.70%	41.26%	37.08%	40.43%	71.28%
(4) 层级贝氏Probit模型	44.80%	39.50%	34.11%	35.22%	51.39%
(5) 层级贝氏Logit模型	45.91%	41.91%	39.87%	42.47%	70.54%

追踪顾客价值的未来演变是做好顾客关系管理的关键。企业可先设定数条具有营销意义的顾客价值迁徙路径，如图5-18所示；然后再根据客户个人的转移矩阵计算客户遵循每条路径的可能性。图中，迁徙路径分为上升和下降两大类，上升路径定义为从低价值走向高价值，下降路径则相反。上升路径又可分为金额、频率及同步等三种。其中，金额上升路线的购买行为是先逐渐提升购买金额，再继续增加购买频率，最后达到最高的顾客价值。

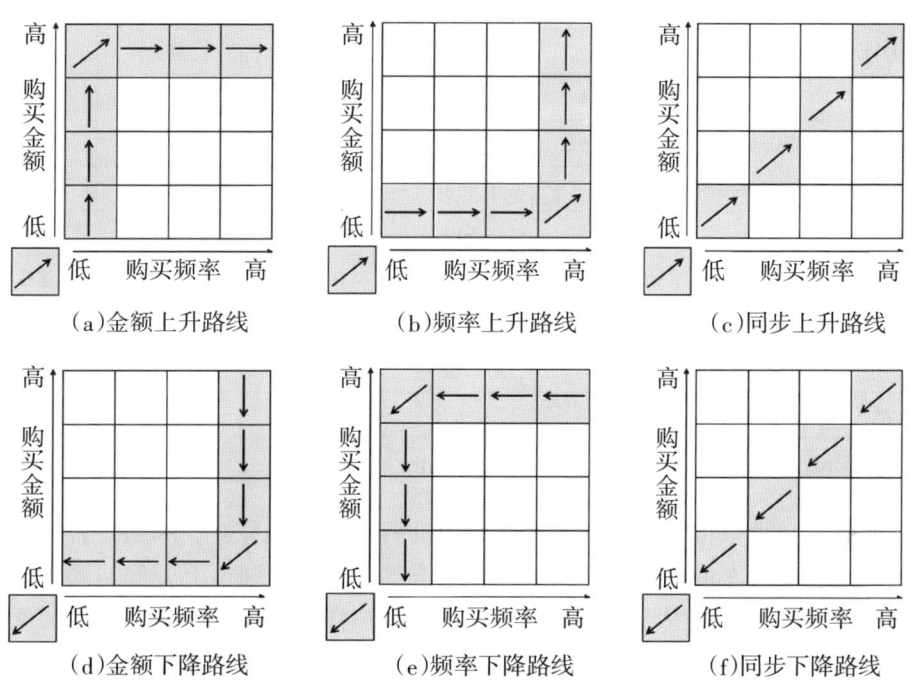

图5-18 顾客价值迁徙路径

顾客遵循每条路径的可能性，可通过转移概率矩阵计算。以路径（c）为例，购买金额与购买频率同步上升，可命名为一飞冲天型路径。对应于图5-17，一飞冲天型路径的连续状态为①→②→⑦→⑫→⑰。根据个人的转移矩阵，客户遵循此路径的概率相当于多个条件概率的连乘积，如下所示：

$$P(① \to ② \to ⑦ \to ⑫ \to ⑰)$$
$$= P(②|①) \times P(⑦|②) \times P(⑫|⑦) \times P(⑰|⑫) \quad (5-28)$$

然而，条件概率的相乘结果几乎很小且容易逼近0。为便于分析与计算起见，可再对概率值取自然对数（ln），如下所示：

$$\ln P(① \to ② \to ⑦ \to ⑫ \to ⑰)$$
$$= \ln P(②|①) + \ln P(⑦|②) + \ln P(⑫|⑦) + \ln P(⑰|⑫) \quad (5-29)$$

将客户遵循不同路径的概率取对数值分别对各人口统计变量进行回归分析，有助于描述遵循不同迁徙路径的客户具备何种人口统计特质。回归分析的实证结果如表5-11所示。以一飞冲天型（同步上升）为例，顾客特质倾向为女性，年纪较轻，已婚，具中高学历等。服从先增加购买金额再增加购买频率路径的客户，倾向具有年长、未婚、中高学历、高收入等顾客特质。

表5-11 迁徙路径之顾客特质分析（回归模型估计结果）

顾客特质	金额上升	频率上升	同步上升	频率下降	金额下降	同步下降
男性	0.032	-0.627**	-0.133**	0.256**	1.215**	-0.880**
年龄	0.017**	-0.011**	-0.125**	0.022**	-0.153**	0.063**
已婚	-0.435**	-1.425**	0.717**	-1.064**	-0.108	-0.362**
大专	4.196**	5.427**	0.868**	4.143**	4.199**	0.235**
中学	4.124**	5.434**	0.549**	4.363**	5.543**	-0.148*
年所得ᵃ	0.876**	0.684**	0.061	-0.196**	-0.287**	0.022
截距项	-39.113**	-33.872**	-17.493**	-25.393**	-16.837**	-21.287**
F 值	453.91**	808.67**	371.68**	632.82**	954.50**	151.13**
R^2	0.718	0.818	0.676	0.605	0.843	0.593

a：所得取 ln 值；*：p 值 <0.1；**：p 值 <0.01

所有客户可依据其服从6条迁徙路径的概率值进行分群。例如，若客户于同步上升路径的概率值最大，则归为同步上升群。现挑出同步上升群与同步下降群进行比较。通过二元罗吉斯回归分析，探讨客户群别与人口统计变量之关系，实证结果如表5-12所示。根据达显著水平的回归系数，服从同步上升路径而异步下降路径的客户，倾向具有男性、年轻、已婚或中高学历等特质。

表 5-12 同步上升与同步下降路径顾客特质分析（二元罗吉斯回归模型估计结果）

顾客特质	男性	年龄	已婚	大专	中学	年所得^a	截距项
系数	4.097**	-1.028**	6.108**	2.742**	3.127**	-0.374	29.001**
标准差	(0.529)	(0.091)	(0.669)	(0.683)	(0.779)	(0.358)	(5.022)
模型配适度	$\chi^2(6)=637.96$；Pseudo $R^2=0.6626$						

顾客特质分析的结果，有助于企业判断交易数据稀少的新客户的顾客价值。企业缺乏新客户的交易纪绿，只能掌握基本资料。企业虽然无法根据交易记录去估计新客户的个人转移矩阵，但是可以根据表 5-11 与表 5-12 呈现的回归模式，代入新客户的性别、年龄、婚姻状态、学历、年所得等基本数据，去计算新客户服从不同路径的概率，从而预测其未来的价值迁徙路径。

另外，如式（5-25）与式（5-26）所示，将转移矩阵 P 自乘多次之后，最后收敛成一个概率向量，称为稳定状态概率向量。因此，根据客户个人的转移矩阵，企业可以预测其最终会落在哪一个价值状态。计算结果显示，有些客户最终最可能会落在状态①，即每月购买金额与购买次数都为0。换句话说，这些客户按照他们目前的价值状态转移型态，如果企业不做任何处理，在几期之后，这些客户就不再与企业交易了。企业必须能够察觉到该警讯，提前预防客户的离去。

值得注意的是，随着客户交易记录的更新与积累，个人转移矩阵的估计结果也随之持续更新。因此，企业在构建 CRM 系统的时候，应先将各种顾客价值指标的计算公式转换为程序代码，再放入 CRM 系统之中。有了这些运算机制，营销人员就能实时监控客户的价值变化，进而检核营销活动的有效性。例如，根据顾客价值迁徙模型，有些客户被预测在几个月之后会落入状态①。企业应针对这群客户做一些促销活动，刺激其购买意愿。活动执行之后，企业通过 CRM 系统监控客户行为的变化。如果客户因此产生新的交易记录，代表该促销活动有效；但有些客户的交易数据没有任何变化，代表促销活动对这些人无效。营销人员可以将有效群与无效群做一比较，了解影响促销效果的因素，进而调整促销活动的做法。

简言之，大数据营销就是要建立一些运算机制，从庞杂的客户数据库中摘要出具有营销意义的指标。除此之外，企业也必须根据这些分析结果，研拟各种营销策略，予以执行。然后再通过这些运算机制，持续监控每位客户的行为是否产生变化，进而检核营销策略的效果。在执行面上，CRM 系统甚至不必呈现这些复杂的运算机制，只要定期根据客户数据更新统计模型中的参数估计值即可。通过定期更新的运算机制，CRM 系统得以筛选出最新的目标客户名单，呈现在系统接口上面，让企业可以进行一对一营销。

第 6 章

啤酒与尿布、厨具与内裤：购物篮分析

随着卖场规模的扩大与购物网站的兴起，消费者在同一个地点就能一次购足各式各样的产品。两件产品被同时购买，可能是因为产品之间的互补性（如眼镜框和眼镜片），或者是因为处于同一个购买周期（如啤酒与尿布），或者基于其他种种无法被观察到的理由。企业若能善用产品购买是彼此关联的思维，就能够主动挖掘消费者的潜在需求，并通过交叉销售或产品推荐等营销策略，有效扩大消费者的购买金额。

市场购物篮分析（market basket analysis），简称购物篮分析，泛指根据交易记录探索产品关联性的所有方法。在数据挖掘（data mining）的工具中，关联规则（association rules）最常应用于购物篮分析，评估两两产品被同时购买的可能性，可能性愈高者则归为同一个购物篮。在本章中，除了讨论购物篮分析应该注意的问题之外，还提出统计上探讨变量相关的方法，用以取代关联规则。

6.1 经典案例的反思

购物篮分析最经典的案例是美国零售龙头企业沃尔玛（Walmart），其早在20世纪90年代就已经针对各门店的交易记录进行分析，意外地发现最常跟尿布一起购买的商品竟是啤酒。后续的问卷调查揭示了隐藏在"尿布与啤酒"背后的一种行为模式。在美国，一些年轻的父亲下班后经常要到超市去买婴儿尿布，而其中3～4成的人同时也会为自己买一些啤酒。事实上，丈夫们下班后去超市主要是为了观赏周末赛事而去购买想喝的啤酒，但是因为妻子们的叮咛他们也顺手买回了尿布。有了这一层的市场认知后，沃尔玛开始在尿布区摆上啤酒饮料架，甚至在啤酒区摆上销路较差但价格较高的尿布，进行交叉销售（cross-selling），结果两项产品的销售量都有明显的上升。在这个经典案例中，有两个地方值得深思：如何挑选购买行为相似的客户和如何界定适当的产品范围？

6.1.1 挑选购买行为相似的客户

在进行购物篮分析之前，应先按照客户的购买行为对客户进行分群，再就各群客户分别进行购物篮分析。案例中，形成啤酒与尿布这个组合的购买行为的，主要是年轻父亲，也就是家中有婴儿的小家庭客户。当年沃尔玛的客户可能以年轻家庭为主，交易数据库才会产生啤酒与尿布这个组合。但是时至今日，单身人口快速成长，啤酒与尿布显然不会是单身族群的购买组合。此时沃尔玛若仍旧将所有客户的交易数据投入购物篮分析，啤酒与尿布的关联性必然会被单身客户的交易数据冲淡，营销人员也就无法发现这个有利的产品组合。例如，处于不同家庭生命周期的客户，购买行为截然不同。企业可以先将客户分成单身群、年轻家庭群、成熟家庭群、空巢群等细分市场，再分别对其进行购物篮分析，方有利于产生具有营销意义的产品组合。

本书作者之一任立中曾经在20世纪90年代协助美国零售业巨头西尔斯（Sears）百货公司进行购物篮分析。西尔斯很早就采用会员制，因此能积累客户的交易记录。分析结果显示，去过厨房用品、橱柜用品部门的客户，通常也会去男性内衣裤部门。乍看之下，厨房用品与男性内裤这两种产品似乎是彼此互斥的，但交易记录分析却显示这两个部门彼此互补。原因很简单，因为当时的分析对象是家庭主妇这个群体。家庭主妇逛百货公司除了会购买厨房用品之外，也会顺便帮先生购买生活必需品如内衣裤。

啤酒与尿布、厨具与内裤这两个购物篮是否具有营销意义，取决于其是否符合目标客户的购买行为特性。试想一下，如果分析对象是单身客户而非家庭单位，购物篮分析结果却出现啤酒与尿布，就会显得非常奇怪。同理，如果以单身女性客户的交易记录进行购物篮分析，竟然得到"厨具与男性内裤"的组合，也会让人不禁怀疑从数据搜集到数据分析这个过程中，是否有哪些环节出了问题。

6.1.2 界定适当的产品范围

企业在做产品推荐的时候，背后的机制可以分为两种。第一种机制是按照产品的实体属性，建立一个产品树（product tree），如图6-2所示。以冷冻食品为例，可先按照产品用途分为点心、蔬菜、主食三大类，每一大类下面又可分成细项，图书馆也可使用同样的概念对书籍进行分类。第二种机制是根据消费者的购买行为决定产品的关联程度，也就是购物篮的概念。

常见的产品推荐机制是限定在同一个产品层次进行数据分析。如果数据显示某两个产品经常被同时购买，企业就很容易从产品的实体属性去解释产品的关联性，进而提高推荐系统的可信度。例如，在冰淇淋分类下，若数据显示经常买草莓口味的人也常买巧克力口味的冰淇淋，则毫无疑问地，这两个口味的冰淇淋就很适合作为互相推荐的组合。

当然，冰淇淋也可能跟冷冻食品以外的产品成为最佳组合。但是，若要进行跨类别产品的推荐，就必须使用更大量的交易数据。例如，在同一个产品层次进行推荐，推荐系统只须考虑少数几种产品，如冰淇淋的推荐系统只须考虑六种口味产品的购买记录。若要做到跨类别产品的推荐，则推荐系统须纳入更多种类的产品，需要处理的数据量也变得更庞大，进而延长推荐系统的指令周期，造成推荐广度与推荐效率不可兼得的两难困境。

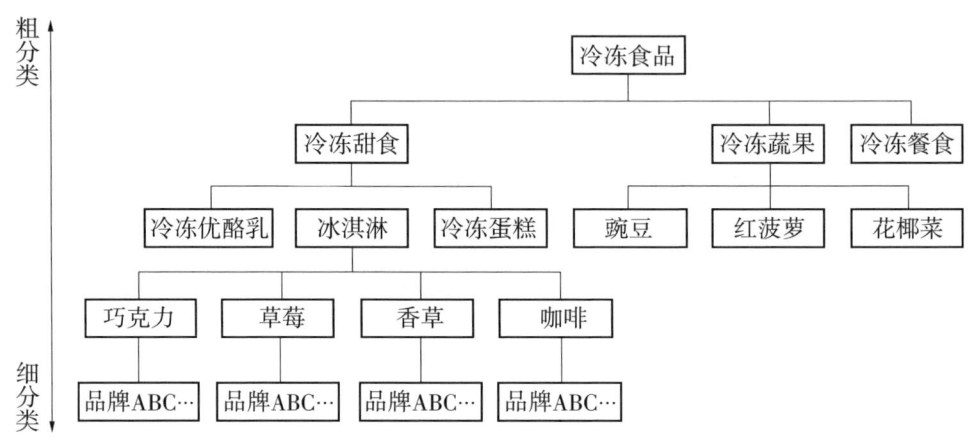

图 6-1　冷冻食品的产品树

在进行购物篮分析的时候，如何去找到一个适当的产品范围，并非统计或数学的问题，而是营销理论的问题。例如，《大数据营销》这本书跟哪些书籍有关联呢？如果从字面上来找，相关书籍包括营销理论、大数据、计算机信息等；如果从学习的角度来看，想要学好大数据营销，拥有统计学的知识是不可或缺的条件。然而，统计类的书籍，却与营销、数据库相关的书籍，分别属于不同的图书分类。换句话说，产品范围的定义，不宜只以实体属性为限，还必须考虑在不同购买情境下，可能会被同时购买或连续购买的产品类别。

实际上在进行跨类别产品的购物篮分析的时候，为了提高分析效率，仍然建议先按照产品树的结构，在同一个层次进行分析。例如，超市销售的食品分为蔬果类、生肉品、熟食产品、烘焙产品、冷冻食品、饮料等，超市可先就食品层次的产品类别进行购物篮分析，将关联性高的食品界定为一个产品范围。然后，就这个范围之内，往下一个更细项的食品层次进行购物篮分析。

6.2 产品的关联性：相关系数

6.2.1 数据格式与推荐机制

购物篮分析根据产品之间的关联性，将关联性高的产品绑在一起，称为购物篮（market basket）。两个产品之间的关联性，取决于二者是否经常同时或连续被购买。在计算产品关联性之前，客户的购买内容应先编码为多个产品变量，记录每项产品是否被购买。例如，某书店的数据库包含一百万名客户的购买记录。书店初步按照书籍种类分为 28 个大类，如工商、法律、建筑等。因此，每位客户的购买记录都可进一步编码为 28 个产品变量（A_1，A_2，A_3，…，A_{28}），如图 6-2 所示。图中，方格记录着客户是否买过该类别的书籍。

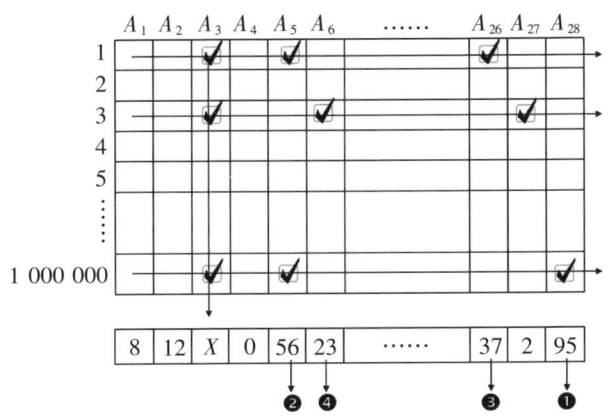

图 6-2 数据格式与推荐机制

如何根据该数据格式建立推荐机制呢？常见的说法是根据客户购买的书籍，去搜寻曾经买过这本书的其他客户，又买过哪些书；再将购买人数排名在前的书籍作为推荐的产品。例如，小陈在书店买了一本书，属于建筑类（A_3）。如图 6-2 所示，书店的推荐系统立即搜寻曾经买过 A_3 的客户，如第 1 位、第 3 位、第 1 000 000 位客户等，扫描这些客户也买过哪些书籍。例如，第 1 位客户买过 A_5 与 A_{26}，第 3 位客户买过 A_6 与 A_{27}，其余以此类推。然后，计算这些书籍的购买人数。例如，在曾经购买 A_3 的众多客户中，也买了 A_{28} 者有 95 人，人数排名第一；买过 A_5 者有 56 人，排名第二，其余以此类推。因此，在购买 A_3 书籍之后，小陈应可在"买过这本书的人，也买了以下这些书"这段文字下方，看到网站推荐的书籍，依序为 A_{28}、A_5、A_{26}、A_6。

实际上推荐系统真的是如此运作吗？其实不然。若按照上述的推荐机制，则网站服务器必须在瞬间做好大量数据的搜寻、比对、排序；受限于内存的容量与处理器的指令周期，以上程序其实很难完成。因此，采用统计模型将大量的数据摘要成少量的决策信息，是更有效率的方法。如图6-3所示，在客户购买记录中，每项产品都可被视为一个变量。统计上，相关系数最常用来衡量两个变量的相关程度，可作为产品关联程度的衡量指标。

6.2.2　相关系数的意义

在初等统计学中，相关系数的用途是衡量两个量化变量的线性相关程度（linear relationship）。令 X、Y 为两个量化变量，其样本数据可绘制成散点图（scatter diagram），如图6-3所示。图中，以两个变量的样本平均数（$\bar{X}$, $\bar{Y}$）为中心。若样本中的多数数据散布在第一象限（+，+）与第三象限（-，-），则代表两个变量的数据走势相同，呈现正向的线性相关，如图6-3a所示。反之，若多数资料散布在第二象限（-，+）与第四象限（+，-），则代表两个变量的数据走势相反，呈现负向的线性相关，如图6-3b所示。

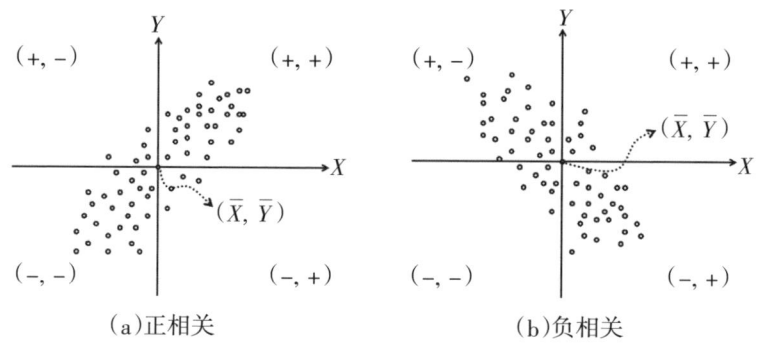

图6-3　散点图与相关性

两个变量的相关性除了以散点图的数据走势呈现之外，亦可使用相关系数（correlation coefficient）衡量之，计算公式如下所示：

$$r_{XY} = \frac{\sum (X_i - \bar{X})(Y_i - \bar{Y})}{\sqrt{\sum (X_i - \bar{X})^2} \sqrt{\sum (Y_i - \bar{Y})^2}} \qquad (6-1)$$

由上式可知，相关系数（r_{XY}）是正值或负值，取决于公式的分子部分，亦即两个变量的观察值（X_i, Y_i）分别减去样本平均数（$\bar{X}$, $\bar{Y}$）后，两者交乘积（$X_i - \bar{X}$）（$Y_i - \bar{Y}$）的相加结果。若两个变量的数据走势与图6-4a相似，则大多数的交乘积为正值，只有少数交乘积为负值，相加后使 r_{XY} 的分子部分为正值。

因此，若相关系数为正值（$r_{XY}>0$），则代表两个变量的数据走势相同，如图 6－3a 所示，也就是二者呈正向的线性相关。反之，若相关系数为负值（$r_{XY}<0$），则代表两个变量的数据走势如图 6－3b 所示，也就是二者呈负向的线性相关。

回到产品之间的关联性。客户的交易记录经过编码之后，每项产品在数据格式中都相当于一个变量。现选取 20 位客户关于书籍 A_1、A_2的交易记录作为例子，若客户曾经买过该书籍则编码为 1，从未买过则编码为 0，如图 6－4 所示。例如，第 1 位客户买过 A_1，但没有买过 A_2，观察值为（A_1，A_2）＝（1，0）。为了计算 A_1与 A_2的相关系数，须先计算二者的平均数。例如，A_1的平均数为 0.45，代表 45% 的客户曾经购买过 A_1；而 A_2的平均数为 0.35。其次，计算每笔数据的离均差交乘积，并予以相加，得到 1.85，代表 A_1与 A_2为正相关。最后，代入计算公式，得到二者的相关系数为 0.3898。

D3 =B3-0.45

	A	B	C	D	E	F	G	H
1		X_i	Y_i	$(X_i-\bar{X})$	$(Y_i-\bar{Y})$	D*E	D^2	E^2
2	Customer	A1	A2					
3	1	1	0	0.55	-0.35	-0.1925	0.3025	0.1225
4	2	1	1	0.55	0.65	0.3575	0.3025	0.4225
5	3	0	0	-0.45	-0.35	0.1575	0.2025	0.1225
6	4	0	1	-0.45	0.65	-0.2925	0.2025	0.4225
7	5	0	0	-0.45	-0.35	0.1575	0.2025	0.1225
8	6	1	0	0.55	-0.35	-0.1925	0.3025	0.1225
9	7	0	0	-0.45	-0.35	0.1575	0.2025	0.1225
10	8	0	0	-0.45	-0.35	0.1575	0.2025	0.1225
11	9	1	1	0.55	0.65	0.3575	0.3025	0.4225
12	10	1	0	0.55	-0.35	-0.1925	0.3025	0.1225
13	11	1	1	0.55	0.65	0.3575	0.3025	0.4225
14	12	1	1	0.55	0.65	0.3575	0.3025	0.4225
15	13	0	0	-0.45	-0.35	0.1575	0.2025	0.1225
16	14	0	1	-0.45	0.65	-0.2925	0.2025	0.4225
17	15	1	0	0.55	-0.35	-0.1925	0.3025	0.1225
18	16	0	0	-0.45	-0.35	0.1575	0.2025	0.1225
19	17	1	1	0.55	0.65	0.3575	0.3025	0.4225
20	18	0	0	-0.45	-0.35	0.1575	0.2025	0.1225
21	19	0	0	-0.45	-0.35	0.1575	0.2025	0.1225
22	20	0	0	-0.45	-0.35	0.1575	0.2025	0.1225
23		0.45	0.35			1.85	4.95	4.55 ← $\sum(Y_i-\bar{Y})^2$
24		$\bar{X}$	$\bar{Y}$			$\sum(X_i-\bar{X})(Y_i-\bar{Y})$	$\sum(X_i-\bar{X})^2$	
25								

$$Corr=\frac{\sum(X_i-\bar{X})(Y_i-\bar{Y})}{\sqrt{\left(\sum(X_i-\bar{X})^2\right)\left(\sum(Y_i-\bar{Y})^2\right)}}$$

$$=\frac{1.85}{\sqrt{4.95*4.55}}=0.3898$$

图 6－4　A_1与 A_2的购买记录与相关系数

值得注意的是，此处的变量 A_1与 A_2，观察值不是 0 就是 1，称为虚拟变量（dummy variable）或二元变量（binary variable）。虚拟变量与量化变量的数据性质并不相同，两个虚拟变量的散点图无法像图 6－4 般呈现线性的散布走势。因此，两个虚拟变量的相关系数有另外一种解释，式（6－1）可以重写如下：

$$r_{A1,A2}=\frac{f(1,1)\times f(0,0)-f(1,0)\times f(0,1)}{\sqrt{f(1,.)\times f(0,.)}\sqrt{f(.,1)\times f(.,0)}}\qquad(6-2)$$

式中，$f(i,j)$ ＝观察值为（$A_1=i$，$A_2=j$）的资料笔数，$i=0$，1，$j=0$，1；$f(i,.)=\sum_j f(i,j)$，即 $A_1=i$ 的资料笔数，$i=0$，1；$f(.,j)=\sum_i f(i,j)$，即 $A_2=j$ 的资料笔数，$j=0$，1。

由式（6－2）可知，若两件产品同时被购买的人数，如 f（1，1），或同时不被购买的人数，如 $f(0,0)$，远高于两件产品只买其一的人数，如 $f(1,0)$ 或 $f(0,1)$，则这两件产品有正向的关联性，应绑在一起构成一个购物篮。以图 6-4 为例，在 20 笔资料中，$f(1,1) = 5$，代表共有 5 人买了 A_1 也买了 A_2；$f(0,0) = 9$，代表有 9 人没买过 A_1 也没买过 A_2；$f(1,0) = 4$，代表有 4 人只买了 A_1 却没买过 A_2；$f(0,1) = 2$，代表有两人只买了 A_2 但没买过 A_1。因此，$f(1,.) = f(1,1) + f(1,0) = 9$，代表共有 9 人买过 A_1，11 人没买过 A_1；$f(.,1) = f(1,1) + f(0,1) = 7$，代表共有 7 人买过 A_2，13 人没买过 A_2。因此，A_1 与 A_2 的相关系数，计算如下：

$$r_{A1,A2} = \frac{f(1,1) \times f(0,0) - f(1,0) \times f(0,1)}{\sqrt{f(1,.) \times f(0,.)} \sqrt{f(.,1) \times f(.,0)}} = \frac{5 \times 9 - 4 \times 2}{\sqrt{9 \times 11} \sqrt{7 \times 13}} = 0.3898$$

(6-3)

换句话说，相关系数愈高，代表两件产品同时被购买与同时不被购买的频率相对愈高，即二者的关联性愈高。虽然统计理论对于虚拟变量的相关性提出许多计算公式，但是两两变量的相关程度不会因为计算公式的不同而有太大的变动。因此，相关系数就能有效地呈现两两产品的关联性。

6.2.3 使用相关系数做数据缩减的注意事项

以相关系数衡量两两产品的关联性，能够有效提升推荐机制的执行效率。在图 6-2 中，原始的推荐系统必须扫描一百万次才能看得清楚哪些客户也买了小陈购买的产品。相关系数则是通过次数相加的概念，如式（6-3），去计算两两产品的关联性。如图 6-5 所示，28 种书籍间的关联性只需要使用一个 28×28 的

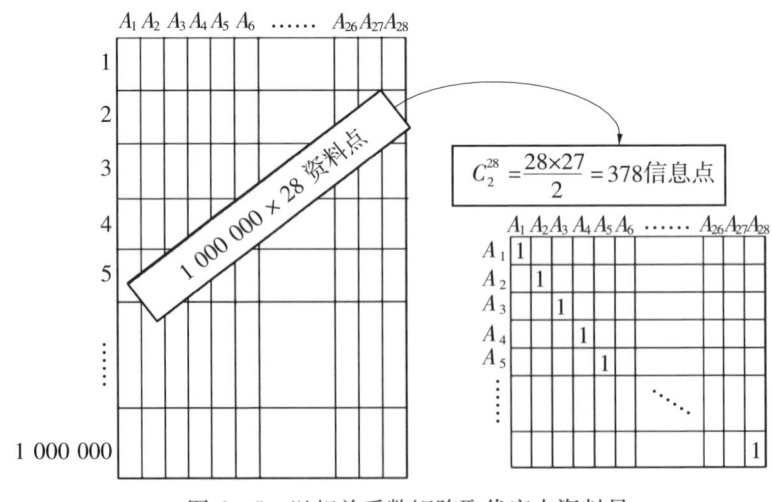

图 6-5 以相关系数矩阵取代庞大资料量

相关系数矩阵，就能完整呈现；而建立该对称矩阵其实只需要计算 $C_2^{28} = \dfrac{28 \times 27}{2}$ =378 个相关系数就可以了。

如此，在小陈买了 A_3 之后，推荐系统只要在相关系数矩阵中寻找有 A_3 的相关系数（只有 27 个），由高到低排序后挑选出前几名的书籍推荐给小陈即可。相较于扫描一百万次后还要计数与排序的推荐机制，使用相关系数矩阵的推荐机制只需要针对 27 个相关系数进行排序，指令周期得以大幅提升。事实上，众所周知的亚马逊网上书店（Amazon.com）起初的推荐机制，背后采用的运算逻辑就是相关系数矩阵的概念。

相关系数通过简单的相加，就可以将庞杂的数据精简成一个指标，呈现两个产品的关联性。然而，也是因为"相加"这个动作，投入的数据一定要经过挑选，否则很容易因为混入无效的数据，而淡化原本理应存在的产品关联性。在挑选投入数据的时候，有三个地方必须要注意。

1. 同一个细分市场

相关系数矩阵的计算结果，来自于某一群人的产品购买行为。同一群人的购买行为的型态愈相似，相关系数矩阵所呈现的产品关联性也就愈明显。例如，一群家庭主妇有相似的购买行为，在逛百货公司的时候，除了逛逛厨具部门之外，多数也会顺道去男性内裤部门帮先生购买必需品。这些相似的购买行为，使得厨具与内裤一起购买的次数明显高于其他产品组合，提高两个产品的关联性。然而，如果这一群人中有的是家庭主妇，有的是单身女子，有的是老年人，除了家庭主妇的人数比例会降低之外，其他群体同时逛厨具与男性内裤部门的可能性亦低。如果通过汇总这一群人的行为，去计算两个部门的相关系数，势必会冲淡应有的相关程度，无法看出这两个部门的互补性。

家庭主妇有类似的购买行为，才使得厨具部门与男性内裤部门具有高度关联性。从购买行为的角度来看，这两个部门的高关联性是合理的、可以被解释的，因此交叉销售具有营销意义。反之，若有各式各样的群体，购买行为也各不相同，就无法形成一个特定的或相似的型态。即使相关系数矩阵指出某两件产品有高度的关联性，营销人员也不易从购买行为的逻辑上去解释这个关联性的形成原因，反而会觉得起因是数据处理发生错误，或者只是一时的现象，不适合作为营销策略的参考。

2. 同一个产品层次

在计算相关系数矩阵时，须注意纳入的产品种类不宜太多，以免造成两件产品都没有购买的数据笔数不当地提升。如式（6-2）所示，两件产品均未购买的人数愈多，相关系数也会随之提高。当数据格式纳入太多产品种类，由于个别客户的购买数量有限,容易造成客户在众多产品上的观察值是0,代表没有购买。为了避免该情形,建议企业先将产品分门别类,建立像产品树一样的层次架构(如图6-1)。然后,针对同一个层次的产品建立数据格式,再计算相关系数表。例如,先根据第一层产品大类的数据格式去计算相关系数表,其次再针对每个大类下方第二层的产品,分别计算一张张的相关系数表。

以图6-1的产品树为例,首先,第一层冷冻食品与其他大类产品的关联性构成一张相关系数表。其次,冷冻食品下方的第二层只有三种产品,构成一张相关系数表。再来,冷冻点心下方的第三层有三种产品,可构成一张相关系数表;冷冻蔬菜下方的第三层有四项产品,亦可构成一张相关系数表,其余以此类推。

推荐系统采用不同层次的相关系数表,推荐的产品亦有所不同。例如,小陈买了一个哈根达斯巧克力冰淇淋,根据产品树由上而下的层次依序为冷冻食品-冷冻点心-冰淇淋-巧克力口味。如果推荐系统采用最上层的相关系数表,则小陈获得的推荐是与冷冻食品高度相关的其他大类,如饮料、鲜蔬等。若再采用第二层的相关系数表,则与冷冻点心高度相关的冷冻食品,如冷冻蔬菜,就是小陈得到的推荐,其余以此类推。换句话说,就算产品数据库有一千个、一万个品项,在计算相关系数表的时候,最好不要一次性地全部纳入分析,而是要先建立一个产品树的层次架构,对所有品项进行分门别类之后,再分别计算一张张只有少量品项的相关系数表。这样做除了可以提升计算效率之外,亦可减少未购买记录对于相关系数计算的不当影响。

3. 适当的观察期间长度

第三个要注意的地方是决定适当的观察期间(time window)长度。购物篮分析借助观察顾客同时购买哪些产品,评估产品之间的关联性。然而,由于产品耗用周期与生命周期的不同,有些产品并不适合以相同的购买时点来评估产品的关联性。如图6-2所示,网上书店的数据格式只以客户为分析单位,并未考虑购买时点。这是因为书籍属于耐用品,顾客很久才会购买一次,而且每本书大概只会购买一次。换句话说,就个别顾客而言,书籍之间的关联性不易发生在同一个购买时点,而是分散在一段观察期间内,如半年或一年。若书店只保留最近一年的购买记录做进行购物篮分析,则只须考虑客户在这段观察期间内购买了哪些书籍,购买时点可予以忽略。其他耐用品如3C产品,也因为产品生命周期较长,客户可能等到新型号出现之后才会再次购买。因此,3C卖场也适合将观察期间设定为三个月、半年,甚至是一年,客户在这段期间购买的产品,可视为同时购买,以此进行购物篮分析。

相反的,超级市场的客户大多隔周就会上门购买,设定的观察期间就必须缩短,如一周、两周,顶多一个月。观察期间究竟要设定多长,没有一个标准的答案,必须按照客户的购买习惯和特性去研究,营销理论也只能提供一些原则作参考。若观察期间设定太短,如列在同一张发票上的品项才被视作同时购买,则任两个品项被同时购买的次数一定都会偏低，无法突显哪个产品组合有高度的关联性。若观察期间设定太长，如超级市场将观察期间设为一年，跟书店一样，则不在同一个购买周期的品项也会被视作同时购买，容易造成虚假的关联性，也一样无法真实反映客户的购买习惯和特性。

除了考虑购买周期之外，一些特定的节日或时机也会造成客户有类似的购买行为，适合作为市场细分变量。例如，消费者在情人节的前一周可能就会开始准备鲜花巧克力，预订烛光晚餐等。这些购买行为可能在平常生活较不常见，要到特定时机才会展现出来。因此，企业可挑选特定节日当周或当月份的购买记录，计算产品的关联性，提供节日营销活动参考。

在推荐系统内植入程序去计算产品之间的相关系数矩阵，是非常简单的事情。但是，简单的方法必须搭配深入的哲学思维去校对与改进，才会更加完善。例如，在计算相关系数矩阵之前，一定要先对客户做市场细分，挑选行为相似的一群人作为分析对象。其次，建立适当的产品树层次架构，挑选同一层次的产品的购买记录，作为投入数据。第三，根据客户的购买习惯和特性，定义适当的观察期间，将同一个观察周期内的产品购买记录合并成一笔，视作同时购买。市场细分、产品层次、观察期间等三者的设定，都没有标准的答案，依靠企业通过研究去找到最佳的设定。

相关系数矩阵虽然简单，但使用上还是有些不足之处。第一，相关系数只能呈现单品与单品的关联性，无法呈现"一个篮子"的概念。以网上书店为例，假设店内共有 28 种书籍，则相关系数矩阵共会产生 $C_2^{28} = \frac{28 \times 27}{2} = 378$ 个相关系数，去呈现两两书籍的关联性，如图 6-5 所示。企业在思考交叉销售策略的时候，必须先选定一个主产品，才能再根据相关系数矩阵，找出与主产品有高度正相关的数项产品，构成一个购物篮。第二，即便定义出一个购物篮，企业亦难以评估每位客户对于购物篮的购买意愿，也就无法针对该产品组合锁定购买概率高的目标客户进行交叉销售。为了解决这两个问题，有更复杂的统计方法可以使用。

6.3 数据缩减之检测：信度分析

购物篮的概念，就是将高度关联的品项放在同一个篮子里。换成统计的说法，就是将高度相关的变量合并成一个指标。假设某超市的数据库中共有 1 000 个品项，若将关联性高的品项放在同一个购买篮，则篮子的个数一定是少量的。在少量的篮子中，每个篮子里都有若干个品项。从统计的观点来看，概念与数据缩减（data reduction）类似，将原来的 1 000 个变量，缩减成少数几个构面。数据缩减方法有两种，包括主成分分析（principal component analysis）与因素分析（factor analysis）。

6.3.1 问卷调查范例：品牌忠诚度指标

数据缩减方法最常应用于问卷调查，将大量题项缩减为少数几个具代表性的指标或因素。问卷调查旨在掌握受测者的心理状态，但心理状态通常是无形的抽象构念，须通过具体的量表题项，才能进行资料搜集。由同一个抽象构念发展出来的量表题项，理论上应具有高度相关，然而，在实际搜集样本数据之后，基于种种原因，相关系数却不一定很高。因此，样本数据通常要先通过信度分析（reliability analysis）确认题项间具一致性，才适合使用数据减缩方法建立具代表性的指标。Cronbach's α 系数是最常使用的信度指标。

例如，品牌忠诚度是一个抽象构念，多数研究采用的量表题项如图 6-6 所示。理论上，若消费者对于一特定品牌（如贝纳颂咖啡）的整体的满意程度愈高，再次购买意愿愈高，或向他人推荐的意愿愈高，都代表品牌忠诚度愈高。[①]

题 项	非常不同意	不同意	稍微不同意	普通	稍微同意	同意	非常同意
1. 整体来说，我对于贝纳颂咖啡很满意（X_1）	□	□	□	□	□	□	□
2. 我愿意继续购买贝纳颂咖啡（X_2）	□	□	□	□	□	□	□
3. 我愿意推荐贝纳颂咖啡给自己的亲朋好友（X_3）	□	□	□	□	□	□	□

图 6-6 贝纳颂咖啡的品牌忠诚度题项

实际上，进行资料搜集之后，受测者对于这些题项勾选的同意程度，理应也具有一致性。相关系数矩阵的计算结果如表 6-1 所示。由表可知，三个题项共可产生 $C_2^3 = 3$ 个相关系数，且每个相关系数都高于 0.7，代表两两题项间具有高度的正相关性，具有高度的一致性，因此适合以数据缩减方法去建立能够代表抽象构念的指标。

表 6-1 品牌忠诚度题项之相关系数矩阵

题项	X_1	X_2	X_3
X_1	1	0.815	0.773
X_2	0.815	1	0.804
X_3	0.773	0.804	1

---

① 数据源：修改自 Selens, F. (1993), "An examination of the effect of product performance on brand reputation satisfaction and loyalty", Journal European of Marketing, 27, pp. 19-35.

Cronbach's α系数是最常使用的信度指标,而标准化α系数(standardized item alpha)的计算公式由平均相关系数($\bar{r}$)构成,如下所示:

$$\text{标准化}\alpha\text{系数} = \frac{K \times \bar{r}}{[(K-1) \times \bar{r}] + 1} \quad (6-4)$$

式中,K为题项个数,如忠诚度的题项个数为$K=3$;$\bar{r}$为K个题项中,两两题项分数的相关系数的平均数,$0 < \bar{r} < 1$。

由于平均相关系数的最大值为1,可知α系数亦介于0与1之间;平均相关系数愈高,α系数亦愈高。Cronbach提出一个判断信度之准则:若α系数<0.35,则代表低信度;若0.35<α系数<0.70,则代表中信度;若α系数>0.70,则代表高信度。实务中,只要α系数>0.6,即可宣称衡量题项之信度及格,可用以建立一总指标代表抽象构念。根据表6-1,贝纳颂忠诚度的三个题项的平均相关系数为(0.815+0.773+0.804)/3=0.797。因此,这三个题项的标准化α系数为:

$$\text{标准化}\alpha\text{系数} = \frac{3 \times 0.797}{2 \times 0.797 + 1} = 0.922 \quad (6-5)$$

由于标准化α系数高达0.922,代表贝纳颂忠诚度的三个题项具有高度的一致性,宜再使用数据缩减方法建立总指标。

6.3.2　*RFM* 分数与产品变量

第4章的*RFM*分析,以最近购买期间(R)、购买频率(F)、购买金额(M)三个变量衡量个人的顾客价值,也是类似的概念。不同的是,*RFM*分析未提前做信度分析,而是直接采用五等均分法(见4.2节)或Bob给分机制(见4.4节),计算一个*RFM*分数,作为顾客价值指标。事实上,R、F、M等三个指标原本都是比率尺度,但是两种给分机制计算出来的*RFM*分数却是顺序尺度,似乎损失了若干精确度。

以表4-3的*RFM*资料为例,相关系数矩阵的计算结果如表6-2所示,最近购买期间(R)与购买频率(F)呈负相关,是颇为合理的。若客户已经拖了很久还没来购买(R值高),某种程度上也代表这位客户已经不常与店家交易(F值低),因此R与F呈负相关。购买金额(M)与其他两个变量的相关系数几乎为0,代表该变量的独立性高,不适合与其他变量合并成一总指标,也不宜进行信度分析。该结果也说明了企业应采用购买频率(或购买期间)与购买金额等两个维度,为客户进行顾客价值分群(如图4-1),而非创造一个总指标代表*RFM*等三个维度。针对不同群别,企业应采用不同的顾客关系管理策略。

表6-2 RFM等三个维度的相关系数矩阵

维度	R	F	M
R	1	-0.276	-0.083
F	-0.276	1	-0.055
M	-0.083	-0.055	1

在交易数据库中，每项产品都被编码为虚拟变量，以0-1数据呈现客户在特定时点是否有购买特定产品，如图6-5所示。购买周期相同或使用上互补的产品组合，理论上应视为一个购物篮。我们亦可使用信度分析去评估多项产品购买行为的一致性。不过，由于0-1数据不同于一般的量化数据，信度分析的评估准则建议可以折半，如α系数大于0.3就可视为信度及格，适合进行购物篮分析。

6.4 单一抽象构念的总指标

一组衡量题项（变量）经信度分析确认具高度的内部一致性后，可进一步缩减成一个总指标，代表单一抽象构念。总指标是多个变量的线性组合，如下所示：

$$Y = a_1 X_1 + a_2 X_2 + \cdots + a_K X_K \tag{6-6}$$

式中，Y为总指标，是衡量变量的线性组合；X_1，X_2，$\cdots$，X_K为抽象构念的衡量变量，共有K个；a_1，a_2，$\cdots$，a_K为K个衡量变量的权重。

虽然总指标的计算公式看起来与回归模式相似，但是衡量变量（X_1，X_2，$\cdots$，X_K）与总指标（Y）之间并无解释变量及反应变量之分，二者处于平等地位，可以互相取代。式中，衡量变量（X_1，X_2，$\cdots$，X_K）来自于样本数据，观察值是已知的；权重系数（a_1，a_2，$\cdots$，a_K）通常被设定为等值，或者通过主成分分析求解，说明如下。

6.4.1 设定权重系数相等：平均数公式

建立总指标最直观的方式是，令K个权重系数（a_1，a_2，$\cdots$，a_K）完全相等，也就是以K个衡量变量的算术平均数作为总指标。以贝纳颂品牌为例，经信度分析确认其忠诚度指标应由三个衡量题项构成。若使用平均数公式建立品牌忠诚度指标，则计算公式如下：

$$Y = \frac{1}{3} X_1 + \frac{1}{3} X_2 + \frac{1}{3} X_3 \tag{6-7}$$

显而易见，平均数公式的最大优点是计算方便，但是有两个限制。第一个限制是衡量变量的单位必须一致，才能使用平均数公式。问卷调查通常统一使用五等尺度或七等尺度的李克特量表设计问卷题项，因此单位具一致性，适合使用平均数公式建立总指标。然而，交易数据库里的行为变量，单位不具一致性，如最近购买期间以"日"为单位，购买频率以"次"为单位，购买金额以"元"为单位。单位不同的变量无法相加，自然也不能使用平均数公式建立总指标。

第二个限制是平均数公式要求每个变量的权重一致，无法呈现个别变量对于总指标的重要性。在任何研究中，抽象构念都才是真正的研究变量，量表题项只是衡量工具。为了验证理论或者解释现象，抽象构念的分数愈能充分反映受测者的异质性，提供的信息量就愈充足，也就愈适合作为反应变量或解释变量。因此，权重系数理应取决于个别题项对于总指标变异数的贡献程度，而非设定成等权重。

6.4.2 求解权重系数：主成分分析

有别于平均数公式的等权重设定，主成分分析（principal component analysis）认为式（6-6）的权重（$a_1, a_2, \cdots, a_K$），是尚待求解的未知值。求解目标是建立一个最具代表性的总指标（Y），使总指标的变异数达到极大化。例如，欲描述学生的体型，于是采用身高（X_1）与体重（X_2）作为衡量变量，建立块头指标（Y），如图6-7所示。图中，10位学生的身高与体重资料以空心点表示，呈正向相关；块头指标以向量轴表示，向量箭头可能指向任一方向。若块头指标是由右下方指向左上方的向量轴（以虚线箭头表示），则数据点落在轴上的投影点都会挤在一起，不利于辨认学生之间的差异。不过，将向量轴往顺时针方向旋转之后，就能找到一个最佳向量轴（以实线箭头表示），可以让垂直投影在轴上

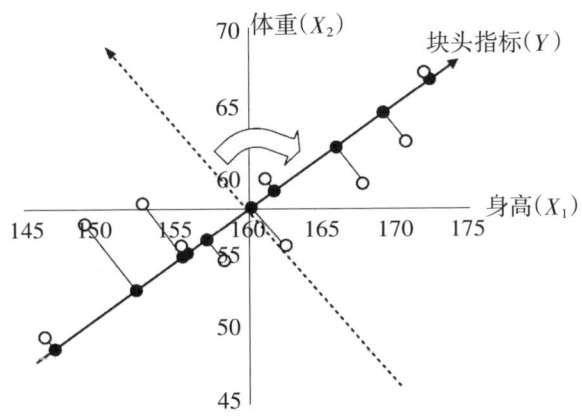

图6-7 块头指标：身高与体重的线性组合

的点（以实心点表示）分得最开，最能呈现学生之间的体型差异。

从数学的观点来看，块头指标（Y）是身高与体重的线性组合，如图6-7所示。图中，块头指标的箭头方向，由权重系数（a_1，a_2）决定之。块头指标每旋转到一特定方向，就对应到特定的（a_1，a_2）组合，即权重系数有无限多组解。其中，能让向量轴上的投影点（即总指标分数）分得最开的（a_1，a_2）组合，即主成分分析所求。因此，将总指标分数的变异数极大化，是主成分分析求解权重系数（a_1，a_2）的目标函数。权重系数的求解过程将于6.5节说明。

$$Y = a_1 X_1 + a_2 X_2 \qquad (6-8)$$

式中，Y为总指标，即块头指标；X_1，X_2为衡量变量，包括身高与体重；a_1，a_2为权重系数，包括身高与体重的权重。

现以问卷调查数据中的品牌忠诚度指标为例，说明主成分分析的执行结果。主成分分析的执行，可使用统计产品与服务解决方案（statistical product and service solutions，SPSS）统计软件中的因素分析（factor analysis）功能，如图6-8所示。首先，点击分析（analyze）→维度缩减（dimension reduction）→因素（factor），进入因素分析窗口。其次，以贝纳颂忠诚度为例，将三个衡量题项选入变量（variables）列。然后，点击分数（scores），进入保存变量窗口，并勾选保存。最后，点击继续（continuous）→OK即可。数据格式也会产生一个新变量，FAC1_1，即总指标分数。

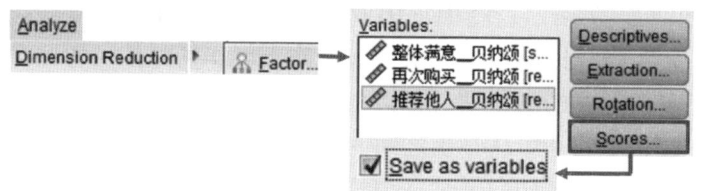

图6-8 以主成分分析建立忠诚度指标

主成分分析的统计报表如图6-9所示。首先，由解释变异量表（total variance explained）可知，主成分分析一共产生三个主成分（components）。其中，第1个主成分因为特征值（eigenvalue），$\lambda_1 = 2.595$，远高于其他两个主成分，又称为总指标。由数学推导可知，特征值即主成分的变异数，如下所示：

$$\mathrm{Var}(Y_1) = \lambda_1$$

其中，Y_1为第1个主成分，即总指标；λ_1为第1个主成分的特征值，即总指标的变异数。

在进行主成分分析之前，每个衡量变量须先经过标准化（standardization）以剔除单位。若任意挑选一个标准化变量来呈现受测者的异质性，则解释变异量仅为1；而三个标准化变量的总变异量为3。但是，由三个标准化变量的线性组合

第6章 啤酒与尿布、厨具与内裤：购物篮分析

而创造的一个总指标分数（Y_1），其解释变异量就能高达2.595，占总变异量的百分比（% of variance）达86.484%（=2.595÷3）。换句话说，一个总指标就能高度取代三个变量所能呈现的受测者异质性。

Total Variance Explained

Component	Initial Eigenvalues		
	Total	% of Variance	Cumulative %
1	2.595	86.494	86.494
2	0.228	7.599	94.083
3	0.178	5.917	100.000

Extraction Method: Principal Component Analysis.

Component Matrix[a]

	Component
	1
整体满意 – 贝纳颂	0.927
再次购买 – 贝纳颂	0.939
推荐他人 – 贝纳颂	0.923

Extraction Method: Principal Component Analysis.

图6-9 解释变异量与主成分权重：品牌忠诚度

其次，主成分权重表（component matrix）指出每个衡量题项对于总指标的重要性。其中，"再次购买"的主成分权重最高（0.939），"整体满意"次之（0.927），"推荐他人"的主成分权重最低（0.923）。相关系数矩阵（表6-1）亦显示，"再次购买"（X_2）与其他两个题项的相关系数，高于任一题项与其余题项的相关系数，代表"再次购买"这个题项最具代表性，对总指标的贡献程度最高。

6.4.3 *RFM* 分数的适当性

在品牌忠诚度范例中，第一个主成分的解释变异百分比高达86.484%，是因为原始的三个衡量变量之间具有高度的正向相关。相对的，如果三个变量中只有两个变量彼此相关，另一个变量的相关程度却很低，则通过主成分分析建立的总指标，特征值就不会这么高。以 *RFM* 资料的相关系数矩阵为例，表6-2显示最近购买期间（*R*）与购买频率（*F*）呈负相关，但购买金额（*M*）与其他两个变量的相关性却几乎为0。这三个变量的主成分分析结果如图6-10所示，我们可以看到前两个主成分的特征值都大于1。也就是说，如果要充分描述所有客户在 *R*、*F*、*M* 等三个变量上的差异，只使用第1个主成分是不够的，解释变异百分比仅达42.593%，连一半都不到。必须同时使用第1个与第2个主成分，解释变异百分比才会上升到76.915%，较能正确地呈现客户之间的差异。

Total Variance Explained			
Component	Initial Eigenvalues		
	Total	% of Variance	Cumulative %
1	1.278	42.593	42.593
2	1.030	34.322	76.915
3	0.693	23.085	100.000

Extraction Method: Principal Component Analysis.

Component Matrix[a]		
	Component	
	1	2
最近购买期间	−0.807	−0.165
购买频率	0.787	−0.270
购买金额	0.083	0.964

Extraction Method: Principal Component Analysis.

图 6-10　解释变异量与主成分权重：*RFM* 指标

换句话说，R、F、M 等三个变量，不论是根据第 4 章的给分机制得到的 *RFM* 分数，还是通过主成分分析合并成一个总指标，都无法充分描述每位客户在顾客价值上的差异。第 4 章的 4.5 节曾经提到，购买频率（F）与最近购买期间（R）衡量的其实是同一种顾客价值，即购买期间（interpurchase time）。将客户个人的平均购买金额（M）除以平均购买期间，得到客户平均每天花费的金额，就能充分呈现客户的顾客价值。然而，购买期间与购买金额都是随机变量，分别遵循不同的概率分布；二者自身的变异程度与彼此的相关性，更是因人而异。因此，需要采用一个正确的模型去处理这两个变量，而不是简单地计算二者的样本平均数予以相除，才能有效降低预测误差，让公司得以节省千万美金的顾客关系管理成本（请参考第 9 章的说明）。

在使用主成分分析之前，必须先确认所有衡量变量之间具高度相关，即信度系数要够高，但 *RFM* 变量却不符合该要求。第 4 章根据一些给分机制去计算 *RFM* 分数，模型虽然简单易懂，但是使用上却可能错误百出，无法有效预测顾客的真正价值。主成分分析虽然是一个简单的模型，但必须注意使用上的限制。

6.5　主成分分析的统计理论

主成分分析求解主成分方程式的权重系数，设定的目标函数是极大化总指标的变异数。总指标的变异数愈大，代表受测者在总指标上的分数差异愈大，即总指标愈适合用来辨别受测者之间的差异。为简化说明起见，假设衡量变量只有两个，X_1 与 X_2。为剔除衡量单位的影响，主成分分析先将变量予以标准化，假设为 Z_1 与 Z_2。主成分方程式如下所示：

$$Y = a_1 Z_1 + a_2 Z_2 = \begin{bmatrix} a_1 & a_2 \end{bmatrix} \begin{bmatrix} Z_1 \\ Z_2 \end{bmatrix} = \underset{(2\times1)}{a'} \underset{(2\times1)}{z} \quad (6-9)$$

式中，总指标是权重向量与变量向量的内积，权重系数又称为主成分权重。以下说明主成分分析的计算过程。

6.5.1 变异数极大化

求解主成分权重的目标函数是主成分变异数极大化，限制式是主成分权重的平方和为 1。主成分的变异数如下所示：

$$\mathrm{Var}(Y) = \mathrm{Var}(a'z) = a'\mathrm{Var}(z)a = a'Ra \qquad (6-10)$$

其中

$R = \begin{bmatrix} 1 & r_{12} \\ r_{12} & 1 \end{bmatrix}$，是 $\begin{bmatrix} X_1 \\ X_2 \end{bmatrix}$ 的相关系数矩阵，即 $\begin{bmatrix} Z_1 \\ Z_2 \end{bmatrix}$ 的变异数矩阵，维度为（2×2）；

$r_{12} = \mathrm{Corr}(X_1, X_2)$，即两个变量的相关系数；

$a' = [a_1 \ a_2]$，为主成分权重向量，向量内的元素（a_1, a_2）都为未知数。

若仅以总指标变异数极大化的目标函数求解主成分权重，则权重系数的解值仅达纯量相乘性（scalar multiplication），即解值乘以任一个纯量，结果仍是解值。为得到唯一解，主成分分析限制 $a'a = 1$，形成一个受限极大化问题，如下所示：

$$\max \mathrm{Var}(Y) = a'Ra \quad \text{s.t.} \quad a'a = 1 \qquad (6-11)$$

6.5.2 求解受限极大化问题

受限极大化问题可使用拉氏函数法求解。拉氏函数（lagrange function，L）由目标函数及限制式构成，即目标函数减去限制式与拉氏乘数（lagrange multiplier，λ）之乘积，如下所示：

$$L = a'Ra - \lambda(a'a - 1) \qquad (6-12)$$

式中，未知数包括主成分权重（$a_1, a_2, \cdots, a_K$）及拉氏乘数（λ）。拉氏法的求解方式是，先令拉氏方程式（L）对未知数（a, λ）的偏微分结果为 0，再根据等式进行求解。偏微分的结果，如下所示：

$$\frac{\partial L}{\partial a} = 2Ra - 2\lambda a = 0 \Rightarrow \underset{(2\times 2)(2\times 1)}{R \cdot a} = \underset{(1\times 1)(2\times 1)}{\lambda \cdot a} \qquad (6-13)$$

$$\frac{\partial L}{\partial \lambda} = a'a - 1 = 0 \Rightarrow a'a = 1 \qquad (6-14)$$

式（6-13）显示，拉氏乘数（λ）相当于相关系数矩阵的特征值（eigenvalue），主成分权重（a）则为对应的特征向量（eigenvector）。式（6-13）可改写如下：

$$\left(\underset{(2\times 2)}{R} - \underset{(1\times 1)(2\times 2)}{\lambda \cdot I}\right)\underset{(2\times 1)}{a} = \underset{(2\times 1)}{0} \qquad (6-15)$$

式中，I 代表单位矩阵（identity matrix），矩阵内的对角线元素都为 1，非对角线元素都为0。由上式可知，若矩阵相乘的结果为0向量，则（R−λI）的行列式值应为0。首先，（R−λI）可展开如下：

$$\underset{(2\times 2)}{R} - \underset{(1\times 1)}{\lambda} \cdot \underset{(2\times 2)}{I} = \begin{bmatrix} 1 & r_{12} \\ r_{12} & 1 \end{bmatrix} - \lambda \begin{bmatrix} 1 & 0 \\ 0 & 1 \end{bmatrix} = \begin{bmatrix} 1-\lambda & r_{12} \\ r_{12} & 1-\lambda \end{bmatrix} \quad (6-16)$$

因此，行列式为0如下所示：

$$\det(R - \lambda I) = \det\left(\begin{bmatrix} 1-\lambda & r_{12} \\ r_{12} & 1-\lambda \end{bmatrix}\right) = (1-\lambda)^2 - r_{12}^2 = 0 \quad (6-17)$$

由式（6−17）可知，行列式值形成 λ 的一元二次方程式。利用公式解，可求得 λ 有两个根，代表维度为（2×2）的 R 矩阵有两个特征值。同理，若投入变量共有 K 个，则其（K×K）的相关系数矩阵，可找到 K 个特征值。式（6−17）可改写如下：

$$\lambda^2 - 2\lambda + (1 - r_{12}^2) = 0 \quad (6-18)$$

以公式解得到特征值的两个解值：

$$\lambda = \frac{-b \pm \sqrt{b^2 - 4ac}}{2a} = \frac{2 \pm \sqrt{(-2)^2 - 4(1 - r_{12}^2)}}{2} = 1 \pm r_{12} \quad (6-19)$$

令 $\lambda_1 = 1 + r_{12}$，$\lambda_2 = 1 - r_{12}$，由于相关系数 r_{12} 为正值，可知 $\lambda_1 > \lambda_2$。而且，两个特征值的相加，正好是投入变量的个数，亦即 $\lambda_1 + \lambda_2 = 2$。

同理，维度为（K×K）的相关系数矩阵（R），可求解得到 K 个特征值，其相加正好等于变量个数 K，如下所示：

$$\sum_{k=1}^{K} \lambda_k = K \quad (6-20)$$

主成分分析将 K 个特征值由大到小排序，依次命名为第1个特征值（λ_1）、第2个特征值（λ_2），等等，如下所示：

$$\lambda_1 > \lambda_2 > \cdots > \lambda_K \quad (6-21)$$

根据个别特征值，可求解出对应的特征向量。例如，根据第1个特征值（λ_1）求解而得的特征向量（a_{11}, a_{12}, …, a_{1K}），是第1个主成分方程式的主成分权重；根据第2个特征值（λ_2）求解而得的特征向量（a_{21}, a_{22}, …, a_{2K}），是第2个主成分方程式的主成分权重。以此类推，K 个变量的数据共可建立 K 个主成分，但是仅第1个主成分具有意义，即总指标（Y）。

6.5.3 特征值与解释变异量

总指标能够代表多个具同向意义的题项之程度，取决于总指标的解释变异量（explained variance）。如前所述，总指标的变异数愈大，愈能呈现受测者之间的差异。在限制式 $a'a = 1$ 成立之下，主成分的变异数正好等于特征值，证明如下：

$$Var(Y) = a'Ra = a'\lambda a = \lambda a'a = \lambda \quad (6-22)$$

由于总指标是第 1 个主成分，因此总指标的变异数为第 1 个特征值，亦为最大特征值（λ_1）。每个标准化变量（Z）的变异数亦代表其能描述受测者异质性的能力。由于标准化变量的变异数为 1，即 Var（Z）=1，因此 K 个标准化变量的总变异量，即变量个数 K。总变异量中可以被总指标（Y_1）解释的百分比，称为解释变异百分比（percentage of variance），计算公式如下：

$$\% \text{ of Variance} = \frac{\lambda_1}{K} \times 100\% \qquad (6-23)$$

为确保总指标具有足够的代表性，多数研究要求总指标的解释变异百分比须超过 60%。以贝纳颂忠诚度为例，总指标的特征值为 $\lambda_1 = 2.595$，占总变异 $K=3$ 的百分比为 86.48%，超过及格标准。

6.6 购物篮分析与因素分析

前面在 6.2 节曾以书店的数据库为例，通过相关分析建立维度为（28×28）的相关系数矩阵，进而提升推荐机制的执行效率，如图 6-11 所示。然而，在使用相关系数矩阵建立购物篮时，须先挑选出一个主产品，才能再就该产品与其余 27 项产品的相关系数进行排序，将排序在前的数项产品与主产品合并一个购物篮。换句话说，根据相关系数矩阵，共可建立 28 个购物篮，其中必然有所重叠。若能进一步简化，推荐系统的效率就能得到进一步的提升。

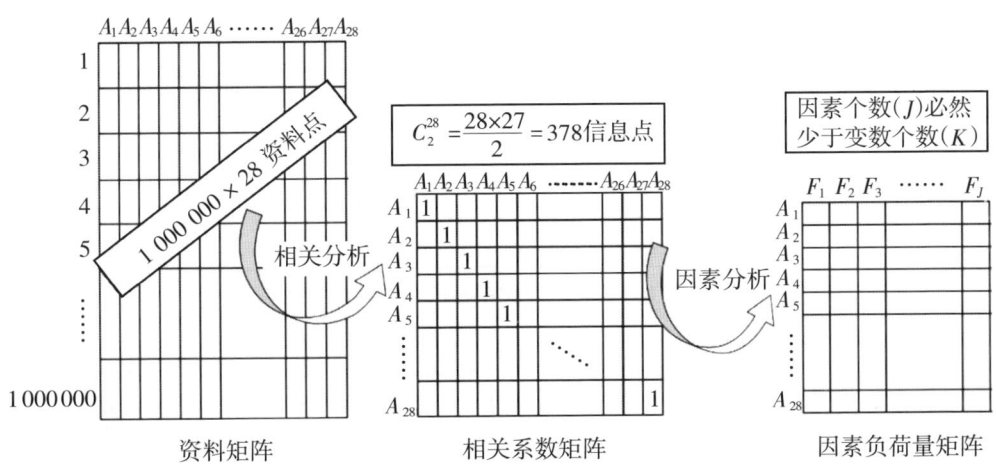

图 6-11 数据缩减过程

购物篮分析将高度关联的品项合并成一个购物篮，其观念与主成分分析类似。不同的是，主成分分析将高度相关的数个变量合并成一个总指标，购物篮分析则是根据众多品项之间的关联结构，建立数个购物篮，概念与因素分析更为类似。因素分析（factor analysis）是一种资料减缩方法，根据 K 个变量的相关系数矩阵，将 K 个变量减缩为 J 个因素，$J<K$。变量与因素之间的相关程度，由因素负荷量矩阵（factor loading matrix）描述。根据因素负荷量矩阵，每个因素都能找到一组与之高度相关的变量，形成一个购物篮。在同一个篮子里的品项，适合进行相互推荐。

6.6.1 范例：银行服务态度调查

因素分析最常应用于问卷调查，将大量题项缩减为少数几个具代表性的指标或因素。我们以客户对于银行的态度量表为例，说明因素分析的应用。如图6-12所示，态度量表共有五个有关银行的论述，由受访者依其同意的强烈程度，勾选适当的分数（1～9分）。这五个论述分别是小银行要求的手续费通常比大银行来得便宜、大银行比小银行更容易犯错、银行柜员不必特别有礼与友善，只要把事情做好就可以了、我希望我的银行可以认识我，对我有特别待遇、如果金融机构对我不友善或不在乎，我就不会再光顾等。

Please respond to the following using a 9 point scale:	Strongly Disagree → Strongly Agree 1 2 3 4 5 6 7 8 9
1. Small banks charge less than large banks.	☐☐☐☐☐☐☐☐☐
2. Large banks are more likely to make mistakes than small banks.	☐☐☐☐☐☐☐☐☐
3. Tellers do not need to be extremely courteous and friendly; it's enough for them simply to be civil.	☐☐☐☐☐☐☐☐☐
4. I want to be personally known at my bank and to be treated with special courtesy.	☐☐☐☐☐☐☐☐☐
5. After being treated in an impersonal or uncaring way by a financial institution. I would never patronize that organization again.	☐☐☐☐☐☐☐☐☐

图6-12 客户对银行的态度量表

调查一共回收15份问卷，资料格式整理如表6-3所示。例如，第1位受访者对于五个论述的同意程度分别是9分、6分、9分、2分、2分。虽然表中只列举15个人的调查结果，但也适用于数百人甚至数千人的资料整理。

第6章 啤酒与尿布、厨具与内裤：购物篮分析

表6-3 15位受访者的调查结果

Individual	Input Data (Original Variables)				
	X_1	X_2	X_3	X_4	X_5
Joe E.	9	6	9	2	2
Mary S.	4	6	2	6	7
Shirley G.	0	0	5	0	0
Jan A.	2	2	0	9	9
Edward B.	6	9	8	3	3
Richard Y.	3	8	5	4	7
Susan A.	4	5	6	3	6
Heather P.	8	6	8	2	2
Mike T.	4	4	0	8	8
Bill W.	2	8	4	5	7
Gail L.	1	2	6	0	0
Alan B.	6	9	7	3	5
Joe W.	6	7	1	7	8
Alice D.	2	1	7	1	1
Tom M.	9	7	9	2	1

因素分析的目的是缩减维度，将原来的多个变量，依其相关结构，缩减为少数几个具代表性的共同因素（common factors）。以银行态度量表为例，相关系数矩阵如表6-4所示。由表可知，第1题与第2题的相关系数很高，代表受访者愈认同小银行的手续费较便宜，也愈认同大银行比较容易犯错。由题意可知，第3题代表客户不在乎银行的服务态度，而第4、5题都代表客户希望银行提供个人化服务，因此造成第4、5题具高度正相关，但是第3题与这两题都是高度负相关。

表6-4 五个题项的相关系数矩阵

变量	X_1	X_2	X_3	X_4	X_5
X_1	1.00				
X_2	0.61	1.00			
X_3	0.47	0.73	1.00		
X_4	-0.02	0.19	-0.83	1.00	
X_5	-0.10	0.32	-0.77	0.93	1.00

6.6.2 因素分析面临的四个问题

因素分析的计算过程与主成分分析类似,但会面临到一些问题,必须由研究人员主观决定,分别论述如下。

1. 哪些题项适合进行因素分析?

并非所有题项都适用因素分析,须视个别题项的共同性(communality)而定。共同性愈高的题项,愈适合进行因素分析;共同性过低的题项,应视为独特题项,不宜加入因素分析,因为会拉低共同因素的累积解释力。建议在进行因素分析之前,宜先剔除共同性过低的题项,常见的门槛值为 0.4 或 0.5。换句话说,只针对共同性高于 0.4 的题项进行因素分析即可。

2. 应萃取几个共同因素?

因素分析有几种计算方法,其中以主成分法最为常见。通过因素分析,K 个题项共可构成 K 个共同因素,每个因素依其特征值由大到小排序。多数研究认为只有特征值(eigenvalue)大于 1 的共同因素,才值得留下来。这是因为潜伏因素的解释变异量(即特征值),必须超过至少一个标准化题项所能描述的变异量,才具有代表性,而标准化变量的变异数为 1。

3. 共同因素代表的意义是什么?

因素分析产生的共同因素,在尚未进行因素命名之前,缺乏研究变量的意义。因素命名来自于高度相关题项的共同意义。共同因素与个别题项之间的关系,以因素负荷量(factor loading)衡量之。建议进行因素转轴(factor rotation),转轴后负荷量(rotated loadings)的数值更趋向 ±1 或 0 这两个极端值,可以突显共同因素与哪些题项有高度相关,又与哪些题项无关。共同因素的名称由研究者根据转轴后负荷量的内容去做决定。

4. 共同因素如何取代原来的衡量题项?

因素分析的目的是将多个高度相关的题项缩减为少数因素,并以共同因素取代原始题项。因此,因素分析产生的因素分数须予以存储,新增于数据格式。值得注意的是,在因素分析过程中,题项会先转换为标准化变量,因此其构成的共同因素亦以标准化变量呈现,数值范围介于 -3 ~ +3 之间。低共同性的独特题项不宜加入因素分析,建议转换为标准化变量,存储于数据格式。

6.6.3 因素分析的执行与结果

因素分析的执行可使用 SPSS 统计软件中的因素分析(factor analysis)功能,如图 6-13 所示。因素萃取(extraction)默认使用主成分分析法,并只留下特征值大于 1 的共同因素。因素转轴（rotation）可勾选最常用的最大变异法（varimax）。因素分数（scores）须勾选保存为变量（save as variables），才能将每位受测者的因素分数存储在数据格式之中。选项（options）可以使因素负荷量矩阵更具可读性；勾选按大小排序（sorted by size），使原始题项依因素负荷量由高到低排序；勾选压缩小的因素负荷量（suppress small coefficients），设定只列举绝对值较大的因素负荷量，如只列出绝对值高于 0.4 的因素负荷量。

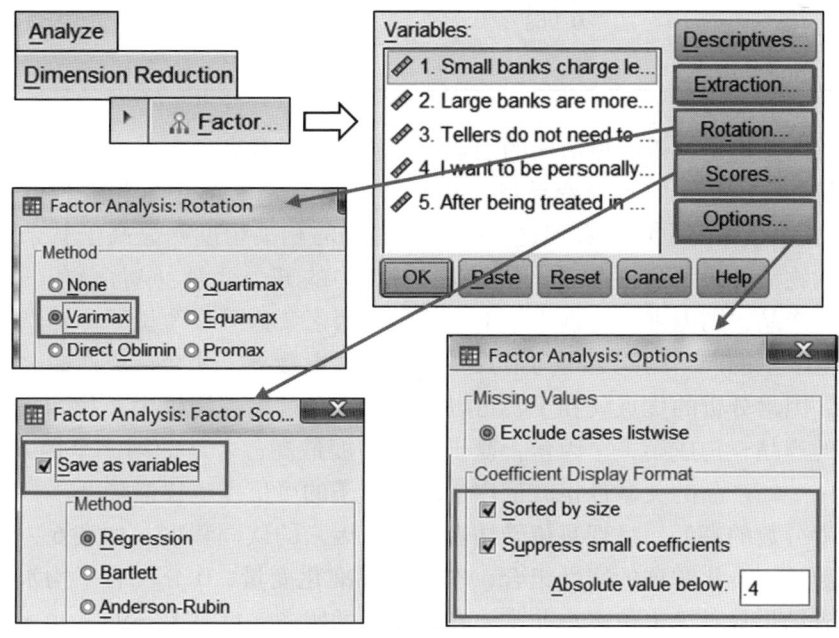

图 6-13 因素分析的 SPSS 步骤

因素分析的结果整理如表 6-5 所示。由表可知，每个题项的共同性都高于 0.8，代表都适合进入因素分析。其中，高度正相关的第 1、2 题合并成一个因素，而高度相关的第 3、4、5 题合并成另一个因素。因素负荷量（factor loadings）代表变量与因素的相关程度，如因素 1（F_1）与第 3、4、5 题具高度相关，而因素 2（F_2）则与第 1、2 题具高度相关。其中，因素 1 的解释变异百分比高达 55%，因素 2 则达到 36%，二者合计为 91%，几乎能够代表所有题项。

表 6-5 银行态度量表的因素分析结果（转轴后）

变异量	因素负荷量		共同性
	F_1	F_2	
X_1	-0.173	0.886	0.815

续表 6-5

变异量	因素负荷量		共同性
	F_1	F_2	
X_2	0.175	0.904	0.849
X_3	-0.890	0.405	0.956
X_4	0.972	0.093	0.954
X_5	0.968	0.134	0.956
解释变异百分比	55%	36%	

值得注意的是，排在愈前面的因素，解释变异量愈高，变量之间的关系亦愈紧密。例如，因素 1 的解释变异量最高，其与变量 X_3、X_4、X_5 相关程度都接近 1，从相关系数矩阵也可以看到这三个变量之间的相关程度明显高于其余两个变量。从购物篮分析的角度来看，假设表 6-5 中的五个变量（X_1，X_2，…，X_5）代表五个产品，则因素 1 可视为第 1 个篮子，因素 2 为第 2 个篮子。消费者对于第 1 个篮子里的产品的购买行为最具一致性，共识最高，才会造成产品之间的高度相关。因素分析的优点就在于，可以从大量产品的购买记录中，找到一组关联性最高的产品，构成第 1 个因素，篮子的可信度最高；之后的第 2 个因素、第 3 个因素……，产品的关联性也就依序递减，篮子的可信度也逐渐降低。

因素分数的高低，呈现每位受访者对每个因素的认同程度，如表 6-6 所示。因素分数是标准化题项的线性组合，本身为标准化变量，0 分代表平均水平。例如，调查结果显示第 1 位客户非常不在乎银行的服务态度（$X_3 = 9$），也不认同银行应该提供个人化服务（$X_4 = 2$，$X_5 = 2$）。由于因素 1 与 X_3 为高度负相关，与 X_4、X_5 为高度正相关，因此该位客户在相关题项上的表现，导致因素 1 的分数低于平均水平，只有 -0.92 分。从购物篮分析的角度来看，因素 1 相当于由 X_3、X_4、X_5 等三项产品构成的一个篮子，而第 1 位客户在因素 1 上的分数（$F_1 = -0.92$），代表其对于这个篮子的购买倾向相对较低。换句话说，因素分析除了可以根据产品间的相关结构建立数个购物篮之外，也能够计算因素分数，呈现每位客户对不同篮子的需求强度。

有了因素分数之后，营销人员就能针对每个购物篮，找出因素分数由高到低排序在前20%的客户，作为目标市场，进行一对一营销。除此之外，亦可尝试使用客户的基本数据，如性别、年龄层、教育程度、居住地区等，与特定的因素分数进行交叉分析，进而描述不同购物篮的目标客户的轮廓，据此发展出更贴近目标客户特性的营销策略。

表6-6 15位受访者的两个因素分数

受访者	输入数据（初始变量）					因素分数	
	X_1	X_2	X_3	X_4	X_5	F_1	F_2
Joe E.	9	6	9	2	2	-0.92	1.04
Mary S.	4	6	2	6	7	0.93	-0.01
Shirley G.	0	0	5	0	0	-1.05	-1.94
Jan A.	2	2	0	9	9	1.65	-1.03
Edward B.	6	9	8	3	3	-0.44	1.04
Richard Y.	3	8	5	4	7	0.45	0.31
Susan A.	4	5	6	3	6	0.00	-0.04
Heather P.	8	6	8	2	2	-0.80	0.80
Mike T.	4	4	0	8	8	1.44	-0.40
Bill W.	2	8	4	5	7	0.69	0.10
Gail L.	1	2	6	0	0	-1.10	-1.36
Alan B.	6	9	7	3	5	-0.12	1.04
Joe W.	6	7	1	7	8	1.28	0.51
Alice D.	2	1	7	1	1	-1.01	-1.23
Tom M.	9	7	9	2	1	-1.00	1.18

6.6.4 因素分析的统计理论

因素分析是将多个题项（X_1，X_2，…，X_K）缩减成少数几个具代表性的共同因素（F_1，F_2，…，F_J）之统计方法。适用于购物篮分析的因素分析，又称为探索性因素分析（exploratory factor analysis，EFA），是指研究人员在事前无法根据理论或其他信息确认哪些共同因素会被萃取，只能根据样本数据呈现的相关结构，探索可能的因素个数与因素特性。令K个题项都已标准化，因素模式如下所示：

$$Z_1 = \ell_{11} F_1 + \ell_{12} F_2 + \cdots + \ell_{1J} F_J + u_1$$
$$Z_2 = \ell_{21} F_1 + \ell_{22} F_2 + \cdots + \ell_{2J} F_J + u_2$$
$$\vdots$$
$$Z_K = \ell_{K1} F_1 + \ell_{K2} F_2 + \cdots + \ell_{KJ} F_J + u_K \quad (6-24)$$

因素模式亦可使用矩阵型式呈现，如下所示：

$$\underset{(K \times 1)}{Z} = \underset{(K \times J)}{L} \underset{(J \times 1)}{F} + \underset{(K \times 1)}{U} \quad (6-25)$$

式中，Z_k 为第 k 个标准化题项，是可观察变量，$k=1,2,\cdots,K$；ℓ_{kj} 为因素负荷量（factor loading），是有待求解的未知权重；F_j 为第 j 个共同因素，无法观察，由因素分析产生，$j=1,2,\cdots,J$，$J<K$；u_k 为第 k 个标准化题项对应的独特因素（unique factor）。

其中，F_j 被称为共同因素，是因为每个因素都共同存在于 K 个题项之中。以第一个因素 F_1 为例，式（6-24）显示 K 个题项的因素模式都包含 F_1 这个共同因素，其他共同因素亦然。

主成分法（principal method）是最常用来求解因素负荷量矩阵（L）的方法。作法是先将题项与因素的关系写成主成分方程式，再以变异数极大化为目标函数，求解主成分的特征值与主成分权重。K 个题项共可构成 K 个主成分（即因素），主成分模式的矩阵型式如下所示：

$$\underset{(K\times K)}{F} = \underset{(K\times K)}{A}\underset{(K\times 1)}{Z} \qquad (6-26)$$

求解主成分权重矩阵（A）之后，再将上式转换成因素模式，如下所示：

$$\underset{(K\times 1)}{Z} = \underset{(K\times K)}{A^{-1}}\underset{(K\times 1)}{F} = \underset{(K\times K)}{L^*}\underset{(K\times 1)}{F} = \underset{(K\times J)}{L}\underset{(J\times 1)}{F} + \underset{(K\times 1)}{U} \qquad (6-27)$$

式中，L^* 是完整的因素负荷量矩阵，L 是只留下特征值较大的 J 个因素后，对应的因素负荷量矩阵。若 K 个因素全部留下，则可完全解释 K 个题项的变异，不存在独特因素。然而，若只萃取 J 个因素（$J<K$），则 K 个题项无法被因素解释的部分，以独特因素代表之。

共同因素对于 K 个题项的代表性，取决于题项的总变异量可被共同因素解释的程度。假设共同因素与共同因素之间，以及共同因素与独特因素之间都彼此独立，且共同因素的变异数为 1。根据因素模式，题项的变异数可以分解为共同性与独特性，如下所示：

$$\mathrm{Var}(Z_k) = \mathrm{Var}(\ell_{k1}F_1 + \ell_{k2}F_2 + \cdots + \ell_{kJ}F_J + u_k)$$
$$1 = [\ell_{k1}^2 \mathrm{Var}(F_1) + \ell_{k2}^2 \mathrm{Var}(F_2) + \cdots + \ell_{kJ}^2 \mathrm{Var}(F_J)] + \mathrm{Var}(u_k)$$
$$1 = [\ell_{k1}^2 + \ell_{k2}^2 + \cdots + \ell_{kJ}^2] + \psi_k = 共同性 + 独特性 \qquad (6-28)$$

其中，共同性（communality）是指特定题项对应于 J 个因素的负荷量平方和，代表该题项的变异量可以被 J 个因素解释的程度。因此，题项的共同性愈高，愈能被 J 个因素所取代，即愈适合进入因素分析。相对的，独特性（uniqueness）等于 1 减去共同性，代表独特性愈高的题项，愈不适合投入因素分析。

现将 K 个标准化题项（$Z_1,Z_2,\cdots,Z_K$）的变异数，列举如图 6-14 所示。K 个标准化题项的总变异量为 K，其中可以被个别共同因素解释的部分，由该因素的特征值（λ_j）衡量之。例如，因素 1 的解释变异量由特征值 λ_1 衡量之，相当于该因素对应于 K 个题项的负荷量平方和，计算公式如下：

第 6 章　啤酒与尿布、厨具与内裤：购物篮分析

$$\lambda_1 = \ell_{11}^2 + \ell_{21}^2 + \cdots + \ell_{K1}^2 = \sum_{k=1}^{K} \ell_{k1}^2 \qquad (6-29)$$

多数研究认为，共同因素至少要能代表一个以上的变量，因此其特征值至少要大于 1，才值得被萃取。由因素分析萃取的 J 个因素，其特征值由大到小排序，亦即因素 1 的特征值最大，因素 2 的特征值次之等，如下所示：

$$\lambda_1 > \lambda_2 > \cdots > \lambda_J \qquad (6-30)$$

个别共同因素代表 K 个题项的程度，由解释变异百分比来衡量，亦即特征值除以总变异 K 的比值（$=\lambda_j/K$）。为了确认 J 个因素对于 K 个题项具有整体的代表性，多数研究要求 J 个因素的累积解释变异百分比应超过 60%。

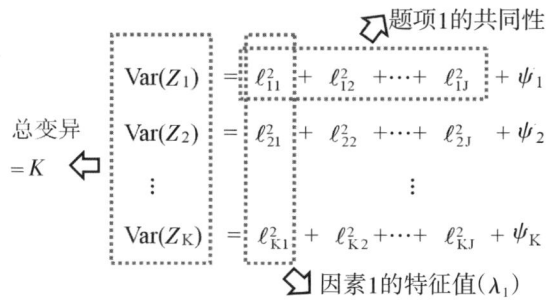

图 6-14　总变异、共同性、特征值的关系

6.6.5　范例：书店的交易数据库

回到书店的例子，根据客户的交易记录，可以计算 28 类书籍的相关系数矩阵，如表 6-7 所示。由于相关系数矩阵属于对称矩阵，表中的上三角矩阵与下三角矩阵的内容是相同的，因此仅列举下三角矩阵的内容。其中，相关系数高于 0.4 的共有三对书籍，包括（工商，财经）、（文学，小说）、（儿童，亲子）等。通过因素分析，得以进一步厘清该相关结构所代表的多个购物篮。

表 6-7　28 类书籍的相关系数矩阵

书籍类型	工商	法律	建筑	室内设计	饮食	计算机	励志类	裁缝	园艺	文学类	儿童类	旅游	杂志	哲学	医学	妇女丛书	史地传记	语言	亲子教育	电影音乐	心理	摄影	美术艺术	小说类	运动类	科学	社会学	财经
	A1	A2	A3	A4	A5	A6	A7	A8	A9	A10	A11	A12	A13	A14	A15	A16	A17	A18	A19	A20	A21	A22	A23	A24	A25	A26	A27	A28
A1	1.00																											
A2	0.05	1.00																										
A3	0.15	0.11	1.00																									
A4	0.06	0.00	0.19	1.00																								

续表 6-7

书籍类型	工商 A1	法律 A2	建筑 A3	室内设计 A4	饮食 A5	计算机 A6	励志书 A7	裁缝 A8	园艺 A9	文学类 A10	儿童书 A11	旅游 A12	杂志 A13	哲学 A14	医学 A15	妇女丛书 A16	史地传记 A17	语言 A18	亲子教育 A19	电影音乐 A20	心理 A21	摄影 A22	美术艺术 A23	小说类 A24	运动类 A25	科学 A26	社会学 A27	财经 A28
A5	0.12	0.10	0.15	0.25	1.00																							
A6	0.16	0.04	0.11	0.19	0.20	1.00																						
A7	0.21	0.00	0.04	0.22	0.15	0.24	1.00																					
A8	0.00	0.00	0.00	0.12	0.18	0.07	0.00	1.00																				
A9	0.10	0.11	0.30	0.32	0.15	0.07	0.09	0.37	1.00																			
A10	0.19	0.12	0.04	0.07	0.11	0.17	0.23	0.00	0.12	1.00																		
A11	0.10	0.00	0.07	0.13	0.10	0.07	0.06	0.12	0.20	0.05	1.00																	
A12	0.17	0.09	0.17	0.28	0.49	0.13	0.23	0.16	0.30	0.12	0.21	1.00																
A13	0.29	0.03	0.03	0.19	0.25	0.34	0.22	0.00	0.09	0.28	0.18	0.26	1.00															
A14	0.04	0.00	0.07	0.05	0.00	0.17	0.13	0.00	0.00	0.23	0.10	0.06	0.22	1.00														
A15	0.04	0.09	0.00	0.06	0.17	0.10	0.11	0.16	0.09	0.03	0.12	0.15	0.13	0.00	1.00													
A16	0.07	0.00	0.19	0.25	0.08	0.13	0.27	0.22	0.11	0.10	0.19	0.00	0.00	0.20	1.00													
A17	0.20	0.14	0.00	0.04	0.06	0.12	0.09	0.00	0.00	0.25	0.00	0.09	0.16	0.15	0.06	0.10	1.00											
A18	0.20	0.09	0.08	0.24	0.24	0.23	0.15	0.16	0.22	0.08	0.25	0.21	0.03	0.11	0.15	0.16	1.00											
A19	0.12	0.17	0.16	0.15	0.15	0.03	0.03	0.14	0.24	0.06	0.53	0.17	0.14	0.00	0.14	0.18	0.00	0.16	1.00									
A20	0.07	0.00	0.05	0.16	0.17	0.20	0.07	0.00	0.00	0.21	0.03	0.17	0.36	0.07	0.09	0.04	0.10	0.06	0.04	1.00								
A21	0.20	0.09	0.00	0.20	0.17	0.18	0.39	0.08	0.09	0.15	0.03	0.21	0.24	0.20	0.12	0.20	0.18	0.26	0.04	0.18	1.00							
A22	0.06	0.00	0.12	0.39	0.06	0.18	0.21	0.00	0.12	0.14	0.00	0.05	0.14	0.18	0.00	0.00	0.08	0.20	0.00	0.18	0.05	1.00						
A23	0.03	0.00	0.12	0.26	0.14	0.19	0.13	0.00	0.23	0.22	0.12	0.20	0.15	0.26	0.05	0.09	0.19	0.21	0.05	0.17	0.26	0.28	1.00					
A24	0.15	0.12	0.07	0.14	0.18	0.23	0.13	0.00	0.00	0.04	0.41	0.05	0.19	0.31	0.14	0.10	0.08	0.22	0.20	0.06	0.33	0.18	0.22	0.15	1.00			
A25	0.07	0.07	0.14	0.09	0.10	0.26	0.12	0.00	0.14	0.05	0.00	0.21	0.25	0.05	0.00	0.00	0.09	0.11	0.05	0.21	0.12	0.08	0.08	0.13	1.00			
A26	0.20	0.00	0.33	0.16	0.00	0.27	0.20	0.00	0.13	0.23	0.04	0.09	0.16	0.06	0.22	0.16	0.00	0.03	0.18	0.16	0.11	0.17	0.18	1.00				
A27	0.17	0.15	0.00	0.05	0.00	0.16	0.03	0.00	0.00	0.19	0.05	0.06	0.15	0.26	0.12	0.00	0.19	0.03	0.00	0.14	0.35	0.08	0.16	0.08	0.10	0.23	1.00	
A28	0.41	0.06	0.11	0.18	0.11	0.19	0.27	0.00	0.11	0.04	0.22	0.22	0.13	0.10	0.08	0.15	0.13	0.11	0.25	0.20	0.10	0.12	0.08	0.11	0.16	1.00		

对 SPSS 软件而言，若以相关系数矩阵作为因素分析的输入数据，则须以写指令的方式进行，如图 6-15 所示。首先，开启 SPSS 软件，点击 File→New→Syntax，进入指令窗口。然后写下因素分析的指令内容，并在图中虚线三角框中，贴上相关系数矩阵的下三角部分，如表 6-7 中的数值部分。最后，点击窗口上方的 Run→All，即可产生转轴后的因素分析结果。

第 6 章 啤酒与尿布、厨具与内裤：购物篮分析

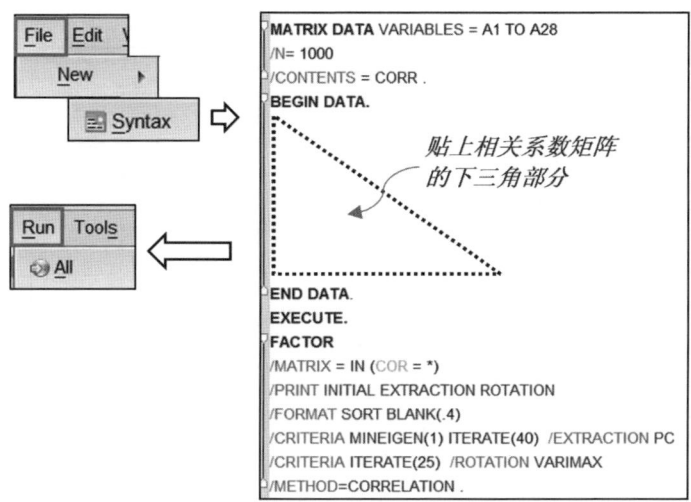

图 6-15 以相关系数矩阵为输入数据的因素分析指令

因素分析从 28 类书籍的相关系数矩阵萃取出 9 个因素，转轴后的因素负荷量如表 6-8 所示。表中，绝对值小于 0.4 的负荷量都被忽略，以空格表示，进而突显变量与因素之间的关系。从购物篮分析的角度来看，萃取出的 9 个因素代表 9 个购物篮，因素的特征值则代表篮子内产品之间的关联程度。例如，第 1 个篮子有最高的特征值（$\lambda_1 = 2.031$），代表篮子内的产品如财经、工商、励志书、语言等书籍的相关系数，相对高于与其余书籍的组合，也代表消费者的购买行为最具一致性。因此，特征值最高的一篮子书籍，是交叉销售的最佳产品组合。特征值排序其后的第 2 个篮子、第 3 个篮子等，产品的关联性依序递减，篮子的可信度也逐渐降低。

表 6-8 28 类书籍的转轴后因素负荷量矩阵

28 类书籍	因素								
	1	2	3	4	5	6	7	8	9
财经	0.723								
工商	0.694								
励志	0.589								
语言	0.362								
裁缝		0.699							
妇女丛书		0.669							
医学		0.458							

续表 6-8

28 类书籍	因素								
	1	2	3	4	5	6	7	8	9
饮食		0.442	0.440						
园艺		0.410							
电影音乐			0.674						
杂志			0.606						
运动类			0.589					0.409	
计算机			0.437						
旅游			0.426						
摄影				0.705					
室内设计				0.684					
美术艺术				0.579		0.403			
文学类					0.749				
小说类					0.665				
史地传记					0.535				
社会学						0.759			
哲学						0.605			
心理	0.432					0.509			
儿童							0.840		
亲子教育							0.795		
科学								0.732	
建筑								0.676	
法律									0.798
因素特征值	2.031	2.027	2.014	1.885	1.827	1.665	1.648	1.571	1.192

不同购物篮内的产品组合，代表消费者的购买习惯和特性。以表 6-8 为例，常买财经书籍的客户，也比较常买工商与励志书籍，可能是因为工作上的需要。常买裁缝书籍的客户，也较常买妇女丛书，可能是来自于家庭主妇的兴趣。喜欢看电影音乐书籍的客户，也喜欢看杂志类与运动类书籍。不过，因素负荷量愈小的书籍，与购物篮的关系也愈低。例如，虽然语言类书籍被归入第 1 个购物篮，但负荷量仅有 0.362，相对于同一购物篮中的其他书籍来说稍显过低。若要针对第 1 个购物篮研拟交叉销售策略，则应优先考虑财经、工商等因素负荷量较高的

书籍，语言类书籍的推荐顺序宜往后移。值得注意的是，如果因素分析的结果显示儿童书与建筑书在同一个购物篮，从消费者的购买习惯和特性来看就有点不合理了。这个时候反而要回过头去看输入数据是否出现问题，如产品编码是否有误。

6.6.6 产品树的反思

6.1.2 节曾经以"产品树"的观念说明企业使用的产品推荐机制。例如，冷冻食品可先按照产品用途分为点心、蔬菜、主食等三大类，每一大类下面又可分成细项，每一细项又可再细分成不同品项。图书馆也使用同样的概念对书籍进行分类，如表 6-8 列举的 28 种书籍，每一类书籍都可再分为几种细项书籍。同一分类内的产品品项由于具有相似的产品属性，通常被企业采用作为彼此推荐的对象。例如，购买冰淇淋的消费者，通常会被假设对于冷冻点心有一定的兴趣，因此冷冻优格、棒冰等都被视为合适的推荐产品。然而，这种只按照产品实体属性推估产品关联程度的方法，忽略了由消费者购买习惯和特性所促成的产品关联性。

显而易见，根据购买记录而建立的购物篮，呈现的是消费者购买习惯和特性，与按照产品实体属性的策略思维完全不同。以鲜奶与麦片为例，若企业按照产品实体属性建立产品部门，则鲜奶通常被归类为湿货，与饮料类、冷冻食品等放在同一部门；麦片则通常被归为干货，与饼干、罐头等放在同一部门，二者的营销策略彼此独立。但是根据消费者的购买习惯和特性，由于鲜奶与麦片都是早餐的一分子，通常会被一起购买，因此营销策略应一起规划。例如，当鲜奶在做促销活动的时候，麦片就不要做促销，因为前者就能带动后者的销售，反之亦然。若企业能够根据消费者习惯和特性，将高度关联的产品归在同一个产品部门，营销策略规划便能达到事半功倍的效果。

当企业在为旗下大量产品品项建立产品树的时候，建议以消费习惯和特性取代产品实体属性作为分类基础，如图 6-16 所示。例如，书店根据实体属性，将所有书籍区分为各自独立的 28 个类别。倘若书店只考虑书籍的实体属性，不考虑消费者的购买记录，则购买财经类书籍的消费者永远只能获得其他同为财经书籍的产品推荐。然而，若书店根据因素分析的结果，将同属一个购物篮的书籍合并为同一个类别，将大幅提升产品推荐的成功率。根据因素分析的结果，28 类书籍可被分成 9 个篮子；企业可再就同一篮子内的产品细项的购买记录进行因素分析，以此建立产品细项的购物篮，其余以此类推。

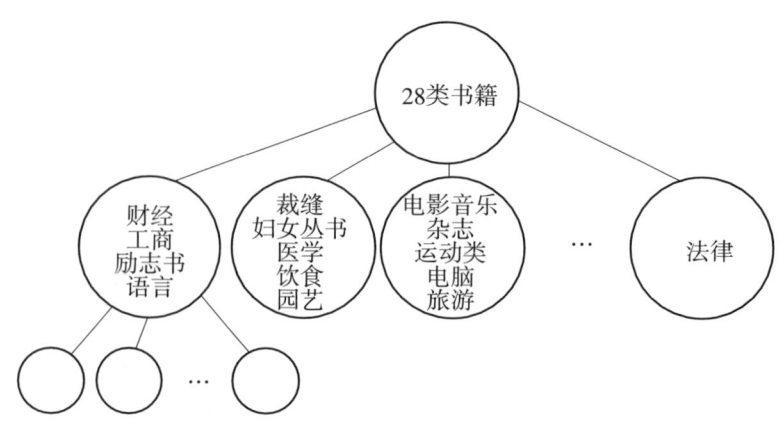

图 6-16　根据因素分析结果建立的产品树

6.7　购物篮策略哲学与衍伸

本章以极大篇幅说明购物篮分析适用的科学方法，如相关系数分析、主成分分析、因素分析等。在根据消费者的购买记录定义出多个购物篮之后，企业又该采用何种策略思维去研究和制定营销策略呢？例如，在百货公司的例子中（参见 6.1.1 节），分析结果显示厨房用品部门跟内衣裤部门有高度相关，属于同一个购物篮。站在百货公司的立场，这两个部门的柜位应该设在同一层楼？还是应该设在相距甚远的两层楼，如一个设在地下室，一个设在五楼？又或者在书店的例子中（参见 6.6.5 节），儿童书跟亲子教育书属于同一个篮子。很明显的，儿童书是给儿童看的，亲子教育书是给父母看的。站在书店的立场，这两类的书籍应该放在同一个展示架上，还是放在两个不同的角落来销售呢？即便是换成购物网站也是一样，两个高度关联的产品应该要呈现在同一个页面上，还是要故意设计一些链接，让消费者点击数个页面之后才能看到另一个高度关联的产品呢？

这个问题的答案，取决于企业想要锁定何种购买特性的消费者作为目标市场。根据消费者行为理论，消费者对于产品的需求可以分为两种类型，实用导向型（utilitarian value seeking）与享乐导向型（hedonic value seeking）。追求实用价值的消费者，购买目的是获得产品或服务本身的功能或效用，提高自己解决问题的能力。因此，购买行为是任务性的、理性的，以及讲求效率的，消费者希望在短时间之内完成这个任务。相反地，追求享乐价值的消费者，讲究的是消费过程所带来的正面情绪，如情感、美感或其他感官上的愉悦，以及幻想的感觉和体验。虽然整个消费过程看似没有效率，但是享乐导向者反而觉得效用很高。

因此，企业需要先去了解旗下每一家店的商圈性质或主要客层的消费特性倾向实用导向型还是享乐导向型。使用购物网站的店家也可以根据消费者在网站的浏览行为来进行判断。有些消费者喜欢快速点击几个网页链接，找到想买的东西后就立即下单；有些则是喜欢在每个网页都停留较长的时间，或者点击较多的网页链接，花费在网页浏览的总体时间就比较长。根据消费者的浏览行为与浏览内容，购物网站可以提供定制化的网页，让消费者一登入网站，就能看到专属的网页内容，以及符合个人购买习惯和特性的网页链接设计。亚马逊书店网站（Amazon.com）已经能够做到为每一位客户提供个人化的网页，并能按照网页浏览记录与产品购买记录，随时更新符合个人兴趣的网页内容，进而拉长网页浏览时间并提高购买概率。

如 6.2.3 节所述，不论使用何种科学方法进行购物篮分析，关键在于一开始投入分析的购买记录，必须来自于同一个细分市场，这样分析结果才有意义。这必须依靠企业对于市场细分理论的了解以及实务经验的积累，才能针对不同实体门店通路或虚拟在线通路的客层进行消费者行为分析，建立适当的细分市场。如果事先没有对消费者所属的细分市场进行判定，一次性地将所有人的购买记录通通丢入购物篮分析，虽然也可以分析出结果，但是运用解析营销策略的时候，就很可能会发生无理可循的情况。市场细分的哲学思维与购物篮分析的科学方法，彼此相辅相成，缺一不可。

本章实操

实操目的：围绕本章所学知识逐一进行实操练习，真正做到理论联系实际。具体包括信度分析、因素分析等。具体可分为以下 2 个实操进行练习。

实操 1：对给定数据做信度分析，以检验是否适合做购物篮分析。

实操 2：对给定数据做因素分析，以找到合适的购物篮，并推荐给最合适的顾客。

第 7 章

透视需求、百步穿杨：新产品推荐系统

面对需求异质性与动态性日益增加的顾客，准确预测个人的购买行为，适时提供有用的信息，如产品推荐、订货提醒等，是企业留住顾客的成功关键。上一章的购物篮分析与本章介绍的联合分析，分别属于两种产品推荐系统，都能提供消费者实时的个人化信息，有助于简化购买决策过程，让顾客感受到贴心的服务，从而强化顾客的品牌忠诚度与利润贡献度。本章的前半部将深入浅出地说明联合分析的基本观念与营销应用。同时，回归分析是联合分析采用的统计方法，另以专节加以说明；本章的后半部则以大数据营销为主，说明联合分析应用于交易大数据时可能会面临的问题，以及提供可行的解决方案。

7.1 两种产品推荐系统

产品推荐系统是落实顾客关系管理的一对一营销决策支持系统，大致可分成两类。其一是合作过滤式推荐系统（collaborative filtering recommendation systems），利用与客户相似的一群人的购买行为或产品评价，对客户进行推荐。其二是内容基础式推荐系统（content-based recommendation systems），根据客户的购买行为或产品评价去反向推估个人对于产品属性水平的重视度与偏好度，又称为个人化偏好结构（individual preference structure），依此对客户进行推荐。

7.1.1 合作过滤式推荐系统

上一章的购物篮分析利用来自同一个细分市场的交易数据，建立多项产品之间的关联结构（如相关系数矩阵、因素分析等）。据此，企业得以根据消费者购买的产品，推荐具高度关联性的其他产品，进行交叉销售。这种根据一群相似消费者的产品偏好去预测个人产品偏好的做法，称为合作过滤式推荐系统。

亚马逊网站（Amazon.com）是善用合作过滤式推荐系统的典范。如第 2 章所述，亚马逊书店的成功之处在于善用消费网提供的信息，多元化地呈现给潜在购买者参考，让产品质量具体化。例如，提供书籍的销售量排名，等同于是由众人的购买记录所产生的一种推荐；提供专业买家及一般消费者对于产品的评价，

第 7 章　透视需求、百步穿杨：新产品推荐系统

如 1～5 颗星的评分。增加很多推荐栏目，如亚马逊书评、月度和年度最佳书籍、名人之选、最佳书籍前 20 名等，给读者有价值的推荐，如图 7-1 所示。

图 7-1　合作过滤式推荐系统：亚马逊网上书店

合作过滤式推荐系统的最大优点是指令周期快，有效运用相似消费者的回馈信息，不必理会每项产品由哪些属性所构成。但是也有两个主要的限制：第一，只有曾经被消费者购买过，存在于交易数据库中的现有产品，才能被纳入合作过滤式推荐系统。很少被购买或从未被购买的产品，如企业刚上市的新产品，因为无法积累足够多的数据用来计算与其他产品之间的关联性，而无法被此种产品推荐系统所使用。第二，根据产品关联性所做的产品推荐，无法反映消费者个人的购买理由。这是因为用来推论产品关联性的统计模型，只关心两两产品被同时购买的发生频率，不必加入任何解释变量去阐释产品关联性的发生原因。例如，Walmart 虽然从交易记录发现啤酒与尿布有高度的关联性，却难以就该结果做进一步的解释。通过后续的问卷调查，Walmart 才知晓啤酒与尿布的购买组合多数是来自于年轻父亲的购买行为。

随着新客户的持续加入与交易数据的不断更新，过去成立的购物篮（如啤酒

与尿布），如今却不一定会成立。由于缺乏因果模型的设定，合作过滤式推荐系统的稳定性及精确性都稍显不足。因此，采用因果模型设定的推荐系统，方有利于根据消费者的购买行为去反向推论个人的偏好结构，也才能够真正去透视消费者的需求，模型预测力才能达到百步穿杨的程度。

7.1.2 内容基础式推荐系统

有别于合作过滤式推荐系统集众人信息预测个人行为的做法，内容基础式推荐系统试图将个人行为与产品特性做一链接，进而了解个人的消费特性。该系统认为，产品的特性愈符合消费者的偏好结构（preference structure），被购买的可能性就愈高。例如，若消费者偏好具有无糖、低咖啡因、美式等特性的咖啡，自然倾向去购买符合这些特性的产品。若能事先预测消费者个人的偏好结构，企业便能投其所好，进行个人化的推荐，以提高产品的购买概率。

具体的产品概念由一组客观的属性构成，每个属性（attribute）可以再细分为几种水平（levels）。究竟要挑选哪些属性水平来解构产品，是内容基础式推荐系统面临的第一个问题。如第3章所述，各项产品在交易数据库中通常是以一个编号或名称的形式存在。为了进一步了解消费者的个人喜好，企业应该按照市场特性，选取适当的属性水平，将每项产品解构为一组虚拟变量，形成一个产品特性编码文件（见表3-3）。选取的属性水平变量最好不要局限在单一产品的特色，而是要广泛地思考不同产品的共同属性有哪些，有利于累积足够的个人交易记录，得到稳定的偏好结构估计值。

第二个问题是，如何衡量或估计消费者的个人化偏好结构。方法大致可以分为两种，自显示偏好法与联合分析法。自显示偏好法（self-explicated approach）是指通过问卷调查，由消费者自行对每个属性水平逐一回答其偏好程度。以包装咖啡调查为例，自显示偏好法采用的李克特量表题项，如图7-2所示。

您在选购包装咖啡时，对于以下产品特性的喜欢程度是？	非常不喜欢	不喜欢	稍微不喜欢	普通	稍微喜欢	喜欢	非常喜欢
甜度为无糖原味		□	□	□	□	□	
甜度为加糖的一般甜度		□	□	□	□	□	
⋮				⋮			
口味为美式咖啡		□	□	□	□	□	

图7-2 衡量个人偏好结构-自显示偏好法

自显示偏好法的数据搜集方式虽然简单，但是有两个主要的限制。其一，每位消费者只有一笔数据，导致个人化偏好结构的稳定性无法被计算，其代表性与预测能力也就让人质疑；其二，消费者在填答的时候将每个题项视为彼此独立，可能全部填答"非常同意"，也可能都填答"非常不同意"。这两种回答都代表受访者对于每个水平的相对偏好程度完全相同，无法充分展现个人的偏好结构。

一个理性的消费者在进行购买决策的时候，对于不同属性水平应该是抱着取舍或权衡（trade-off）的态度。例如，某位消费者虽然不喜欢高价格的包装咖啡，但却非常喜爱拿铁口味。对他来说，高价格的负面效用与拿铁口味的正面效用可以互相弥补，因此高价拿铁咖啡仍可能获得高度评价，而这样的权衡关系却无法通过李克特量表衡量而得。

联合分析（conjoint analysis）是另一种估计个人偏好结构的方法。与自显示偏好法不同的是，联合分析先让受测者看到或感受到完整而具体的产品概念，再就其购买意愿给予评分。然后，将产品概念拆解为一组属性水平的组合，与产品评分进行交叉分析，进而获得个人偏好结构的估计值，概念与内容基础式推荐系统类似。本章主旨在于说明如何通过联合分析建立新产品推荐系统，以及由浅入深地介绍联合分析经常用到的统计方法，如回归分析（regression analysis）与罗吉斯回归（logistic regression）。

7.2 联合分析之概念

根据消费者针对每项产品给予的整体评分，联合分析利用回归分析的统计方法，将整体评分分解（decomposition）为各个属性水平的成分效用值（part-worths）或者偏好分数（preference scores），构成消费者的偏好结构，如消费者的成分效用值、属性相对重要性、理想点等。我们以汽车这项产品为例，简单说明联合分析的应用。

7.2.1 挑选属性与水平

联合分析的首要步骤是挑选足以构成具体产品概念的属性与水平。为了让消费者容易比较产品之间的差异，企业宜选取客观的、容易感受到水平特性的产品属性，避免采用抽象的、水平差异不易辨别的产品属性。例如，某汽车企业欲开发一项新产品，以迎合消费者的需求。经初步研究，汽车可依据五项客观的产品属性来决定产品的型态，如表7-1所示。这些产品属性包括：①车身型式，分为5人座房车与7人座休旅车等两个水平；②品牌，仅讨论Luxgen与Toyota Camry这两个品牌；③天窗，分为无、有等两个水平；④指纹辨识系统，也分为无、有等两个水平；⑤价格，亦即汽车的售价，分为100万美元、125万美元、150万美元、175万美元等四个水平。

表 7 - 1　汽车的属性水平

产品属性	水平 1	水平 2	水平 3	水平 4
车身型式	5 人座房车	7 人座休旅车	—	—
品牌	Luxgen	Toyota Camry	—	—
天窗	无	有		
指纹辨识系统	无	有		
价格	100 万美元	125 万美元	150 万美元	175 万美元

这五项属性及其水平共可构成 2×2×2×2×4＝64 种汽车。如果要求消费者同时对这么多项产品进行整体评估，肯定会因眼花缭乱而造成评分困难。为了减轻消费者评估产品的负担，统计上可以通过正交部分因子设计（orthogonal fractional factorial design），简称为正交设计（orthogonal design），减少需要评估的产品个数。近年来，由 Sawtooth 软件公司（sawtooth software）发展的适应式联合分析（adaptive conjoint analysis，ACA）与选择基础联合分析（choice-based conjoint analysis，CBC），舍弃了同时面对多个产品给予评分的传统做法，而是模拟真实的购买决策情境，让受测者针对少数产品进行成对比较评分或者挑选最想买的产品，目的都是降低受测者的思考负担。

实际上，企业通常将产品的属性水平与使用方法详细写在产品说明书里。以图 7-3 为例，咖啡机的产品说明书提供型号、品名、价格、特色等产品信息，多为文字数据。在构建产品数据库时，企业通常直接输入文字数据供用户查询。然而，文字数据并非数值数据，无法进行统计分析，对于顾客关系管理或大数据营销的贡献也有限。

因此，列举具体的产品特性变量，将产品的文字描述编码为数值数据，是营销分析人员首先要做的事。如第 3 章所述，企业应将旗下产品共有的属性或特色，如品牌来源、制造来源、可煮杯数、烹煮时间等，定义成一组虚拟变量，构成产品特性编码文件。如果产品数据库只是充斥着各项产品的文字说明，缺乏编码后的数值数据，就无法有效运用统计方法产生可靠的预测值，而大数据营销也只能沦为空谈。

第 7 章 透视需求、百步穿杨：新产品推荐系统

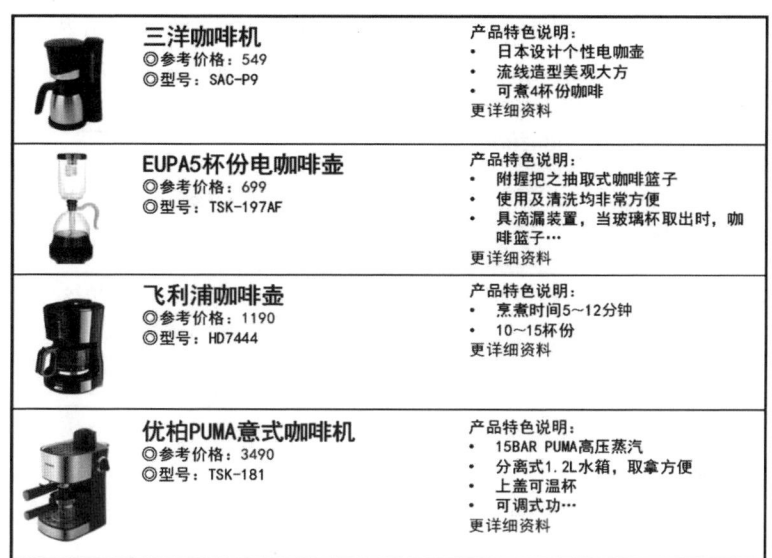

图 7-3 咖啡机的产品特色说明

7.2.2 使用正交设计建立产品轮廓

回到汽车范例，如前所述，表 7-1 列举的产品属性水平共可建立 64 个产品，又称为产品轮廓（profile）。对消费者来说，要同时对这么多产品进行整体评分，是非常大的思考负担。统计上可以通过正交设计来大幅减少需要评估的产品个数。联合分析只关心属性水平对于产品评分的主效果（main effect），即成分效用值；并不考虑属性水平之间的交互效果（interaction effect），因此假设交互效果为 0。联合分析只须选取部分的产品，搜集消费者的评分资料，足以估计成分效用值即可。正交设计应用于只考虑因子主效果的条件下，选取足以估计参数的少数产品轮廓。

SPSS 软件具有正交设计的功能，指令撰写的步骤，如图 7-4 所示。首先，开启 SPSS 软件，点击 File→New→Syntax，进入指令编写窗口。其次，撰写正交设计的指令。其中，五个产品属性被命名为 X_1，X_2，…，X_5。X_1 后面的 "车身型式"，是指属性 X_1 的变量标签是 "车身型式"，以引号括住。车身型式后面的括号内容，是两个水平的代码与定义。例如，1 "5 人座房车" 是指第 1 个水平的定义是 5 人座房车。

值得注意的是，价格的代码建议直接以价格原值表示。例如，"100 ' $ 100 万 '" 是指设定水平代码为 100，也代表价格为 100 万美元。每条指令的最后都要以句点 "." 收尾。最后一条指令是要求将正交设计产生的产品轮廓，以数据

文件"PROFILE. sav"存储在 D 盘。该文件会被 SPSS 的联合分析指令所使用，须保存下来。完成指令编写之后，点击"Run"→"All"，执行正交设计。

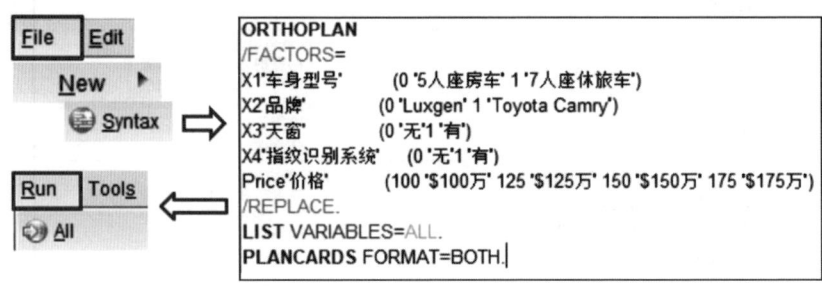

图 7-4　正交设计的 SPSS 指令

经过正交设计，原本的 64 个产品轮廓，大幅减少为 8 个产品轮廓，如表 7-2 所示。例如，轮廓 1（profile 1）是最基本的款式，如车身型式为 5 人座休旅车，品牌是 Luxgen，没有天窗也没有指纹辨识系统，定价为 100 万美元。试想一下，假设你需要购买一部汽车，走入汽车 4S 店后看到表中所列的 8 款汽车，请问你会比较想要购买哪一款？在调查购买意愿的时候，调查员通常会使用数张卡片，写上每件产品的属性水平并附上照片，让受访者通过卡片去体会每项产品的特色。

表 7-2　正交设计产生的 8 个产品轮廓　　　　　　　　　单位：万美元

卡片 ID	车身型式	品牌	天窗	指纹辨识系统	价格
1	5 人座房车	Luxgen	无	无	100
2	7 人座休旅车	Toyota Camry	有	有	100
3	7 人座休旅车	Toyota Camry	无	无	175
4	5 人座房车	Toyota Camry	有	无	150
5	5 人座房车	Toyota Camry	无	无	125
6	7 人座休旅车	Luxgen	有	无	125
7	5 人座房车	Luxgen	有	有	175
8	7 人座休旅车	Luxgen	无	有	150

7.2.3　属性水平与虚拟变量

在进行统计分析之前，原本以文字型式呈现的产品属性水平（如表 7-1），须先编码为虚拟变量（dummy variable）。虚拟变量是指不存在于原始数据的变量,由研究者自行定义,数值只有 0 或 1 两种,又称为二元变量(binary variables)。建立虚拟变量是为了取代质性变量;若质性变量分为 K 组,则须建立(K−1)个虚拟变量取代之。

在汽车范例中,属性水平编码为虚拟变量的结果,如表 7−3 所示。表中,车身型式分为 5 人座房车与 7 人座休旅车两个水平(K=2),只须定义为 2−1 = 1 个虚拟变量,令为 X_1,只有(0,1)两种观察值。为了便于解读分析结果,通常设定 1 代表增值水平,0 代表基础水平。例如,7 人座休旅车比 5 人座房车更有附加价值,就建议设定 X_1 =1 代表 7 人座休旅车,X_1 =0 代表 5 人座房车。除价格之外,其余三个属性亦都分为两个水平,分别以虚拟变量 X_2、X_3、X_4 等取代之。而价格(Price)为量化变量,使用原值即可,不必被编码为虚拟变量。

表 7−3　汽车之属性水平编码表　　　　　　　　　单位:万美元

属性	水平	定义	X_1	X_2	X_3	X_4	价格
车身型式	1	5 人座房车	0				
	2	7 人座休旅车	1				
品牌	1	Luxgen		0			
	2	Toyota Camry		1			
天窗	1	无			0		
	2	有			1		
指纹辨识系统	1	无				0	
	2	有				1	
价格		100~175					100~175

根据编码表,由正交设计产生的 8 个产品轮廓的属性水平编码,如表 7−4 所示。例如,轮廓 1 的特性包括 5 人座房车、无品牌、无天窗、无指纹辨识系统,定价 100 万美元,产品特性编码结果为(0,0,0,0,100)。只要属性水平挑选得当,现有产品与尚未上市的新产品都可被编码为一串(0,1)数据。

表 7−4　产品特性编码:汽车范例　　　　　　　　　单位:万美元

轮廓	X_1	X_2	X_3	X_4	价格
1	0	0	0	0	100
2	1	1	1	1	100
3	1	1	0	0	175
4	0	1	1	0	150

续表 7-4

轮廓	X_1	X_2	X_3	X_4	价格
5	0	1	0	1	125
6	1	0	1	0	125
7	0	0	1	1	175
8	1	0	0	1	150

7.2.4 估计个人化偏好结构

一位理性消费者的产品购买行为，是追求效用极大化的结果；产品带来的效用愈高，消费者的购买意愿愈高。补偿模型（compensatory model）是最常见的效用模型假设，如下所示：

$$Y_m = \sum_{k=1}^{K} \beta_k X_{km} \qquad (7-1)$$

式中，Y_m 为消费者认为第 m 个产品带来的整体效用，$m=1, 2, \cdots, M$；X_{km} 为虚拟变量，指出第 m 个产品是否具备第 k 个属性水平，$k=1, 2, \cdots, K$；β_k 为消费者对于第 k 个属性水平的偏好分数，$(\beta_1, \beta_2, \cdots, \beta_K)$ 即偏好结构。

如式（7-1）所示，补偿模型是一个线性模型，与回归模型类似。模型假设消费者感知到的产品效用，由产品具备的属性水平与消费者的偏好结构之乘积相加而得。这代表即使产品在某项属性上表现不佳，也可能因为在其他属性表现良好而弥补回来。例如，某项产品的价格较为昂贵，但是质量良好；若消费者较不在乎价格，而很重视质量，也会因为该产品的整体效用高，而提升购买概率。

联合分析经常采用补偿模型的假设来估计消费者的偏好结构。通过问卷调查，消费者逐一观察每张卡片代表的产品轮廓，再依其购买意愿给予每件产品一个整体的评分。例如，给予 100 分代表一定会购买，0 分代表一定不会购买。以汽车调查为例，假设第 1 位消费者对于 8 个产品轮廓（见表 7-2）的评分，如表 7-5 所示。其中，产品特性（$X_1, X_2, \cdots$）多为虚拟变量，即（0, 1）数据；而消费者的评分（Y）则介于 0~100 分，代表产品购买意愿。根据补偿模型的假设，不同产品获得的分数高低不一，因为属性水平各不相同；而属性水平对于评分的影响，就是消费者的偏好结构。

表7-5 产品特性与整体评分：第1位消费者　　　　单位：万美元

ID	轮廓	X_1	X_2	X_3	X_4	价格	Y
1	1	0	0	0	0	100	40
	2	1	1	1	1	100	100
	3	1	1	0	0	175	5
	4	0	1	1	0	150	30
	5	0	1	0	1	125	60
	6	1	0	1	0	125	45
	7	0	0	1	1	175	0
	8	1	0	0	1	150	30

回归分析适用于估计消费者的个人偏好结构，通过 Execl 软件即可执行，步骤如图7-5所示。首先，将表7-5的数据格式输入 Excel 窗口。其次，点击上方菜单栏中的"数据"→"数据分析"，找到分析工具箱中的回归功能，再分别输入 Y 变量与 X 变量的数据范围。点击"确认"之后，产生的回归系数估计值，代表消费者个人的偏好结构。

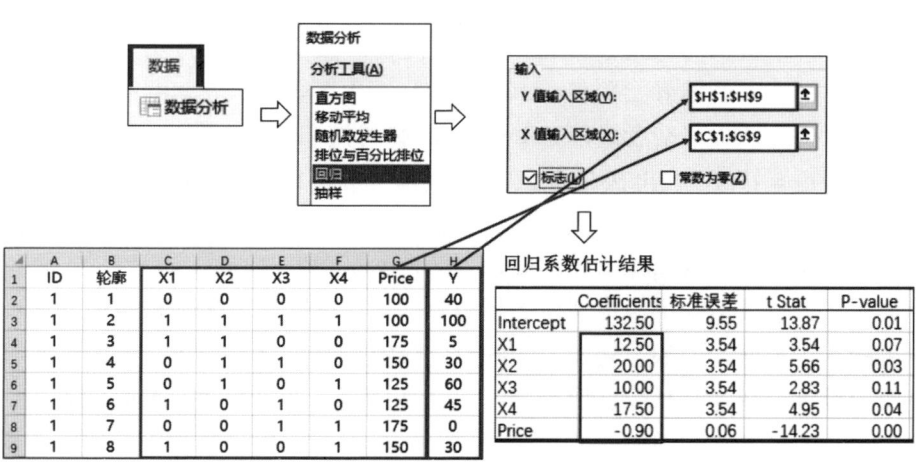

图7-5 Excel 的回归功能与估计结果

根据估计结果，第1位消费者的回归方程式列举如下：
$$Y = 132.5 + 12.5X_1 + 20X_2 + 10X_3 + 17.5X_4 - 0.9\,\text{Price} \quad (7-2)$$
式中，$X_1 \sim X_4$ 为代表属性水平的虚拟变量，Price 为产品价格（以万美元为单位）。前四个变量的回归系数相当于增值水平相对于基础水平的增额效用。价格的回归系数则代表价格每上涨1万美元而产生的增额效用，理论上是负值，代表产品愈贵愈不受消费者的欢迎。

现以车身型式（X_1）为例，说明回归系数的意义。根据式（7-2），在其他条件不变之下，7人座休旅车（$X_1=1$）与5人座房车（$X_1=0$）等两个水平对应的产品评分（Y），如下所示：

当 $X_1 = 1$ 时，$Y = (132.5 + 12.5) + 20X_2 + 10X_3 + 17.5X_4 - 0.9\,\text{Price}$

当 $X_1 = 0$ 时，$Y = 132.5 + 20X_2 + 10X_3 + 17.5X_4 - 0.9\,\text{Price}$ （7-3）

将以上两式做一比较，就会发现这位消费者给予车身型式为7人座休旅车的分数，高于5人座房车有12.5分之多。换句话说，个人偏好7人座休旅车胜于5人座房车。

回归方程式中的各项系数大小（如图7-4），代表该消费者的偏好结构，即消费者对于不同属性水平的相对偏好程度。以最简单的产品型式（如轮廓1）为基准，第1位消费者的偏好结构可解读如下：

当车身型式由5人座房车换成7人座休旅车时，该消费者的偏好增强12.5分；

当品牌由 Luxgen 换成 Toyota Camry 时，该消费者的偏好增强20分；

有了天窗的功能之后，该消费者的偏好增强10分；

有了指纹辨识系统之后，该消费者的偏好增强17.5分；

当产品售价由100万美元上涨到125万美元时，该消费者的偏好降低22.5分。

其中，由于价格的回归系数是-0.9，代表产品价格由100万美元涨到125万美元时，消费者的偏好会降低（125-100）×0.9=22.5分。由系数估计值的大小顺序可知，该位消费者最偏好 Luxgen 品牌的汽车（$b_2=20$），其次是有指纹辨识系统（$b_4=17.5$），再次是7人座休旅车（$b_1=12.5$），最不在乎的是天窗（$b_3=10$）。然而，只要价格上涨25万美元（$b_{p=100 \to p=125} = -22.5$），这些增值水平带来的效用都会被抵消掉，代表消费者的价格敏感度颇高。

回归系数估计值除了呈现消费者的偏好结构之外，亦可用来预测消费者对于新产品的购买意愿。例如，表7-1的产品属性水平共可建立64个汽车产品，但通过正交设计，企业只从中选取8个产品（如同现有产品）进行问卷调查与回归分析。余下未被纳入问卷调查的56个产品（如同新产品），虽然没有实际获得评分数据，但只要将各项产品的属性水平编码，代入个人回归式，如式（7-2），就能预测消费者对于这些新产品的评分了。

7.3 联合分析之营销应用

在营销学术界中，联合分析是一门独立且重要的学科门类。随着消费者行为与营销大数据的发展日趋复杂，联合分析采用的统计模型亦精益求精，务求产生精确的预测，回归分析只是最基本的方法。不管采用何种统计模型，联合分析在营销上的应用都是一样的，包括挑选目标客户、计算品牌权益、推荐新产品、最优定价策略等。

7.3.1 挑选目标客户

若企业能够估计出每一位客户的个人偏好结构，就能精准地挑选目标客户，真正落实一对一营销。假设甲、乙、丙三位客户的偏好结构估计结果如图7-6所示，价格的回归系数与价格敏感度（price sensitivity）的概念类似，能够反映出客户是否在乎价格。例如，当产品价格由100万美元上涨为175万美元时，客户乙的产品偏好只有微幅下降0.75分，显现其极不在乎价格的涨跌，价格敏感度很低；客户丙的产品偏好却会巨幅降低217.5分，代表非常在乎价格的变化，价格敏感度很高。

```
                                        价格敏感度
客户甲的偏好结构：
Y=133+13*X1+20*X2+10*X3+18*X4−0.9*Price
当价格从100万美元增加为175万美元时，这位客户的偏
好(Y)就会大幅降低75*(−0.9)=67.5分。
─────────────────────────────────────────
客户乙的偏好结构：
Y=133+13*X1+20*X2+10*X3+18*X4−0.01*Price
当价格从100万美元增加为175万美元时，这位客户的偏
好(Y)就会大幅降低75*(−0.01)=0.75分。
─────────────────────────────────────────
客户丙的偏好结构：
Y=133+13*X1+20*X2+10*X3+18*X4−2.9*Price
当价格从100万美元增加为175万美元时，这位客户的偏
好(Y)会巨幅降低75*(−2.9)=217.5分。
```

图7-6 三位客户的偏好结构与价格敏感度

若甲、乙、丙三位客户恰好代表企业面对的三个客群，则当企业想要通过促销来提升销售量时，应该锁定哪一群客户进行促销呢？对于价格敏感度最低的客户乙，企业其实不必提供促销优惠，只需象征性地提供95折的优惠券即可。相反的，针对价格敏感度最高的客户丙，企业若能提供8折甚至是7折的优惠券，就能大幅提高这群消费者的购买意愿。针对不同群体的客户，提供不同折扣幅度的折价，除了起到差别定价（price discrimination）的效果之外，客户也会因为收到自己感兴趣、符合自己需求的优惠券，产生只有自己才拥有此优惠的尊荣感。

联合分析的观念亦可应用于大数据营销，如根据客户个人的交易记录去估计

个人的偏好结构（请参考7.5节的说明）。如果以问卷调查进行资料搜集，营销人员也许会担心消费者的想法是一回事，实际购买又是另外一回事。交易记录则是实实在在发生过的购买行为，能够真实地彰显出客户的异质性。假设根据客户的交易记录，联合分析获得的个人偏好结构如表7-6所示。这张表就是营销人员在面对各种不同的营销活动时，挑选目标客户名单的最佳根据。

表7-6 个人的偏好结构估计值

客户	汽车的属性水平				
	车身型式（X_1）	品牌（X_2）	天窗（X_3）	指纹辨识（X_4）	价格（Price）
Joe E.	0.27	22.52	74.66	30.91	-1.1276
Mary S.	17.16	13.88	21.88	41.76	-0.5494
Shirley G.	18.69	23.65	3.66	8.63	-2.0172
Jan A.	11.52	8.51	49.20	22.20	-0.6148
Edward B.	3.53	12.26	51.70	15.84	-0.0021
Richard Y.	16.41	36.05	44.11	59.95	-0.4550
Susan A.	44.87	54.09	20.54	45.37	-2.2398
Heather P.	5.34	43.03	26.23	51.51	-1.2196
Mike T.	74.09	23.83	41.44	31.71	-0.9127
Bill W.	28.18	16.27	78.42	11.30	-0.7136
Gail L.	12.04	7.94	23.66	20.38	-0.3632
Alan B.	26.68	32.41	16.12	20.22	-4.7636
Joe W.	20.38	3.59	34.14	32.81	-1.1439
Alice D.	17.90	24.74	31.86	37.05	-0.0216
Tom M.	24.27	4.02	77.29	34.48	-0.1692

数据源：虚拟的客户行为数据分析结果。

例如，将所有客户的价格敏感度由小到大排序之后，绘制成次数分布图，如图7-7所示。按照价格敏感度的高低，客户被分成两群。排序在前有较大负值的客户，属于高价格敏感度细分群体，比较在乎价格，是企业寄送优惠券的最佳对象。

第 7 章　透视需求、百步穿杨：新产品推荐系统

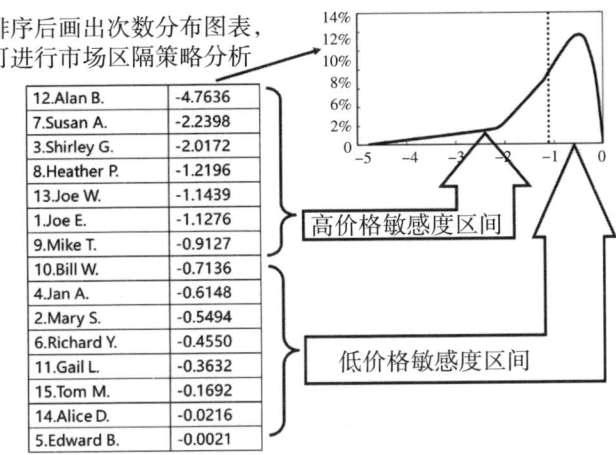

图 7-7　价格敏感度的次数分布图

而排序在后负值较小的客户，属于低价格敏感度细分群体，这群人不在乎价格，寄送优惠券反而可能会引发其便宜没好货的疑虑。因此，企业只须将促销活动信息发送给目标客群（如高价格敏感度细分群体），不必发给所有会员，这样既可避免浪费资源，也可避免非目标客户（如低价格敏感度细分群体）产生不良印象。

同理，若企业推出一款新产品，强调品牌是 Toyota Camry，又该锁定哪些客户作为目标客群呢？传统的做法是先通过问卷调查，搜集消费者对于数个产品轮廓的评分数据，再使用联合分析估计个人的偏好结构。然后，将受访者按照 Toyota Camry 相对于 Luxgen 的成分效用值由高到低排序，位于前 20% 的受访者就可视为目标客群，如图 7-8 所示。然而，通过问卷调查获得的仅是样本数据，受访者人数仅有数百名，最多到上千名；经筛选后被锁定为目标客群的 20% 受访者只有 100 多人，显然并非目标市场的全部，而只是其中的一部分。

姓名	值
7.Susan A.	54.09
8.Heather P.	43.03
6.Richard Y.	36.05
12.Alan B.	32.41
14.Alice D.	24.74
9.Mike T.	23.83
3.Shirley G.	23.65
1.Joe E.	22.52
10.Bill W.	16.27
2.Mary S.	13.88
5.Edward B.	12.26
4.Jan A.	8.51
11.Gail L.	7.94
15.Tom M.	4.02
13.Joe W.	3.95

偏好估计值的 TOP 20% 为主要目标客群

· 传统营销的做法？
· 资料库营销的做法？

图 7-8　强调品牌是 Toyota Camry 的目标客户群

为了有效接触全体目标客群，企业有必要使用一些可衡量性的变量，去描述目标客群的具体特征，这被称为细分轮廓（segment profile）。人口统计、收入、生活型态、心理统计、社会经济地位等都是常用的轮廓变量。将市场细分与轮廓变量进行交叉分析，再根据二者的关系去描述每个细分的轮廓。细分轮廓的信息有助于营销人员在茫茫人海中找到可能属于目标客群的消费者，并且发挥想象制定出更贴近细分特性的营销策略。

举个例子，我们曾经对一个矿泉水品牌进行市场调查，想知道消费者对于矿泉水添加水果口味的看法。联合分析的结果显示，大多数受访者在添加水果口味选项上的回归系数都是负值，代表这些人认为矿泉水就应该是纯净的水，不想喝到其他添加口味。话虽如此，样本中仍有5%的受访者对于添加水果口味的偏好是正面的。样本人数的5%虽然很少，但全体市场的5%就是一个值得开发的利基市场。问题在于，企业要如何在市场上找到这5%的消费者，向他们推荐水果口味的矿泉水呢？此时就有必要使用一些人口统计变量来描述目标客群的特征。在经过交叉分析之后，结果发现样本中5%偏好添加水果口味的这群人，几乎全部都是高中女生。目标客群有了明确的特征之后，企业就比较容易研拟营销企划，新产品也就值得开发了。

如果以交易数据库进行联合分析而获得每位客户的偏好结构估计值，又该如何锁定目标客群呢？假设企业旗下有10万名客户，若能估计出每位客户对于Toyota Camry相对于Luxgen的偏好分数，就能够挑选排序前20%的客户（约2万人）作为Toyota Camry的目标客群。每位客户在加入会员之初，都已留下个人的联系信息，如电话、电子邮件、住址等。因此，只要能够列出目标客户名单，企业就能直接发送新产品信息给这群人，进行一对一营销。所以，企业根本不必在意目标客群的具体特征是什么，细分轮廓分析对于一对一营销没有太大的意义。

7.3.2 愿付价格分析

产品的属性水平因为能够影响或改善消费者的日常生活，从而提供产品价值。将属性水平提供的价值予以量化，有助于讨论不同属性之间的权衡或抵换关系。权衡分析（tradeoff analysis）探讨在维持产品效用不变的条件下，某一属性水平的变化造成的效用增加，可以弥补另一属性水平的变化造成效用减少的程度。权衡分析最常应用于探讨属性水平的愿付价格。例如，某一属性从基本水平转换为增值水平所增加的产品效用，可以弥补因为价格上升造成的效用减少的幅度。

假设第1位消费者的偏好结构的回归方程式如图7-9所示。为便于计算愿付价格，此处将价格的回归系数进位成-1。由图可知，对于第1位消费者而言，若品牌由 Luxgen 换成 Toyota Camry，则会使产品效用增加 20 分（$Y\uparrow20$），足以弥补价格上涨 20 万美元（$P\uparrow20$）造成的效用下降（$Y\downarrow20$）。换言之，在其他条件相同情况之下，这名消费者会愿意多付 20 万美元购买 Toyota Camry。反过来说，Luxgen 要降价 20 万美元，这名消费者才有可能从 Toyota Camry 转换过来购买 Luxgen。消费者对于这两个品牌的愿付价格差距，显示出这个人对于 Toyota Camry 相对于 Luxgen 所感知到的品牌权益或品牌价值。

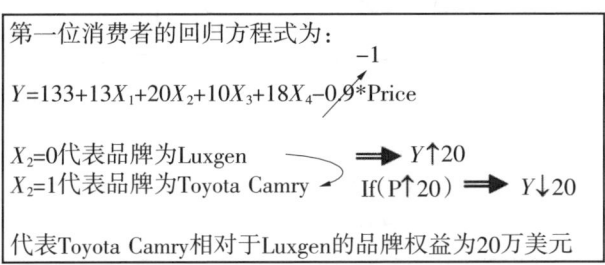

图 7-9　使用权衡分析计算相对品牌权益

同理，使用权衡分析可以计算出每位客户对于 Toyota Camry 相对于 Luxgen 的愿付价格差距，也就是两个品牌的相对品牌权益。根据权衡分析，由某一属性水平转换成另一属性水平的愿付价格计算公式如下所示：

$$愿付价格 = -\frac{两个水准之效用差距}{价格系数} = -\frac{\beta_k}{\beta_{Price}} \quad (7-4)$$

如式（7-4）所示，消费者愿意多付的价格，相当于这个人对两个水平的相对偏好除以这个人的价格敏感度的结果。以相对品牌权益为例，若消费者对 Toyota Camry 相对于 Luxgen 的偏好愈高，或价格敏感度愈低，则感知到的相对品牌权益愈高，计算结果如图 7-10 所示。

由图可知，每位客户都认为 Toyota Camry 的品牌价值高于 Luxgen，尤其以 Edward B. 这位客户为最。虽然这个人对于 Toyota Camry 相对于 Luxgen 的偏好并不是最高，但是他有最低的价格敏感度，即最不在乎价格，所以愿意付出最高金额使汽车品牌从 Luxgen 转换成 Toyota Camry。因人而异的品牌权益经相加之后，结果可用来推论整体市场的品牌价值，也就是整个市场认为 Toyota Camry 相对于 Luxgen 高出的品牌价值。

个人化的相对品牌权益亦可作为不同品牌锁定目标客群之用。图 7-10 中，所有客户按照相对品牌权益由高到低进行排序。其中，排序在前 20% 的客户，可视为 Toyota Camry 的目标客群，因为这群人感知到的 Toyota Camry 品牌价值远高于其他客户。相反，排序在后 20% 的客户，也可被视为是 Luxgen 的目标客群。虽然这群人也认为 Luxgen 的品牌价值小于 Toyota Camry，但他们觉得这两个品牌的价值差距最小，相对上也比较容易被 Luxgen 的营销策略所说服。

排名顺序	客户	Camry系数(1)	价格系数(2)	Camry相对品牌权益 =(1)/(2)（万元）	
1	5. Edward B.	12.26	-0.0021	5838.10	
2	14. Alice D.	24.74	-0.0216	1145.37	
3	6. Richard Y.	36.05	-0.4550	79.23	
4	8. Heather P.	43.03	-1.2196	35.28	
5	9. Mike T.	23.83	-0.9127	26.11	
6	2. Mary S.	13.88	-0.5494	25.26	
7	7. Susan A.	54.09	-2.2398	24.15	（1）品牌权益因人而异。
8	15. Tom M.	4.02	-0.1692	23.76	（2）加总之后，可推论整体市场的品牌价值。
9	10. Bill W.	16.27	-0.7136	22.80	
10	11. Gail L.	7.94	-0.3632	21.86	
11	1. Joe E.	22.52	-1.1276	19.97	
⋮					
997	4. Jan A.	8.51	-0.6148	13.84	
998	3. Shirley G.	23.65	-2.0172	11.72	Luxgen的目标客群。
999	12. Alan B.	32.41	-4.7636	6.80	
1000	13. Joe W.	3.59	-1.1539	3.14	

图 7-10　个人化的相对品牌权益

7.3.3　预测产品的购买概率

消费者的个人偏好结构可以作为产品推荐系统挑选产品的依据，运作程序如下。首先，使用一组被定义好的虚拟变量，将每件产品编码为一组（0，1）数据。例如，根据表 7-4 的编码表，第 6 号产品型号（以下简称产品 6）可被编码为（1，0，1，0，125），如图 7-11 所示。其次，将产品的编码数据代入消费者的个人回归式，计算产品偏好分数。将偏好分数除以满分 100，就可视为消费者购买该产品的概率值。例如，根据第 1 位消费者的回归式，可计算出产品 6 的购买概率为 0.425。同理，将所有产品的编码数据逐一代入回归式，就能计算出这个人对于各项产品的购买概率，而概率最高的前几项产品就是产品推荐系统提出的个人推荐列表。

根据个人回归式去预测每位客户对特定产品的偏好分数，亦有助于为该产品挑选目标客群。例如，将产品 6 的编码数据代入所有客户的个人回归式之后，计算而得的偏好分数（$\hat{Y}$），如表 7-7 所示。表中，客户按照预测值由高到低排序之后，就可锁定排名为前 20% 者为目标客户，进行一对一营销。值得注意的是，由个人回归式计算出来的分数，适合作为排序的依据，却不必过于在意其绝对意义。例如，即使排序第 1 的客户的预测值只有 20 分，代表购买概率仅有 0.2，看起来好像不太可能购买；但是相对来说这位客户还是所有人当中最可能会购买这项产品的人，也是最值得做产品推荐的对象。

产品型号	车身型式	品牌	天窗	指纹辨识	价格
6	7人座休旅车	Luxgen	有	无	125万美元

↓编码

产品型号	X_1	X_2	X_3	X_4	Price
6	1	0	1	0	125

第1位消费者对该产品的购买意愿为:

$\hat{Y} = 132.5 + 12.5X_1 + 20X_2 + 10X_3 + 17.5X_4 - 0.9 \text{Price}$

$= 132.5 + 12.5 \times 1 + 20 \times 0 + 10 \times 1 + 17.5 \times 0 - 0.9 \times 125 = 42.5$

因此,这位消费者购买产品6的概率是0.425。

图7-11 第1位消费者对于特定产品的购买概率

表7-7 所有客户对产品6的偏好分数预测值

排名	客户	$\hat{Y}$
1	7. Susan A.	89
2	8. Heather P.	75
3	6. Richard Y.	74
4	12. Alan B.	73
5	14. Alice D.	73
6	9. Mike T.	71
7	3. Shirley G.	70
8	1. Joe E.	69
9	10. Bill W.	60
10	2. Mary S.	57
11	5. Edward B.	56
⋮	⋮	⋮
99 997	4. Jan A.	31
99 998	11. Gail L.	27
99 999	15. Tom M.	20
100 000	13. Joe W.	13

7.3.4 最优定价分析

一个好的价格,不仅要能吸引消费者购买,还要能够兼顾到公司的利润。因此,价格制定除了要考虑消费者的购买意愿之外,也要追求利润极大化。一项产品的预期利润,如下所示:

$$预期利润 = 购买概率 \times (价格 - 成本) \tag{7-5}$$

式中,单位价格与生产成本的差距就是产品的单位利润,再乘产品的购买概率,就成为该产品的预期利润。其中,购买概率是需求量的概念,定义为产品评分除以满分的比值。以第一位消费者为例,将产品 6 的特性编码 (1, 0, 1, 0) 代入个人回归式,得到的购买概率是价格的函数,如下所示:

$$\hat{Y}/100 = (132.5 + 12.5(1) + 20(0) + 10(1) + 17.5(0) - 0.9 \text{ Price})/100$$
$$= (155 - 0.9 \text{ Price})/100 \tag{7-6}$$

由式(7-6)可知,购买概率与价格呈反向关系,符合需求准则。现假设产品 6 的单位生产成本为 65 万美元,则根据式(7-4),利润函数如下所示:

$$预期利润 = (155 - 0.9 \text{ Price})/100 \times (\text{Price} - 65)$$
$$= [-0.9(\text{Price})^2 + 213.5\text{Price} - 10075]/100 \tag{7-7}$$

由式(7-7)可知,对第一位消费者而言,产品 6 的预期利润是价格的二次函数,随着价格的递增,预期利润呈现先上升后下降的走势,如图 7-12 所示。当价格较低的时候,虽然购买概率较高,但是单位利润较薄,因此预期利润低;随着价格的增加,单位利润虽然也随之增加,但购买概率也跟着降低,因此预期利润随之增加的程度愈来愈趋缓,直到增加停滞,预期利润才来到最高点。

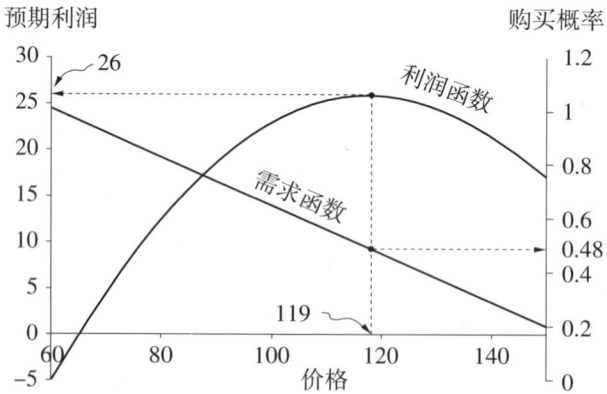

图 7-12 第一位消费者对产品 6 的利润函数与需求函数

预期利润随价格变化的程度,相当于利润函数对价格一阶微分的结果。令一阶微分等于 0,即可求解利润极大化条件下的最优价格,如下所示:

$$\frac{\partial 利润}{\partial \text{Price}} = (-2 \times 0.9\text{Price} + 213.5)/100 = 0$$

$$\Rightarrow 最优价格\ \text{Price} = 213.5/1.8 \approx 119 \tag{7-8}$$

换言之,对第一位消费者而言,将产品6的价格定在119万美元,预测利润就会达到最大,计算结果如下所示:

$$利润 = \hat{Y}/100 \times (\text{Price} - \text{Cost})$$

$$= (155 - 0.9 \times 119)/100 \times (119 - 65) \approx 26(万美元) \tag{7-9}$$

不过,任何的预测都必须考虑不确定性因素,即所谓的风险。统计的好处就在于可以根据样本数据的变异程度,去评估预测值的可能范围,也就是所谓的置信区间(confidence interval)或预测区间(prediction interval)。这些较复杂的计算,于下一节的回归分析说明。

7.4 回归分析

所有统计模型的目的,都是帮助决策者做预测。若预测的对象可以被数量化,则回归分析(regression analysis)是最常被使用的统计方法。回归分析之目的在于探讨单一量化反应变量(quantitative response variable,以Y表示)与多个量化解释变量(quantitative explanatory variables,以X表示)的关系,回归模式如下所示:

$$Y = \alpha + \beta_1 X_1 + \beta_2 X_2 + \cdots + \beta_K X_K + \varepsilon \tag{7-10}$$

式中,Y为单一量化反应变量;X_1,X_2,…,X_K为K个量化解释变量;α为截距项(intercept);β_1,β_2,…,β_K为K个斜率项(slope),分别代表X_K每变动一单位,Y平均随之变动的单位数;ε为误差项,即无法被X解释的部分,亦称为预测误差。

其中,反应变量(Y)通常是绩效变量,如学生的考试成绩、消费者的购买意愿、产品的销售量、厂商的获利情形等。解释变量(X)则是理论上可能会造成反应变量产生变化的决策变量或环境变量,如学生的读书时间、消费者的特质、产品的属性水平、厂商的营销预算等。截距项(α)与斜率项(β)统称为回归系数(regression coefficients),统计上视为未知且固定的母体参数(parameters),须借助样本数据的计算,得到参数估计值。

对于决策者来说,反应变量(Y)是想要预测的对象,解释变量(X)则是事先可以控制的已知数值。若要根据回归模式获得预测值,则必须先得到回归系数的估计值。以下通过一些简单的模型假设,说明如何建立参数估计。

7.4.1 基本模型：无解释变量

最简单的统计模型是假设反应变量（Y）与所有解释变量都没有关系，即假设式（7-10）中的斜率项（β_1，β_2，…，β_K）都为0，使得回归模式简化如下：

$$y_i = \mu + \varepsilon_i \quad (7-11)$$

由式（7-11）可知，在所有斜率项都为0的假设下，截距项（α）就相当于是母体平均数（μ）。此时，每个人的预测值都为μ，误差项（ε_i）则代表预测误差，即观察值（y_i）与预测值（μ）的差距。由于预测值μ是一个未知参数，须根据样本数据进行估计。

例如，某老师想要预测学生的考试分数，随机抽取n位学生作为样本，考试分数整理如表7-8所示。由样本数据所产生的预测值，与观察值之间的预测误差应该愈小愈好。由于预测误差有正有负，相加后会相互抵消，因此不宜用来评估模型的预测能力。常见的配适度指标是将预测误差先平方后再相加，称为误差平方和（sum of square for error，SSE），如下所示：

表7-8 考试成绩的数据格式：无解释变量

ID	Y_i
1	y_1
2	y_2
⋮	⋮
i	y_i
⋮	⋮
n	y_n

$$\text{SSE} = \sum_{i=1}^{n} \varepsilon_i^2 = \sum_{i=1}^{n}(y_i - \mu)^2$$

$$= \sum_{i=1}^{n} y_i^2 - 2\mu \sum_{i=1}^{n} y_i + n\mu^2 \quad (7-12)$$

其中，预测值（μ）是未知的参数，而最佳的样本估计量应能使SSE达到最小化。据此，令SSE对μ的一阶微分等于0，样本估计量（$\hat{\mu}$）推导如下：

$$\frac{\partial \text{SSE}}{\partial \mu} = -2\sum_{i=1}^{n} y_i + 2n = 0$$

$$\Rightarrow \hat{\mu} = \frac{\sum_{i=1}^{n} y_i}{n} = \bar{y} \quad (7-13)$$

第 7 章 透视需求、百步穿杨：新产品推荐系统

该推导过程被称为普通最小平方法（ordinary least square，OLS）。推导结果显示，母体平均数的最佳估计量就是样本平均数（$\bar{y}$），又称为 OLS 估计量。举个例子，假设样本由 20 位学生构成，其中有 15 个人的成绩是 80 分，有 5 个人是 70 分。当某位学生走进班上，你猜他会考几分？也许是 80 分，因为 80 分是众数；也许是 76 分，因为有 5 个人拉低成绩，但到底要以哪一个分数作为预测值才能获得较小的预测误差？

由式（7-12）的推导可知，以样本平均数 77.5 分（=（80×15+70×5)/20）去预测 20 位学生的成绩，预测误差才会达到最小。虽然 77.5 分与 76 分看起来好像差异很小，但如果用来预测一千名甚至是一万名学生的分数，产生的误差平方和就会很大了。换句话说，差之毫厘的预测值，其实很可能会造成失之千里的预测误差。因此，预测要精准，不宜存着差不多的心态。

7.4.2 简单回归：只有一个解释变量

若回归模型中只有一个解释变量，则称为简单回归模型（simple regression Model），如下所示：

$$y_i = \alpha + \beta x_i + \varepsilon_i \tag{7-14}$$

该模型假设反应变量（Y）只受到一个解释变量（X）的影响。在已知解释变量的观察值（x_i）的条件下，反应变量的预测值得以因人而异，即 $\hat{y_i} = (\alpha + \beta x_i)$，因此预测能力显然比基本模型来得好。以学生的考试分数（Y）为例，假设性别（X）是影响因素，样本数据整理如表 7-9 所示。由于性别是质性变量，须先编码为虚拟变量，才能放入回归模型之中。

表 7-9 考试成绩的数据格式：性别为解释变量

ID	Y	X
1	y_1	x_1
2	y_2	x_2
⋮	⋮	⋮
i	y_i	x_i
⋮	⋮	⋮
n	y_n	x_n

现设定 $x_i = 1$ 代表男生，$x_i = 0$ 代表女生，则式（7-14）的回归模型可拆解成两个式子，如下所示：

$$当\ x_i = 1\ 时, y_i = (\alpha + \beta) + \varepsilon_i = \mu_{男} + \varepsilon_i$$

当 $x_i = 0$ 时，$y_i = \alpha + \varepsilon_i = \mu_{女} + \varepsilon_i$ （7 – 15）

由上式可知，女生成绩的预测值为 α，男生成绩的预测值则为（$\alpha + \beta$），因此斜率项（β）相当于男生平均数与女生平均数的差距，即 $\beta = \mu_{男} - \mu_{女}$。若 $\beta > 0$，则代表男生平均成绩高于女生，$\beta < 0$ 则代表男生平均成绩低于女生。

现使用最小平方法来推导回归系数（α，β）的样本估计量。简单回归模型的误差平方和（SSE），如下所示：

$$SSE = \sum_{i=1}^{n} \varepsilon_i^2 = \sum_{i=1}^{n} (y_i - \alpha - \beta x_i)^2$$

$$= \sum_{i=1}^{n} (y_i^2 + \alpha^2 + \beta^2 x_i^2 - 2\alpha y_i - 2\beta x_i y_i + 2\alpha\beta x_i)$$

$$= \sum_{i=1}^{n} y_i^2 + n\alpha^2 + \beta^2 \sum_{i=1}^{n} x_i^2$$

$$- 2\alpha \sum_{i=1}^{n} y_i - 2\beta \sum_{i=1}^{n} x_i y_i + 2\alpha\beta \sum_{i=1}^{n} x_i \quad (7-16)$$

令 SSE 分别对 α、β 的一阶微分等于 0，就能推导出样本估计量。首先，令 SSE 对 α 的一阶微分等于 0，推导如下：

$$\frac{\partial SSE}{\partial \alpha} = 2n\alpha - 2\sum_{i=1}^{n} y_i + 2\beta \sum_{i=1}^{n} x_i = 0$$

$$\Rightarrow \hat{\alpha} = \frac{\sum_{i=1}^{n} y_i}{n} - \beta \frac{\sum_{i=1}^{n} x_i}{n} = \bar{y} - \beta \bar{x} \quad (7-17)$$

其次，令 SSE 对 β 的一阶微分等于 0，推导如下：

$$\frac{\partial SSE}{\partial \beta} = 2\beta \sum_{i=1}^{n} x_i^2 - 2\sum_{i=1}^{n} x_i y_i + 2\alpha \sum_{i=1}^{n} x_i = 0$$

$$\Rightarrow \beta \sum_{i=1}^{n} x_i^2 - \sum_{i=1}^{n} x_i y_i + (\bar{y} - \beta \bar{x}) \sum_{i=1}^{n} x_i = 0$$

$$\Rightarrow \beta \left(\sum_{i=1}^{n} x_i^2 - n\bar{x}^2\right) = \sum_{i=1}^{n} x_i y_i - n\bar{x}\bar{y}$$

$$\Rightarrow \hat{\beta} = \frac{\sum_{i=1}^{n} x_i y_i - n\bar{x}\bar{y}}{\sum_{i=1}^{n} x_i^2 - n\bar{x}^2} \quad (7-18)$$

由式（7 – 18）可知，将样本观察值（x_i，y_i）相乘与相加之后，就可计算出估计量 $\hat{\beta}$，再代入式（7 – 16），就可计算出估计量 $\hat{\alpha}$。因此，在已知个人的 x_i 值的条件下，所产生的预测值为 $\hat{y}_i = \hat{\alpha} + \hat{\beta} x_i$，会使得误差平方和达到最小值。

7.4.3 模型的预测能力

回归分析通过模型的建立,将反应变量(Y)的总变异拆解为可解释变异与不可解释变异两个部分。其中,总变异又称为总平方和(sum of square for total,SST),是指在模型没有引入任何解释变量的情况下,如式(7-11),只能以样本平均数($\bar{y}$)为预测值,因而造成的预测误差平方和,如下所示:

$$\text{SST} = \sum_{i=1}^{n}(y_i - \bar{y})^2 \qquad (7-19)$$

其次,不可解释变异又称为误差平方和(sum of square due to error,SSE),是指当模型引入解释变量之后,如式(7-14),总变异中仍然无法被样本预测值($\hat{y}_i$)所解释的部分,如下所示:

$$\text{SSE} = \sum_{i=1}^{n}(y_i - \hat{y}_i)^2 \qquad (7-20)$$

最后,可解释变异又称为回归平方和(sum of square due to regression,SSR),是指总变异可以被解释变量所解释的部分,亦即样本预测值($\hat{y}_i$)与样本平均数($\bar{y}$)之间的差异平方和,如下所示:

$$\text{SSR} = \sum_{i=1}^{n}(\hat{y}_i - \bar{y})^2 \qquad (7-21)$$

在给定一组样本数据($y_1, y_2, \cdots y_n$)的条件下,总变异(SST)是一个固定值,而 SSR 与 SSE 则是此消彼长的关系,二者的大小取决于模型设定。一般来说,模型引入的解释变量个数愈多,SSR 就会愈高,代表模型的预测能力愈佳。三个平方和之间的关系如下所示:

$$\text{SST} = \text{SSR} + \text{SSE} \qquad (7-22)$$

另一方面,在给定一组解释变量的条件下,由不同样本数据计算出来的 SST 与 SSR 都不相同,须正规化后才能进行比较。判定系数(coefficient of determination)又称为 R-Square(R^2),定义为 SSR 相对于 SST 的比值,代表可解释变异占总变异的百分比,如下所示:

$$R^2 = \text{SSR}/\text{SST} \qquad (7-23)$$

判定系数(R^2)是用来评估回归模型预测能力的指标。以汽车调查为例,第一位消费者的评分数据通过回归分析而产生的变异数分析表(ANOVA table),如图 7-13 所示。由图可知,R^2 值高达 0.99,代表这位消费者给予 8 个产品轮廓高低不一的分数,其中有高达 99% 的变异可以被加入模型的属性水平所解释,代表这位消费者的偏好结构非常稳定,可预测性极高。

回归统计	
R 的倍数	0.99644
R 平方	0.9929
调整的 R 平方	0.97513
标准误	5
观察值个数	8

ANOVA

	自由度	SS	MS	F	显著值
回归（Regression）	5	6987.5	1397.5	55.9	0.01767
残差（Erron）	2	50	25		
总和（Total）	7	7037.5			

图 7-13　模型配适度指标：以第一位消费者为例

反过来说，假设另外有一位消费者的评分数据，使用相同的模型设定进行回归分析，却获得 $R^2=0.3$ 的结果，那又代表什么意思呢？这代表联合分析挑选的属性水平，如 5 人座房车或 7 人座休旅车、Luxgen 或 Toyota Camry 等，对于这位消费者的购买意愿只能解释其中约 30% 的变异。若大部分消费者的 R^2 值都偏低，则代表联合分析应重新更换一组属性水平以提高模型的预测力。

7.4.4　置信区间

在 7.3.4 节中，最优定价分析采用消费者的产品评分函数来建立利润函数，进而推导在利润极大化下的最优定价。然而，推导过程中仅考虑到产品评分的估计值（$\hat{y_i}$），而忽略了任何预测都必须考虑到的不确定性，即所谓的风险。如上一节所述，判定系数的大小是用来评估回归模型预测能力的指标；判定系数愈大，代表回归模型解释数据的能力愈佳，提供的预测值（$\hat{y_i}$）愈准确，管理人员的决策风险愈低。有别于点估计（point estimate）只能提供单一数值的信息，置信区间估计（confidence interval estimate）能够进一步呈现估计能精确到什么程度，不确定性有多高。

回归预测值（$\hat{y_i}$）的置信区间并不是一个固定区间，而是随着解释变量数值变化（$x_{1i}, x_{2i}, \cdots, x_{Ki}$）而变化，计算过程相当复杂。此处采用 SPSS 软件的回归分析功能，计算第一位消费者对于产品 6（定价修改为最适值 119 万美元）评分的 95% 置信区间，进而推导对应的利润区间。如图 7-14 所示，首先将第一位消费者的评分数据（如表 7-5）输入 SPSS 数据窗口之后，再补上定价为 119 万美元的产品 6 的编码数据，但评分为缺失值。其次，点击回归分析步骤，设定反应变量与解释变量。最后，点击"Save"，勾选"非标准化预测值（unstandardized predicted value）"与"平均数的预测区间（即置信区间）"，执行回归分析。

第 7 章　透视需求、百步穿杨：新产品推荐系统

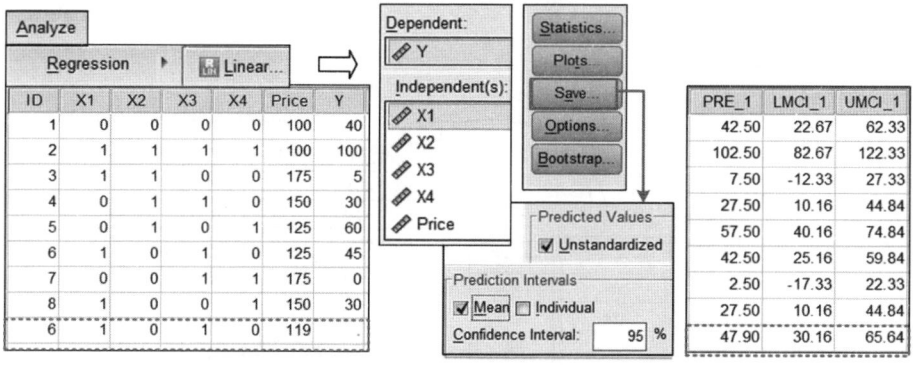

图 7-14　预测值之置信区间：SPSS 步骤

分析结果显示，面对产品 6 的规格与最优价格 119 万美元，第一位消费者的购买概率的点估计为 47.9/100 = 0.48。而在考虑各种悲观及乐观因素之后，购买概率的 95% 置信区间为（0.30，0.66）。因此，对企业而言，该位消费者可能购买产品 6 而产生的预期利润如下所示：

悲观情况：利润 = 0.30 ×（119 - 65）= 16.20（万美元）
一般情况：利润 = 0.48 ×（119 - 65）= 25.92（万美元）
乐观情况：利润 = 0.66 ×（119 - 65）= 35.64（万美元）

由上述可知，当该产品设定在 119 万美元的条件下，平均的获利能力大概可以达到 26 万美元左右。而根据购买概率的 95% 置信区间，该产品的利润范围介于 16 万美元到 36 万美元之间。换句话说，即使是在悲观的情况下，该产品仍然有 16 万美元的利润，获利能力相当高。若消费者回归模型的判定系数（R^2）愈高，代表个人偏好结构愈稳定，不可解释变异的百分比愈低，置信区间的宽度愈窄，利润的预测也愈精确，这些都是点估计值无法反映的信息。一个完整的统计模型应能提供决策风险的量化指标（如 R^2），才能协助决策者有效地降低决策风险。

7.5　大数据营销之新产品推荐系统

联合分析除了可以应用于问卷调查搜集的数据之外，也可以应用于对交易数据库的分析，两者最大不同之处在于受测产品的型态。问卷调查搜集的是受访者对于单一产品（如汽车）不同轮廓的评分数据，但交易数据库记录的却是五花八门的购买品项，很少会看到客户会针对单一产品购买各种型号的行为。如图 7-15 所示，在交易数据库中同一客户购买的产品代号没有任何重复。若要进行联合分析，则交易数据库必须先结合产品特性编码文件，构成一个兼具反应变量

· 163 ·

(产品购买行为)与解释变量(产品属性水平)的完整数据格式,这使得营销人员面临三个难题。

产品特性编码文件

产品代号	X_1	X_2	X_3	...	X_{20}
Z001	1	0	0		0
A149	1	1	0		1
F110	0	1	0		0
A099	0	0	1		0
J021	0	1	1		1
P210	0	0	0		1
W034	1	0	1		0
E333	1	0	0		0
K491	0	1	0		0
⋮	⋮	⋮	⋮	⋮	⋮
N129	0	0	1		0
H476	0	1	1		1
S076	1	0	1		0
A488	1	1	0		1
L356	0	0	1		0
Y227	1	0	0		0

事务数据库

Customer	购买日期	产品代号	金额
Roger J.	19990621	Z001	7466
Roger J.	19991010	A149	2188
Roger J.	19991224	F110	366
Roger J.	20000211	A099	4920
Roger J.	20000328	J021	5170
Roger J.	20000808	P210	411
Roger J.	20001220	W034	2054
Roger J.	20010404	E333	2623
Roger J.	20010901	K491	144
⋮	⋮	⋮	⋮
Gregory L.	19990708	N129	7842
Gregory L.	19991110	H476	2366
Gregory L.	20000511	S076	612
Gregory L.	20001020	A488	3414
Gregory L.	20001220	L356	186
Gregory L.	20010220	Y227	729

Roger J.的回归方程式为:
$Y = 116 + 24X_1 + 38X_2 + 22X_3 + \cdots$
Gregory L.的回归方程式为:
$Y = 23 + 42X_1 + 12X_2 + 33X_3 + \cdots$

图 7-15 交易数据库结合产品特性编码文件

7.5.1 选取共同的产品属性

联合分析应用于交易数据库的第一个难题是,究竟要选取哪些产品属性建立编码表,才能让五花八门的产品都能被编码成数值数据。例如,3C 卖场销售各式各样的电子用品,如电饭锅、电热水瓶、电咖啡壶、烤箱、微波炉、吸尘器、CD 音响、平面电视等。在建立产品特性编码文件时,须找到这些产品的共同属性,如制造来源、品牌来源、功能、外观样式、性价比、市场口碑等。其中,性价比是指产品价格除以同类型产品平均价格的比值,若大于 1 则代表高价位产品,小于 1 则代表低价位产品。

据此,3C 产品之属性水平编码表可设定如表 7-10 所示。根据 7.2.3 节的说明,由于制造来源与品牌来源都分为中国台湾、中国大陆、日本、其他等四个水平(K=4),因此都须编码为三个虚拟变量(X_1, X_2, X_3; X_4, X_5, X_6)。同理,功能分为强、中、弱三个水平,应编码为两个虚拟变量(X_7, X_8);外型与市场口碑都分为两个水平,因此仅须编码为一个虚拟变量(X_9, X_{11})。此外,价位比(X_{10})本身就是连续资料,可以直接应用于回归分析,无须编码。根据编码表,3C 卖场就可将旗下所有产品编码成数值数据,构成一产品特性编码文件。

一个完整的数据格式必须同时具备反应变量与解释变量。假设 3C 卖场交易数据的部分内容记录如表 7-11 的前三列所示:编号为 CT3626 的客户曾经买过床头音响等三个产品;编码为 BR0774 的客户曾经买过电子锅、电热水瓶等五项产品。现设定反应变量(Y)为购买与否,$Y=1$ 代表曾经购买,$Y=0$ 代表未曾购买。然而,表中的每笔资料都是 $Y=1$,因为只有"曾经购买"的行为才会被记录在交易数据文件。其余变量如 X_1,X_2,…,X_{11},则是来自于产品特性编码文件,作为解释变量(X)。事实上,表 7-11 是根据"产品型号"这个关键变量,合并交易数据文件与产品特性编码文件的结果。

表 7-10 3C 产品之属性水平编码表

属性	水平	X_1	X_2	X_3	X_4	X_5	X_6	X_7	X_8	X_9	X_{10}	X_{11}
制造来源	中国台湾	1	0	0								
	中国大陆	0	1	0								
	日本	0	0	1								
	其他	0	0	0								
品牌来源	中国台湾				1	0	0					
	中国大陆				0	1	0					
	日本				0	0	1					
	其他				0	0	0					
功能	强							1	0			
	中							0	1			
	弱							0	0			
外型	新款									1		
	旧款									0		
价位比	数值										>0	
市场口碑	佳											1
	无											0

表7-11 合并交易数据文件与产品特性编码文件

客户编号	品名	产品型号	Y	X_1	X_2	X_3	X_4	X_5	X_6	X_7	X_8	X_9	X_{10}	X_{11}
CT3626	床头音响	ABC002	1	0	1	0	0	0	1	1	0	1	1.58	1
	吹风机	JXL006	1	0	1	0	0	0	1	0	1	1	2.83	1
	电咖啡壶	MLE001	1	1	0	0	1	0	0	1	0	1	3.16	1
BR0774	电子锅	GEO008	1	0	0	1	0	0	1	1	0	0	0.36	0
	电热水瓶	HTT015	1	0	0	0	0	0	0	0	0	0	0.89	0
	果菜榨汁机	FPM009	1	0	1	0	0	1	0	1	0	0	0.72	1
	吸尘器	SIJ005	1	0	0	0	0	0	1	0	1	1	1.83	1
	烘碗机	HBL004	1	0	0	0	0	0	0	0	0	0	0.46	0

然而，若想将该数据格式投入回归分析来估计客户的个人化偏好结构，则会面临两个难题。其一，反应变量（Y）的观察值只有1，没有任何变异，导致无法进行参数估计。其二，就算加入$Y=0$的数据，反应变量也只有0、1两种观察值，不适合使用一般的回归分析进行参数估计，必须使用其他统计方法。以下针对这两个难题，分别说明可行的解决方案。

7.5.2 建立考虑集合

联合分析应用于交易数据库的第二个难题是，企业无法知道客户是从哪些产品中挑选出要购买的产品。消费者行为理论指出消费者在做出购买决策之前，脑海中会先列举出一些能够满足购买基本要求的产品方案，统称为考虑集合（consideration set），然后进行评比。在汽车调查范例中，我们将正交设计产生的8个产品轮廓纳入问卷内容，就是在塑造消费者脑海中的考虑集合。经过评比之后，消费者依其购买意愿写下每项产品的评分，回归分析再依此估计个人偏好结构。

相较之下，交易数据库仅能记录客户已经购买的产品，却无从得知客户是从哪些产品之中做出选择。如表7-11所示，交易数据库只能观察到消费者从考虑集合挑选出来要购买的产品，其余未被购买的产品则无法被记录下来。回归分析也就无法根据已购买产品（$Y=1$）与未购买产品（$Y=0$）的差异，进而估计个人的偏好结构。因此，交易数据档必须再补上消费者有考虑却未购买的产品，才能进行回归分析。然而，考虑集合只存在于消费者的脑海中，企业也不可能在购买发生的当下——询问消费者的想法；必须另辟蹊径，设法去仿真出考虑集合中的产品，再补入数据格式。

第7章 透视需求、百步穿杨：新产品推荐系统

（1）陈列完整的产品系列

第一种做法是将已购买产品的所有型号全部列入交易数据库，如表 7-12 所示。例如，编号 CT3626 这位客户曾经买过床头音响、吹风机、电咖啡壶三种产品。假设床头音响有 4 个型号，其中之一被这位客户购买；吹风机有 7 个型号，电咖啡壶有 5 个型号，二者各有一款被购买。那么，对这位客户而言，数据格式共可列举 4+7+5=16 个型号的产品，其中有 3 个产品型号的 $Y=1$，代表已购买；其余 13 个产品型号的 $Y=0$，代表未购买。

表 7-12 列举所有产品型号的交易数据

客户	品名	产品型号	Y	X_1	X_2	X_3	X_4	X_5	X_6	X_7	X_8	X_9	X_{10}	X_{11}
CT3626	床头音响	ABC001	0	1	0	0	1	0	0	0	0	0	0.47	0
		ABC002	1	0	1	0	0	0	1	1	0	1	1.58	1
		ABC003	0	0	0	0	0	0	0	0	1	0	2.36	1
		ABC004	0	1	0	0	0	1	0	1	0	1	0.77	0
	吹风机	JXL001	0	1	0	0	1	0	0	0	0	1	1.50	0
		JXL002	0	0	0	1	0	1	0	1	0	0	2.11	1
		JXL003	0	0	1	0	0	0	1	0	0	0	0.36	0
		JXL004	0	0	0	0	0	0	0	0	0	0	0.89	0
		JXL005	0	0	1	0	0	0	0	0	0	0	0.72	1
		JXL006	1	0	1	0	0	0	1	0	1	1	2.83	1
		JXL007	0	0	0	0	0	0	0	0	0	0	0.46	0
	电咖啡壶	MLE001	1	1	0	0	0	0	0	1	0	0	3.16	1
		MLE002	0	0	0	1	1	0	0	0	0	0	0.96	1
		MLE003	0	0	0	0	0	0	0	0	0	0	0.42	0
		MLE004	0	0	1	0	0	0	1	0	0	0	1.38	1
		MLE005	0	0	0	1	1	0	0	0	1	1	1.56	0

这种做法假设考虑集合是所有与已购产品同类型但不同型号的产品。这相当于假设消费者在购买当下已经熟知卖场的产品目录，或者货架上陈列完整系列的产品，才有可能对所有款式进行评比。实际上这个假设不太可能成立。更何况，一件产品的款式何止三五种，十几种款式都有可能。如果将全部款式加入数据格式，除了 $Y=1$ 的数据只有寥寥数笔之外，$Y=0$ 的资料却会高达数十笔。这种数据结构会冲淡产品购买与否（Y）与产品特性（X）之间的关系，除了使参数估计不够稳定之外，模型产生的购买概率也都会偏低，产生任何一件新产品都不会

被购买的预测结果，也就不易提供有用信息给新产品推荐系统。为了避免该情形发生，势必要删除一些 $Y=0$ 的产品数据。

（2）以购买时间与地点为基准

第二种做法是以消费者的购买时点与地点（如门店）为基准，扫描出前 60 天到后 30 天期间内该门店售出的同类型但不同型号的产品，视为考虑集合。因为有售出的事实，代表这些产品在这段期间内陈列在门店的货架上，可以让消费者在购买时看到而进行评比。根据该定义，从表 7-12 剔除期间内缺乏销售记录的产品，如表 7-13 所示。经过删减后的交易数据，才会进入统计模型进行分析。

表 7-13　剔除购买当下前 60 天到后 30 天无销售记录的产品

客户	品名	产品型号	Y	X_1	X_2	X_3	X_4	X_5	X_6	X_7	X_8	X_9	X_{10}	X_{11}
CT3626	床头音响	ABC001	0	1	0	0	1	0	0	0	0	0	0.47	0
		ABC002	1	0	1	0	0	0	1	1	0	1	1.58	1
		ABC003	0	0	0	0	0	0	1	0	1	0	2.36	1
		~~ABC004~~	~~0~~	~~1~~	~~0~~	~~0~~	~~0~~	~~1~~	~~0~~	~~1~~	~~0~~	~~1~~	~~0.77~~	~~0~~
	吹风机	JXL001	0	1	0	0	1	0	0	0	0	0	1.50	0
		JXL002	0	0	0	1	0	0	1	0	1	0	2.11	1
		~~JXL003~~	~~0~~	~~0~~	~~0~~	~~1~~	~~0~~	~~0~~	~~1~~	~~1~~	~~0~~	~~0~~	~~0.36~~	~~0~~
		JXL004	0	0	0	0	0	0	0	0	0	0	0.89	0
		JXL005	0	0	1	0	0	1	0	1	0	0	0.72	1
		JXL006	1	0	1	0	0	0	1	0	1	1	2.83	1
		~~JXL007~~	~~0~~	~~0~~	~~0~~	~~0~~	~~0~~	~~0~~	~~0~~	~~0~~	~~0~~	~~0~~	~~0.46~~	~~0~~
	电咖啡壶	MLE001	1	1	0	0	1	0	0	1	0	1	3.16	1
		MLE002	0	0	0	1	0	0	0	0	1	0	0.96	1
		~~MLE003~~	~~0~~	~~0~~	~~0~~	~~0~~	~~0~~	~~0~~	~~0~~	~~0~~	~~0~~	~~0~~	~~0.42~~	~~1~~
		~~MLE004~~	~~0~~	~~0~~	~~0~~	~~1~~	~~0~~	~~0~~	~~0~~	~~0~~	~~0~~	~~1~~	~~1.38~~	~~1~~
		MLE005	0	0	0	1	1	0	0	0	1	1	1.56	0

显而易见，"前 60 天到后 30 天"这个设定，只是一种操作性定义，有讨论的空间，也有做研究的需要。到底要设定成购买时点的前多少天或后多少天，有

第7章 透视需求、百步穿杨：新产品推荐系统

无穷组答案。企业须根据自己的经营型态与数据库的特性做各种不同的天数设定。再比较各种设定，使产品推荐系统的命中率（hit rate）达到最高的作为交易数据库的设定标准。命中率的概念请参考7.6节的说明。

（3）使用正交设计

第三种做法是根据企业选取的共同属性（如表7-10），通过正交设计建立考虑集合。其中，价位比设定为0.5、1、1.5、2四个水平，与其他属性一起建立16个产品轮廓，如表7-14所示。回顾汽车调查范例，联合分析通过正交设计产生一组虚拟的产品轮廓，大大减少了客户调查的问卷题项。正交设计的优点是候选的产品轮廓个数有限，不致使$Y=0$的数据笔数过多；也不必费神设定购买前后的天数，更不必去扫描期间内被售出的产品有哪些。

表7-14 产品轮廓与购买记录之整合

客户	型号	轮廓	Y	X_1	X_2	X_3	X_4	X_5	X_6	X_7	X_8	X_9	X_{10}	X_{11}
	ABC002	1	1	0	1	0	0	1	1	0	1	1.58	1
		2	0	0	0	0	0	1	0	0	0	1	1.5	1
		3	0	1	0	0	1	0	0	1	1	2	0
		4	0	0	0	0	1	0	0	1	0	1	1	0
		5	0	0	0	0	1	0	0	0	1	0	1.5	0
		6	0	0	0	0	0	0	0	1	0	1	0	0.5	0
		7	0	0	0	0	1	0	1	0	1	0	0.5	0
CT3626		8	0	0	0	0	0	0	0	0	0	0	1	1
		9	0	0	0	0	0	0	0	1	1	1	1	1
		10	0	0	0	1	0	0	1	1	0	1	1.5	0
		11	0	1	0	0	0	0	0	0	0	0	1.5	0
		12	0	0	0	0	0	0	0	1	0	0	2	0
		13	0	0	0	1	1	0	0	0	0	0	2	1
		14	0	0	0	0	0	0	0	0	0	1	0.5	0
		15	0	1	0	0	0	0	0	1	0	0	1	0
	MLE001	16	1	0	0	1	0	0	0	0	1	0	3.16	1
	JXL006	/	1	0	1	0	0	0	1	0	1	1	2.83	1

续表 7-14

客户	型号	轮廓	Y	X_1	X_2	X_3	X_4	X_5	X_6	X_7	X_8	X_9	X_{10}	X_{11}
BR0774		1	0	0	1	0	0	0	1	1	0	1	2	1
		2	0	0	0	0	0	1	0	0	0	1	1.5	1
		3	0	1	0	0	0	1	0	0	1	1	2	0
		4	0	0	0	0	1	0	0	1	0	1	1	0
		5	0	0	1	0	1	0	0	0	1	0	1.5	0
		6	0	0	0	0	0	0	1	0	1	0	0.5	1
		7	0	0	0	1	0	1	0	0	1	0	0.5	0
	FPM009	8	1	0	1	0	0	1	0	1	0	0	0.7	1
		9	0	0	0	1	0	0	0	0	1	1	1	1
		10	0	0	0	1	0	0	1	1	0	1	1.5	0
		11	0	1	0	0	0	0	0	1	0	0	1.5	1
		12	0	0	0	0	0	0	0	0	0	0	2	0
		13	0	0	0	1	1	0	0	0	0	0	2	1
		14	0	0	1	0	0	0	0	0	0	1	0.5	0
		15	0	0	0	0	0	0	1	0	0	0	1	0
		16	0	1	0	0	1	0	0	1	0	1	0.5	1
	GEO008		1	0	0	1	0	0	1	1	0	0	0.4	0
	HTT015		1	0	0	0	0	0	0	0	0	0	0.9	0
	SIJ005		1	0	1	0	0	0	1	0	1	1	1.8	1
	HBL004		1	0	0	0	0	0	0	0	0	0	0.5	0

在建立数据格式的时候,须将交易数据库中的已购买产品与正交设计产生的产品轮廓做一对照。若已购买产品的特性刚好符合其中一个产品轮廓,则取代该轮廓并设定 $Y=1$。例如,客户 CT3626 购买的床头音响(型号为 ABC002),其产品属性恰好与轮廓 1 相同,因此可取代轮廓 1,并将价格比修改为实际数值 1.58,令购买行为是 $Y=1$。反之,若已购买产品的特性不符合任一产品轮廓,则应补在数据格式的最后一列,增额补入考虑集合,如客户 CT3626 购买的吹风机(型号为 JXL006)。最后,再将其余缺乏购买记录的产品轮廓,设定 $Y=0$,数据格式就完成了。接下来就是要选择适当的统计模型进行数据分析。

7.5.3 二元罗吉斯回归

联合分析应用于交易数据库的第三个难题是,数据格式中的反应变量(Y)是二元变量,线性回归模型并不适用。在汽车调查范例中,反应变量为"产品评分",是一个量化变量,因此适合使用线性回归进行分析。在交易数据库中,反应变量则是"购买与否",属于二元变量,观察值只有 0 与 1 两种,没有"量"的概念,因此不适合以最小平方方法建立参数估计。

当反应变量(Y)是二元资料的时候,统计上常以二元罗吉斯回归模型(binary logistic regression model)配适之。以产品购买与否为例,令 $Y=1$ 代表已购买,$Y=0$ 代表未购买,在罗吉斯回归的模型假设之下,产品属于 $Y=1$ 或 $Y=0$ 的概率,分别列举如下:

$$\Pr(Y=1) = \frac{\exp(\alpha + \beta_1 X_1 + \cdots + \beta_K X_K)}{1 + \exp(\alpha + \beta_1 X_1 + \cdots + \beta_K X_K)} \tag{7-24}$$

$$\Pr(Y=0) = 1 - \Pr(Y=1) = \frac{1}{1 + \exp(\alpha + \beta_1 X_1 + \cdots + \beta_K X_K)} \tag{7-25}$$

式中,分子和分母都为指数函数(exponential function),因此必然是正值;分子都小于分母,因此分式计算结果必然介于(0,1)之间,符合概率的性质。指数函数中的线性回归式($\alpha + \beta_1 X_1 + \beta_2 X_2 + \cdots + \beta_K X_K$)虽然与式(7-10)相同,但是式中的回归系数($\beta_k$)却有另外一番意义。

为便于解读回归系数的意义,现定义胜算(odds,Ω)为 $Y=1$ 的概率除以 $Y=0$ 的概率的比值,即式(7-24)除以式(7-25)的结果,如下所示:

$$\Omega = \frac{\Pr(Y=1)}{\Pr(Y=0)} = \exp(\alpha + \beta_1 X_1 + \cdots + \beta_K X_K) \tag{7-26}$$

两边各取自然对数,则可得到:

$$\ln\Omega = \ln\left(\frac{\Pr(Y=1)}{\Pr(Y=0)}\right) = \alpha + \beta_1 X_1 + \cdots + \beta_K X_K \tag{7-27}$$

式中,等号左边将胜算取自然对数(log of the odds),又称为罗吉特转换(logit transformation),简称为罗吉特(Logit)。

回归系数(β_k)代表在其他条件不变之下,解释变量(X_k)对于胜算对数($\ln\Omega$)的影响。若胜算对数愈高,则胜算愈高,代表 $Y=1$ 的概率愈大。因此,回归系数(β_k)为正值、负值或为 0,分别代表解释变量(X_k)数值的增加,将导致 $Y=1$ 的概率随之增加、减少或不变。例如,若价格的回归系数为负值,则代表随着产品价格的上涨,产品的购买概率变低。

胜算对数($\ln\Omega$)与解释变量(X)之间的线性关系,代表 Y 与 X 之间为非线性关系，因此不适合使用最小平方方法进行参数估计。因此，罗吉斯回归采用最大似然法（maximum likelihood estimation），在样本数据（$y_1, y_2, \cdots y_n$）的联合概率（又称为似然函数）极大化的目标下，求解回归系数的估计值。

现以 3C 卖场的交易数据库为例，说明如何使用 SPSS 软件的二元罗吉斯回归功能。假设两位客户（CT3626 与 BR0774）属于同一个细分市场，其交易数据（如表 7-14）通过二元罗吉斯回归进行参数估计的 SPSS 步骤，如图 7-16 所示。首先，点击"analyze"→"regression"→"binary logistic"。其次，设定"购买与否"为反应变量，共同属性如 $X_1, X_2, \cdots, X_{11}$ 为解释变量。

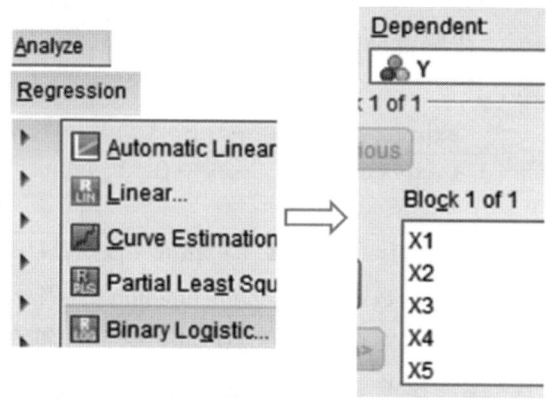

图 7-16 二元罗吉斯回归分析的 SPSS 步骤

回归系数的估计与检验结果，如表 7-15 所示。由最后一列的 p 值可知，所有回归系数检验都不显著，代表这些属性水平都无法用来解释产品是否会被购买。这样的实证结果并不让人意外，因为纳入分析的样本数据仅有 37 笔，而"未购买"就占了 29 笔。换句话说，不管产品有何特色，只要设定预测值为"未购买"，正确率就高达 78%（=29/37）。因此，当反应变量为二元变量时，统计分析需要更大量的样本数据，且 $Y=1$ 与 $Y=0$ 的样本比例不宜相去甚远，才能获得更稳定更显著的回归系数估计值。

撇开检验的显著性不谈，回归系数的估计结果也颇不合理，如价位比的回归系数为正值（$b_{10}=0.604$），显然违反需求准则。在其他条件不变的情况下，产品的价格愈高，应当会降低产品的购买概率，因此价格的回归系数理应为负值，而非正值。不合理的参数估计结果可能是源于数据量的不足，导致估计值只能呈现某种偶然的行为，无法真切地呈现顾客的购买型态。其他回归系数的估计值则显示样本顾客的偏好是中国大陆制造、日本品牌、弱功能、旧款外型、口碑佳的 3C 产品。

表 7 – 15　二元罗吉斯回归之分析结果

属性水平		β 估计	标准差	p 值
中国台湾制造	X_1	-1.123	1.511	0.458
中国大陆制造	X_2	0.977	1.216	0.422
日本制造	X_3	-0.916	1.564	0.558
中国台湾品牌	X_4	-0.607	1.605	0.705
中国大陆品牌	X_5	-0.951	1.669	0.569
日本品牌	X_6	0.971	1.339	0.468
强功能	X_7	-0.181	1.107	0.870
中功能	X_8	-1.282	1.567	0.413
新款外型	X_9	-0.755	1.087	0.487
价位比	X_{10}	0.604	0.791	0.445
口碑佳	X_{11}	0.637	1.104	0.564
截距项	Cons	-1.716	1.288	0.183

由上述例子可知，个人交易记录的稀少性，除了会造成参数估计的高度不稳定之外，还可能使估计值的符号违反理论上的预期值。而且，不存在于交易记录的购买行为，只是因为尚未观察到，不代表未来一定不会发生。因此，仅仅依赖已实现的个人购买行为去估计个人偏好结构是不够的。为了兼顾参数估计的稳定性与准确性，可根据不同的行为假设发展出不同分析层次的统计模型。

7.6　总体层次模型

为了获得稳定的参数估计，传统营销模型的发展多局限在总体层次。常见的做法是先进行事前分群，也就是先使用细分变量将市场切割成若干个子市场，再分别使用子样本的数据进行统计分析，建立各细分市场的参数估计。此种做法虽然有利于获得稳定性高的估计值，却必须假设同一细分市场的顾客有相似的偏好结构，才能以总体层次估计作为唯一的预测值。

例如，某 3C 企业决定以年龄层作为细分变量，从数据库中挑选出某一个年龄层的会员的交易记录。然后，使用 7.5.2 节的方法找到每笔交易记录对应的考虑集合之后，再将所有数据堆栈起来，全部用来估计一条回归模型，以产生总体层次的估计。假设二元罗吉斯回归模型的估计结果如表 7 – 16 所示：其中，价位比的系数为负值（$b_{10} = -0.867$），符合需求准则，是合理的估计结果。其余回归系数检验的结果显示，该年龄层显著偏好中国台湾品牌与日本品牌，以及强功能、新款外型、口碑佳等产品。

表7-16 某一年龄层的偏好结构：总体层次

属性水平		β估计	标准差	p值
中国台湾制造	X_1	**-1.214**	0.297	<0.01***
中国大陆制造	X_2	**-1.116**	0.286	<0.01***
日本制造	X_3	**-1.325**	0.295	<0.01***
中国台湾品牌	X_4	**0.782**	0.204	<0.01***
中国大陆品牌	X_5	0.173	0.753	0.8182
日本品牌	X_6	**0.907**	0.211	<0.01***
强功能	X_7	**0.267**	0.103	<0.01***
中功能	X_8	-0.033	0.107	0.7596
新款外型	X_9	**0.314**	0.106	<0.01***
价位比	X_{10}	**-0.867**	0.116	<0.01***
口碑佳	X_{11}	**0.899**	0.085	<0.01***
截距项	Cons	-1.481	0.265	<0.01***

***：$p<0.01$，**：$p<0.05$，*：$p<0.2$。

在总体层次分析的假设下，该估计结果适用于同一年龄层的所有人，有助于预测特定产品的购买概率。以编号为20020532的会员为例，假设他会考虑的产品共有12项，而每项产品都已依其属性水平编码为（0，1）数据，与表7-12类似。根据式（7-24），将每项产品的（0，1）资料乘上回归系数估计值，就能计算出这位会员对于这12项产品的购买概率。将这些产品的购买概率由高到低排序之后，系统就能建立推荐产品的顺序，如表7-17所示。系统首先向这位会员推荐预测概率值为0.258的产品（推荐1），但交易记录显示这件产品并未被这位会员购买；其次再推荐概率值为0.135的产品（推荐2），这位会员仍然没有购买；直到推荐第3顺位的产品时，这位会员就有购买记录了。换句话说，系统根据表7-16的估计值，一直要推荐到第3顺位的产品（推荐3），才能命中这位会员的购买行为。

表7-17 推荐产品顺序：以会员编号20020532为例

产品顺序	购买决策	预测概率值
推荐1	0	0.258036309
推荐2	0	0.134739189
推荐3	**1**	**0.125879845**
推荐4	0	0.094438189
推荐5	0	0.090851677
推荐6	0	0.089353042
推荐7	0	0.078716139
推荐8	0	0.077436354
推荐9	0	0.064277459
推荐10	0	0.059356644
推荐11	0	0.050647515
推荐12	0	0.010566123

假设有三位会员都与前面提到的会员（编号为20020532）都来自于同一个年龄层，系统向这些会员也提出推荐顺序完全相同的产品，命中情况如表7-18所示。第一位会员被推荐了1件产品就购买了，而第二位会员被推荐到第2件产品就命中购买，第7次推荐的产品也命中了，但是第三位会员被推荐到第10件产品都没有被命中购买。这些都是可能发生的情况，因为产品推荐系统不是神仙，不可能完全命中每一个人的购买行为。

表7-18 推荐成功的产品累积件数

会员编号	推荐1	推荐2	推荐3	推荐4	推荐5	推荐6	推荐7	推荐8	推荐9	推荐10
22247535	1	1	1	1	1	1	1	1	1	1
22267119	0	1	1	1	1	1	2	2	2	2
22216918	0	0	0	0	0	0	0	0	0	0

换个角度来看，假设3C企业选取某年龄层的会员作为样本，样本人数共754人。在建立总体层次估计之后，系统同样对所有会员提供相同推荐顺序的10件产品，命中率如表7-19所示。由表可知，在只推荐1件产品（推荐1）的情形下，已有121人曾经买过这件产品，命中率为121/754=16%；推荐第2件产品的时候，命中率累积到32%。若总共推荐4件产品，则命中率就能高达52%，

已经超过一半了。像 Amazon 网站曾经使用"买了这本书的人,也会买下列这些书"的产品推荐系统,通常会向顾客推荐 4 本书。如果 Amazon 网站能够使用此处提出的统计模型,筛选出最值得推荐的 4 本书,就能够达到超过五成的命中率,这是很惊人的。

表 7-19 推荐产品顺序的命中率:总体层次

	推荐1	推荐2	推荐3	推荐4	推荐5	推荐6	推荐7	推荐8	推荐9	推荐10
击中人数	121	245	315	391	443	477	530	572	602	624
全部人数	754	754	754	754	754	754	754	754	754	754
命中率	16%	32%	42%	52%	59%	63%	70%	76%	80%	83%

根据合适的营销理论,选取具影响力的属性水平,建立贴近个别顾客购买型态的统计模型,有助于提升产品推荐系统的命中率。总体层次分析假设同一子市场内的顾客有相同的偏好结构。然而,使用人口统计变量切割出来的子市场,如特定的性别、年龄、职业等,却不一定具有相同的购买行为。若能根据偏好结构,建立群内同质、群间异质的细分市场,那么估计结果就能更贴近每位顾客的行为,产品推荐系统的命中率也能更上一层楼。

7.7 细分层次模型

有别于总体层次分析只估计一条回归式,细分层次分析则是先决定群数 m,再尝试估计出 m 个回归式,呈现各具特色的细分偏好结构。细分层次分析的真正意图是想要按照顾客的个人偏好结构进行分群,却因为个人资料的稀少性而难以在事前获得个人偏好结构的估计值。为了解决该问题,有限混合模型(finite mixture model)使用模糊分群(fuzzy cluster)的做法,既能辨认个别顾客的异质性,又能聚集顾客资料以提高估计的稳定性。

7.7.1 混合罗吉特模型

市场细分的传统做法是假设各群彼此互斥,每位顾客都只归属于某一个细分市场。不同于此,模糊分群假设每位顾客都带有各个细分市场的一点色彩,只是比重不同而已。换句话说,每位顾客的行为不会百分之百符合某个细分市场的特性,而是一部分来自于细分市场 1,一部分来自于细分市场 2……其余以此类推。例如,混合罗吉特模型(mixture logit model)假设顾客(i)购买特定产品(j)的概率模型,于是由 m 个细分市场的概率模型所构成,如下所示:

第7章 透视需求、百步穿杨：新产品推荐系统

$$\Pr(Y_{ij}=1) = \sum_{s=1}^{m} w_{is} \cdot \Pr(Y_{ij=1} \mid s) \tag{7-28}$$

式中，w_{is} 为顾客 i 属于第 s 个细分市场的概率，$0 < w_{is} < 1$，$\sum_{s=1}^{m} w_{is} = 1$；$\Pr(Y_{ij}=1 \mid s)$ 为第 s 个细分市场购买产品 j 的概率，模型如下所示：

$$\Pr(Y_{ij}=1 \mid s) = \frac{\exp(\alpha_s + \beta_{1s} X_{1j} + \cdots + \beta_{Ks} X_{Kj})}{1 + \exp(\alpha_s + \beta_{1s} X_{1j} + \cdots + \beta_{Ks} X_{Kj})} \tag{7-29}$$

由上述可知，有限混合模型假设个人的概率模型相当于 m 个细分市场概率模型的加权和，权数（w_{is}）为个人属于每个细分市场的概率。式中，顾客 i 分属各群的权数（w_{is}），以及群别 s 的回归系数（α_s，β_{1s}，…，β_{Ks}），都是待估计的参数；群数 m 的设定也会影响混合模型的配适程度。参数估计是一连串反复求解的过程，而群数 m 的设定也是经过不断试误之后而得到的最佳结果。

以 3C 店家的样本数据为例，假设试误后决定最佳群数为三群，混合罗吉特模型的估计结果如表 7-20 所示。与总体层次的估计结果（如表 7-16）比较，细分层次的估计值没那么显著，因为前者以全部会员的交易记录估计一条回归式，稳定性自然比较高。不过，细分层次估计比总体层次估计更贴近顾客的异质性，有较佳的命中率。如表 7-20 所示，细分市场 1 明显偏好强功能、口碑佳、日本品牌等产品，不太在乎价格；细分市场 2 明显偏好低价格与口碑佳的产品；而细分市场 3 则是偏好低价格、口碑佳、日本品牌及中等功能的产品。其余回归系数虽然未达显著水平，但因为估计式具有不偏性（unbiasedness），平均来说预测值仍具准确性。

表 7-20 分为三群的估计结果：细分层次

属性水平	细分市场 1			细分市场 2			细分市场 3		
	β 估计	标准差	p 值	β 估计	标准差	p 值	β 估计	标准差	p 值
强功能	**0.499**	0.318	0.058*	-0.063	0.418	0.440	-0.024	0.754	0.487
外型	0.001	0.306	0.499	0.051	0.480	0.458	9.728	1271.2	0.497
相对价格	-0.159	0.340	0.320	**-1.944**	0.927	0.018**	**-3.681**	1.595	0.010**
口碑佳	**1.068**	0.239	0.000***	**0.887**	0.270	0.001***	**0.662**	0.669	0.161*
大陆制造	0.050	0.356	0.444	0.263	0.350	0.250	-0.794	1.040	0.223
日本品牌	**0.313**	0.286	0.138*	-0.253	0.452	0.288	**1.052**	0.860	0.111*
弱功能	0.088	0.399	0.413	-0.042	0.348	0.452	**-1.210**	1.116	0.139*
截距项	-2.691	0.577	0.000***	-0.690	0.866	0.213	-8.117	1270.4	0.497

***：$p < 0.01$，**：$p < 0.05$，*：$p < 0.2$。

除了细分的偏好结构之外，混合罗吉特模型亦能估计每位顾客属于第 s 个细分市场的概率值（w_s），也就是模糊分群的结果，如表 7-21 所示。表中任一横列的概率和都为 1。以编号 20118012 的顾客为例，估计结果显示其偏好结构与细分市场 2 最类似（$w_2 = 0.67$）；而编号 20128488 这位顾客的偏好结构与细分市场 1 非常接近（$w_1 = 0.82$），与细分市场 3 离得非常远（$w_3 = 0.00$）。

表 7-21　每位顾客隶属各细分市场之概率（w_s）

顾客编号	细分市场 1	细分市场 2	细分市场 3
20118012	0.23314	**0.67208**	0.09478
20120720	0.46116	**0.52087**	0.01797
20124264	**0.67236**	0.14281	0.18484
20125567	**0.84556**	0.15444	0.00000
20128043	**0.61337**	0.38663	0.00000
20128488	**0.81593**	0.18406	0.00000

7.7.2　个人化偏好结构

模糊分群的结果可以用来计算顾客的个人化偏好结构。按照有限混合模型的假设，个人的概率模型相当于多个细分概率模型的加权平均。个人的偏好结构亦然，也是多个细分偏好结构的加权平均，权数就是该位顾客分别属于不同细分市场的概率值（w_s）。例如，编码为 20125567 的顾客归属于细分市场 1、细分市场 2、细分市场 3 的概率分别是 0.846、0.154、0.000（如表 7-21），再搭配这三个细分市场的偏好结构估计值（如表 7-20），则这位顾客对于强功能的偏好值（b_1），计算如下：

$$b_1 = \sum_{s=1}^{3} w_s b_{1s} = w_1 b_{11} + w_2 b_{12} + w_3 b_{13}$$
$$= 0.846 \times 0.499 + 0.154 \times (-0.063) + 0.000 \times (-0.024)$$
$$= 0.422 + (-0.010) + 0.000 = 0.412 \qquad (7-30)$$

经过计算之后，表 7-22 列出两位顾客的个人化偏好结构。可以看出，顾客 20125567 比另一位顾客更喜欢强功能（$b_1 = 0.412$）与日本品牌（$b_6 = 0.225$）的产品，不太在乎价格（$b_3 = -0.435$）。有了这些系数估计值之后，系统就能对每位顾客产生因人而异的产品推荐顺序。

表 7-22 两位顾客的个人偏好结构

属性水平	群估计值			顾客 20125567				顾客 20118012			
	细分市场 1	细分市场 2	细分市场 3	w_1 **0.846**	w_2 **0.154**	w_3 **0.000**	加权平均	w_1 **0.233**	w_2 **0.672**	w_3 **0.095**	加权平均
强功能	0.499	-0.063	-0.024	0.422	-0.010	0.000	**0.412**	0.116	-0.042	-0.002	**0.072**
外型	0.001	0.051	9.728	0.001	0.008	0.000	**0.008**	0.000	0.034	0.922	**0.956**
相对价格	-0.159	-1.944	-3.681	-0.135	-0.300	0.000	**-0.435**	-0.037	-1.307	-0.349	**-1.693**
口碑佳	1.068	0.887	0.662	0.903	0.137	0.000	**1.040**	0.249	0.596	0.063	**0.908**
中国大陆制造	0.050	0.263	-0.794	0.043	0.041	0.000	**0.083**	0.012	0.176	-0.075	**0.113**
日本品牌	0.313	-0.254	1.052	0.264	-0.039	0.000	**0.225**	0.073	-0.170	0.100	**0.002**
弱功能	0.088	-0.042	-1.210	0.074	-0.007	0.000	**0.068**	0.021	-0.028	-0.115	**-0.122**
截距项	-2.691	-0.690	-8.117	-2.275	-0.107	0.000	**-2.382**	-0.627	-0.464	-0.769	**-1.860**

7.7.3 产品推荐与命中率

根据个人化的偏好结构，系统就能针对每位顾客提供专属的产品推荐顺序。例如，某顾客的第 1 顺位推荐的产品，可能是另一名顾客的第 10 顺位推荐产品。相较于总体层次模型对所有顾客提供完全相同顺序的产品推荐，细分层次模型能够提供个人化的产品推荐，其预测能力应该会比较好。以顾客编号 20202927 提出专属的推荐产品顺序，混合罗吉特模型的预测结果如表 7-23 所示。由表可知，一直要推荐到第 10 件产品，才被这位顾客所购买，看起来预测能力不佳。不过，模型的预测能力不能只看一个人，而是要看所有人的命中情况。

表 7-23 推荐产品顺序：以顾客编号 20202927 为例

产品顺序	购买决策	预测购买概率
推荐 1	0	0.1692
推荐 2	0	0.1639
推荐 3	0	0.1632
推荐 4	0	0.1267
推荐 5	0	0.0979
推荐 6	0	0.0942
推荐 7	0	0.0854
推荐 8	0	0.0757

续表 7 – 23

产品顺序	购买决策	预测购买概率
推荐 9	0	0.0747
推荐 10	**1**	**0.0724**
推荐 11	0	0.0724
推荐 12	0	0.0648
推荐 13	0	0.0621

同样以 3C 店家的样本数据为例，混合罗吉特模型的命中率如表 7 – 24 所示。同样的 754 个人，该模型按照顾客异质性分别推荐不同的第 1 顺位产品（推荐 1），就符合 182 人购买过的产品，命中率为 24%；推荐到第 3 顺位的产品时，命中率已经超过 50% 了。与总体罗吉特回归模型的命中率（见表 7 – 19）做一比较，混合罗吉特模型的命中率明显高出许多。

表 7 – 24　推荐产品顺序的命中率：细分层次

	推荐 1	推荐 2	推荐 3	推荐 4	推荐 5	推荐 6	推荐 7	推荐 8	推荐 9	推荐 10
命中人数	182	288	386	455	508	550	587	622	649	661
全部人数	754	754	754	754	754	754	754	754	754	754
命中率	24%	38%	51%	60%	67%	73%	78%	83%	86%	88%

7.7.4　对新客户推荐新产品

混合罗吉特模型根据客户的购买记录，同时产生偏好结构各异的数个细分市场，以及客户属于不同细分市场的概率值。通过加权平均，就能计算出客户个人的偏好结构，系统据此提供因人而异的产品推荐。然而，面对缺乏购买记录的新客户，就无法直接使用该流程进行产品推荐。一个可行的做法是，利用旧客户的偏好结构去推估新客户的偏好结构，但是要先找到旧客户与新客户之间的连结才行。例如，客户在加入会员之初，通常都会被要求留下个人基本资料，如性别、生日、居住地区等。不管是旧客户还是新客户，厂商都拥有人口统计数据，可以作为估计新客户个人偏好结构的依据。

首先根据旧客户的资料，建立不同细分市场的概率值（w_s）与人口统计变量之间的关系。其中，作为反应变量的三个细分市场概率并非彼此独立，因为 $w_1 + w_2 + w_3 = 1$，因此不适合使用普通的回归模型。此处使用 SUR 模型（seemingly unrelated regression model）处理彼此相关的反应变量，解释变量则设定为人口统计变量，估计结果如表 7 – 25 所示。由表可知，住在北部与 60 岁以下的会员，倾向属于细分市场 1；男性、住在中部或东部、40～60 岁的会员，倾向属于细分市场 2；住在南部、非 40～50 岁或 60 岁以上的会员，倾向属于细分市场 3。

表 7-25 细分概率与人口统计变量的关系

人口统计变数	细分 1 概率（w_1）			细分 2 概率（w_2）			细分 3 概率（w_3）		
	β 估计	标准差	p 值	β 估计	标准差	p 值	β 估计	标准差	p 值
截距项	-0.213	0.120	0.077*	-3.634	0.227	<0.001	-0.136	0.111	0.220
男性	0.025	0.104	0.812	**0.338**	0.196	0.085*	-0.045	0.096	0.640
北部	**0.180**	0.107	0.093*	-0.070	0.203	0.731	**-0.294**	0.099	0.003***
中部	-0.004	0.209	0.984	**0.585**	0.396	0.140*	**-0.320**	0.193	0.098*
东部	-0.238	0.310	0.443	**1.083**	0.586	0.065*	-0.192	0.286	0.502
10～30 岁	-0.039	0.149	0.794	0.339	0.282	0.231	0.103	0.138	0.453
40～50 岁	0.096	0.127	0.447	**0.320**	0.239	0.182*	**-0.189**	0.117	0.105*
50～60 岁	-0.111	0.164	0.498	**0.526**	0.310	0.090*	0.033	0.151	0.829
60 岁以上	**-0.381**	0.224	0.089*	-0.454	0.423	0.284	**0.378**	0.207	0.068*

***：$p<0.01$，**：$p<0.05$，*：$p<0.2$。

将新客户的人口统计资料代入这三个回归式，就能计算新客户属于这三个细分市场的概率。然后，搭配不同细分市场的偏好结构，新客户的个人偏好结构就可以被预测了。通过该方法对新客户提供的产品推荐，命中率一定不会太高，因为人口统计变量与产品偏好结构之间的关系并不是那么紧密，通常缺乏营销理论的支持。因此，如果时间上允许，最好能先等到新客户累积一些交易记录之后，再使用统计模型进行产品推荐。

7.8 个人层次模型与产品推荐系统

总体层次模型假设全部顾客拥有相同的偏好结构，细分层次模型则是假设同一细分市场的顾客有相同的偏好结构。这两种做法都是为了提高估计值的稳定度而或多或少忽略了顾客存在异质性的事实，让估计的稳定度与精准度成为两难的抉择。为了解决该问题，层级贝氏模型（hierarchical bayes model，HB model）假设参数也是随机变量，服从特定概率分布；再根据贝氏理论（bayesian theory）将个人层次数据与总体层次数据整合在同一个模型，进而建立具稳定性的个人化参数估计。

7.8.1 层级贝氏罗吉特模型

层级贝氏罗吉特模型（HB logit model）的第一层个人模型与罗吉斯回归模型相同，但是回归系数假设因人而异，如下所示：

$$\Pr(Y_{ij}=1)=\frac{\exp(\alpha_i+\beta_{1i}X_{1j}+\cdots+\beta_{Ki}X_{Kj})}{1+\exp(\alpha_i+\beta_{1i}X_{1j}+\cdots+\beta_{Ki}X_{Kj})} \quad (7-31)$$

式中，$\Pr(Y_{ij}=1)$ 代表顾客 i 购买产品 j 的概率，由顾客的个人化偏好结构（β_i）与产品 j 的属性水平（X_j）所构成。为了能将总体层次数据纳入模型，HB模型假设个人的回归系数（β_i）也是随机变量，与顾客特性（Z_i）有关，形成第二层跨顾客模型（the distribution of preferences across the population），如下所示：

$$\begin{bmatrix}\beta_{1i}\\ \beta_{2i}\\ M\\ \beta_{Ki}\end{bmatrix}\sim MN\left(\begin{bmatrix}Z_i'\gamma_1\\ Z_i'\gamma_2\\ M\\ Z_i'\gamma_K\end{bmatrix},\Sigma\right) \quad (7-32)$$

式中，MN 代表多变量常态分布（multivariate normal distribution），Z_i 代表顾客特性，如顾客 i 的人口统计资料；（$\gamma_1,\gamma_2,\cdots,\gamma_K$）描述个人化偏好结构如何随顾客特性而异。不同于传统统计将参数视为固定数值的做法，贝氏统计视参数为随机变量，服从特定的概率分布。在估计过程中，贝氏统计为了推导参数服从的后验概率分布（posterior probability distribution），需要使用大量的多重积分。不过，随着计算机运算与统计技术的进步，多重积分的问题已经获得解决，HB模型也成为近年来营销领域处理顾客异质性议题时经常使用的主流模型。

7.8.2 产品推荐系统表

总的来说，产品推荐系统按照新旧顾客与新旧产品，分成四种情境，如表7-26所示。其中，旧顾客是指已有数笔购买记录存在于交易数据库的会员，新顾客则是指刚加入会员制度而缺乏购买记录的人；旧产品是指已经上市而有销售记录存在于交易数据库的产品，新产品则是尚未上市或刚上市而缺乏销售记录的产品。向旧顾客推荐旧产品相对比较容易，因为数据都是现成的。例如，购物篮分析（见第6章）使用现成的交易记录，通过相关分析或因素分析计算产品间的关联程度，作为产品推荐系统的依据。但除此之外，购物篮分析并不适用于其他情境。

表7-26 产品推荐系统表

	旧顾客	新顾客
旧产品	购物篮分析、联合分析	(1) 细分层次模型：以人口统计变量预测细分概率
新产品	联合分析	(2) 个人层次模型：以人口统计变量预测个人偏好结构

相较之下，联合分析不管在何种情境下都能提供产品推荐，可以说是完整的解决方案（total solution）。但是在进行联合分析之前，厂商必须先对自己经营的产品有系统的了解，以便能够定义出所有产品都具备的产品属性（如外观），并为每个属性定义适当个数的水平（如新款与旧款）。在定义属性水平之后，不管是旧产品或新产品，都能够被编码成一串（0，1）数据。联合分析将产品编码数据与个人购买记录合并之后，通过罗吉斯回归模型估计个人的偏好结构。因此，不管是对旧顾客推荐旧产品或新产品，联合分析产生的个人化偏好结构估计值，都可作为产品推荐系统之依据。

对新顾客进行产品推荐的最大难题就是，缺乏足够的个人交易数据去估计新顾客的个人偏好结构。变通的做法是：①先找到新旧顾客共同具备的资料，如加入会员时填写的人口统计资料；②使用统计方法（如细分层次模型或个人层次模型）将旧顾客的人口统计数据与个人偏好结构连接起来；③根据前一步骤产生的关联结构，使用新顾客的人口统计数据来预测其个人偏好结构，作为产品推荐的依据。不管是旧产品或新产品，都可以遵循这三个步骤对新顾客进行推荐。所以，使用联合分析作为推荐机制，不仅能够将新产品推荐给目标客户群，还能够根据顾客个人独特的偏好结构，落实一对一的营销，绝对不是空谈。

7.8.3 重申产品编码的重要性

联合分析成为完整的解决方案（total solution）的关键是厂商有能力在一开始就将每项产品都编码成一串（0，1）数据，进而呈现产品特性。例如，已经有银行主动将信用卡客户的刷卡记录按照食、衣、住、行、育、乐六大项进行归类，就是在从事产品特性编码。然而，这种结构性的编码，就像书籍分为文学类、商管类等，属于粗略的大分类，通常用来大致了解客户的支出比例。然而，支出比例无法贴切地呈现客户的喜好，因为不同类别产品的单价本来就有高低之分，如便利品的单价通常低于选购品。

将不同类别的消费金额分别与该类别的平均消费金额做一比较，有助于了解客户偏好何种价位的消费。例如，将价位比定义为某类别的刷卡金额除以该类别消费的平均刷卡金额。假设客户在王品牛排有刷卡记录，将之除以数据库中餐厅类消费的平均金额之后，得到的性价比应该会超过1，就能得知这位客户有高价位的餐厅消费，比刷卡金额更具有营销意义。

若银行想要做好信用卡业务，则交易日期与刷卡内容的特性编码文件在一开始就应该要先建立起来。若每笔刷卡数据无法对应到各种日期特性与产品特性，则银行永远只能做 RFM 分析，无法进一步了解购买行为背后的发生原因。RFM 分析只能帮助厂商衡量每位顾客的价值。想要提高顾客价值，厂商必须充分了解顾客的偏好结构，如倾向购买具有哪些属性水平的产品，购买日期倾向发生在周间、周末或节庆，作为厂商提供产品推荐、研究和制定营销策略的重要依据。

最后要提出的一点是，对每件产品进行产品特性编码的时候，有些编码不仅只能依靠主观判断，还可能会随时间而变化。例如，3C 产品是否具有功能强或外型前卫的特性，通常是由厂商主观判断。一般来说，刚上市的产品通常拥有最新的功能或科技，自然被编码成具有功能强或外型前卫等特性。然而，在上市半年或者一年之后，产品的功能或外型可能不再是最新技术。因此，同样一件产品，刚上市就马上购买的顾客看到的是功能强和外型前卫，但在半年或一年后才购买的顾客看到的可能是功能弱和外型传统。

这代表着产品的交易日期距产品上市或上架日期的间隔长度，也是值得编码的产品特性。顾客通常会购买上市多久的产品，也反映了顾客接受创新的程度。若顾客总是在产品一上市就去购买，称为创新者（innovators）；若顾客总是拖到产品上市半年或一年之后才购买，则称为模仿者（imitators）。理论上，创新者与模仿者有截然不同的消费习惯和特性，厂商应采用不同的营销策略对待之。

本章实操

实操目的：围绕本章所学知识逐一进行实操练习，真正做到理论联系实际。具体包括五种汽车属性的正交设计、汽车购买的个人化偏好结构估计、汽车对消费者个人的最优定价、个人汽车购买的置信区间预测、对给定顾客购买数据做二元罗吉斯回归分析等。具体可分为以下 4 个实操逐一递进练习。

实操 1：基于五种汽车属性做正交设计，再填写调查问卷并估计个人化偏好结构，计算个人对某产品的偏好分数预测值。

实操 2：在实操 1 的基础上，计算自己对某产品的利润函数与需求函数，并绘图找到企业最高利润和个人最优定价；最后预测自己的购买置信区间。

实操 3：基于顾客购买 6 种通用属性做正交设计，再整合产品轮廓与购买记录。

实操 4：对实操 3 的数据做二元罗吉斯回归分析。

第 8 章

物以类聚、人以群分：顾客的分群与复制

前面两章以产品为主角，购物篮分析探讨产品之间的关联性，新产品推荐系统则是探讨顾客对于属性水平的偏好结构。本章则是以顾客为主，根据需求的异质性来建立市场细分。面对市场上存在各式各样的需求，厂商在资源有限的条件下，只能按照本身的目标与能力，针对特定消费族群的需求，提供符合需要或刺激欲望的产品。而在锁定目标客群之前，必须先将市场区分成需求各异的群体，也就是进行市场细分。

消费者行为理论提出的市场细分基础大致分为四类，包括人口统计变量、地理变量、心理变量与行为变量。这些细分变量不是都存在于交易数据库或顾客数据库里。因此，除了营销数据库之外，问卷调查、店员的口头询问也都是搜集资料的方法。然而，由于问卷调查的数据无法随时更新，店员的口头询问也有一定的难度，营销人员最好可以从既有的数据库内容去推论、衍生，或者是去隐喻、影射到理论上的消费者行为，尝试找到或者主观地创造指标作为细分基础。

本章探讨顾客的分群与复制，前者是为了建立具营销意义的细分市场，后者是为了判别新顾客的所属细分市场。其中，"复制"是大数据营销中比较重要的概念，因为新顾客缺乏足够的交易记录，厂商难以量身制定合适的营销策略，因此对于新顾客属于哪个细分市场的预判显得更为重要。本章最后通过决策树分析，结合多种细分市场的交集去找到既具获利性又有明确特性的目标客群，作为制定营销策略的依据。

引例：大数据营销助力金属焊接企业精准定位目标客户

金属连接是制造业的关键工艺，广州亨龙公司经过近三十年的不懈追求用智慧与执着走出一条创新发展之路，聚焦专业成就国际品牌。企业自主研发、持续创新、节能环保，拥有雄厚的人才储备、现代化的工厂和完整的制造体系。公司运用先进的金属连接工艺，为汽车整车制造业、家电制造业等七大行业客户提供大量智能化、自动化解决方案。使产品日益成为行业经典，是中国电阻焊领域唯一持续出口的全球性品牌。

笔者在2020年为该优秀民营企业诊断时发现，面对众多分布在十几个行业的大小客户，公司需要对客户进行科学细分和更准确选取重点行业及客户，以充分发挥其技术创新领先优势、提高竞争力和提升利润。针对不同行业的所有客户的基本信息及客户订单信息，笔者从顾客价值的角度，对其进行科学分类，准确识别忠诚客户群、金牛客户群、常购客户群和游离客户群。并对客户进行行业画像，找到最有价值的客户，也为企业营销战略提供科学依据，得到企业高管的一致肯定，并将进一步为其提供企业咨询服务。

【案例思考】
（1）你觉得公司日常积累客户详细信息重要吗？为什么？
（2）作为技术领先的主导型市场导向企业，分清不同客户类型后，定价策略是否也做区分？为什么？

8.1 物以类聚与人以群分

8.1.1 物以类聚

第6章购物篮分析曾经提到，若两两产品被同时购买的频率愈高，则关联性愈高，愈适合被聚成一个购物篮，成为彼此推荐的对象。不论是数据挖掘或者统计分析，计算产品关联性的步骤是相似的。首先，决定要以产品树的哪个层次去定义产品变量。例如，书商想了解各大类书籍之间的关联性，则可定义工商类、法律类、建筑类等书籍为产品变量。或者，超市想知道冷冻食品旗下品项如冷冻点心、冷冻蔬菜、冷冻餐点等的关联性，则应将每个品项定义成产品变量。界定产品树层次是为了精简产品变量的个数，避免纳入过多变量而造成计算繁复，有利于提升产品关联性的指令周期。

其次，根据决定好的产品树层次，找到相关的消费者行为作为市场细分变量。理论上，来自于相同细分市场的顾客有相似的购买行为，交易记录比较容易呈现明确而具体的产品关联结构。如第6章的6.1节所述，购物篮分析的经典案例，"啤酒与尿布"组合，其交易记录主要来自于年轻父亲，也就是家中有婴儿的小家庭客户。如果不做市场细分，各种客户的交易记录将会混在一起，啤酒与尿布的关联性势必无法突显出来。市场细分的理论基础与科学方法都是本章的重点。

最后，将相同细分市场的客户的产品购买记录整理成数据格式，有利于计算产品的关联性，如图8-1所示。因素分析（factor analysis）的概念与购物篮分析最为相似，根据样本相关矩阵，将多个产品变量（如 X_1，X_2，…，X_7）减缩为少数几个购物篮因素（如 F_1，F_2，F_3，F_4）；每位客户在特定因素上的分数，显示其对该因素所代表的购物篮的购买意愿。因此，对特定客户（i）而言，分数最高的因素就是最值得推荐的购物篮，而同一个篮子里的品项也适合进行相互推荐。

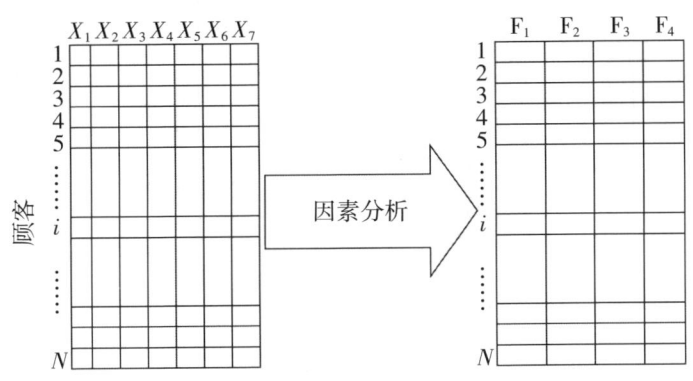

图 8-1　物以类聚：因素分析

8.1.2　人以群分

因素分析根据变量间的相关结构，将多个变量缩减成少数几个因素。有别于此，集群分析（cluster analysis）则是根据多位顾客在行为变量（如 X_1，X_2，…，X_7）上的表现，衡量顾客间的相似度之后，据此整并成少数几个群别（如 G_1，G_2，G_3，G_4），如图 8-2 所示。被归为同一群的顾客在行为变量上有相似的表现，而群与群之间则有非常大的差异。将集群分析的结果转换成营销语言，就是在做市场细分。市场细分（market segmentation）是指将整体市场区分成若干习惯和特性相同或需要相似的较小市场或顾客群体的过程（process of dividing a large market into smaller target markets, or customer groups with similar needs and/or desires）。

建立市场细分的好处是可以简化消费者的异质性，有利于营销策略的沟通与研拟。面对复杂多变的需求，也许研究人员有能力了解并辨认异质性的变化形态，但是对于管理人员来说却是难以理解且不易沟通的信息。营销策略的沟通可能随时发生在来往的电子邮件、搭电梯的空档，或者办公室的大厅，沟通的双方必须能够立即掌握对方的想法，才能共同对营销策略做出评估。因此，鲜明而具体地描述出每个细分市场的特色，更有利于决策者之间的沟通。而且，企业在竞争压力与资源有限的环境下，可以选择的营销方案并不多，市场细分的分析可协助企业找出哪些细分市场对于可行方案有最大的正面反应。在进行市场细分的时候，企业必须做出这几个决定：市场应该分成几群、应该使用哪些细分变量，以及该使用哪种集群方法。

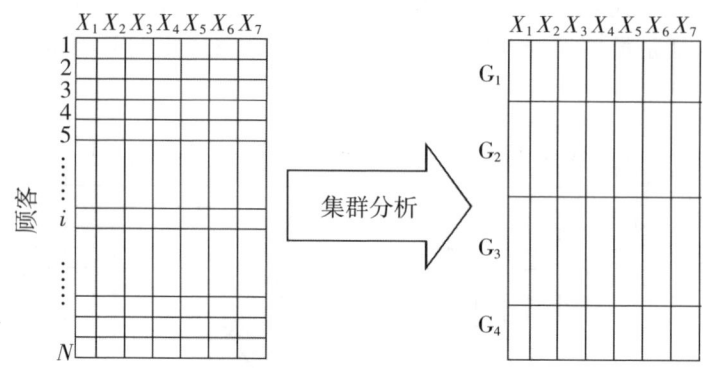

图 8-2 人以群分：集群分析

8.2 决定细分市场数目

整体市场应该分为几个细分市场，取决于两种营销成本的权衡，如图 8-3 所示。图中，横坐标轴代表群数，纵坐标轴代表营销成本。假设市场上共有 N 位顾客，则群数最多可设定为 N 群（即每个人自成一群），最少可设定为 1 群（即所有人都归入同一个群），如横坐标轴所示。纵坐标轴的营销成本则包括营销计划的成本与信息精确的风险，这两种成本随着群数的不同与时间的推进而有不同的变化。

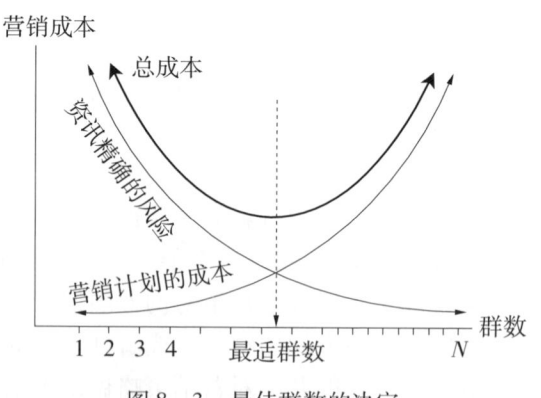

图 8-3 最佳群数的决定

8.2.1 两种营销成本

首先是营销计划的成本（the cost of marketing programs），是指针对每个细分市场分别设计专属营销计划的总成本。若将所有顾客视为一个细分市场,则不管是产品或服务都只需要设计一套即可;若将顾客分为两群,则只须制定两种营销模式,投入的营销计划成本都相对较低。不过,当细分市场数目愈来愈多的时候,营销策略开始走向定制化,厂商必须提出大量款式的产品与服务,营销计划成本也就愈来愈高。因此,营销计划成本会随着细分市场数目的增加而增加。

其次是信息精确的风险(the risk caused by information precision),是指营销信息不够精确而造成营销策略无效的风险。消费者因为不同的出生背景、人格特质、生活经验,而造成需求的异质性(demand heterogeneity)。因此,如果将所有消费者都看成是同样的一群人,营销信息就只会提供全体平均值,企业也只会提供一套营销策略。这样势必无法满足市场上各式各样的需求,甚至可能让所有顾客都不满意而离去,造成很大的损失。反之,如果将每一个人都看成是一群人,则营销信息就会试图提供因人而异的估计值,降低预测失准的风险,从而为每个顾客提供贴心的产品或服务,换句话说,信息精确的风险会随着细分市场数目的增加而降低。因此,相加得到两种营销成本的总成本,会随着细分市场数目增加呈现出先递减再递增的趋势。而总成本最低时的群数就是最适当的细分市场数目。

8.2.2 最佳群数的趋势

信息科技的进步与消费意识的抬头,对两种营销成本的走势造成影响,如图8-4所示。首先,随着科技的进步与网络的发达,厂商提供定制化的商品、服务或信息已经不是难事。如第7章所述,在大数据时代下,企业能够轻易地存储大量的交易数据;通过适当的统计方法,就能获得具可信度的个人偏好估计值。当厂商推出新产品或新的促销策略的时候,可以根据营销活动的特色,向有高度购买意愿的客户进行推荐。另外,像连锁式营销的观念所述,通过网络平台,多家企业聚集形成一个网络,提供各式各样琳琅满目的产品,让需求各异的消费者可以尽情选择。因此,面对多个细分市场执行多套营销策略,甚至是进行一对一营销的成本,已经不像十几二十年前那么高了。如图8-4所示,随着时间的推移,营销计划成本的曲线有一直向下移动的趋势。

其次,消费者的个人意识也因为快速的信息流通而逐渐高涨。在过去,即使厂商提供的产品与服务不如人意时,消费者通常只是默默承受,较少向厂商争取自己应有的权益。而在网际网络蓬勃发展的现在,由彼此陌生的消费者集结而成的网络社交、论坛、个人博客等,发布的产品开箱文、信息文、询问文、心得文等纷纷如雨后春笋般出现。消费者只要感到不满意就可以上网评价,负面口碑也就一传十、十传百,造成厂商极大的损失。因此,一旦厂商无法准确地掌握消费者的需求，营销策略的执行风险立即就会提高。如图8-4所示，信息精确风险的曲线随着时间有整个往上提升的趋势。

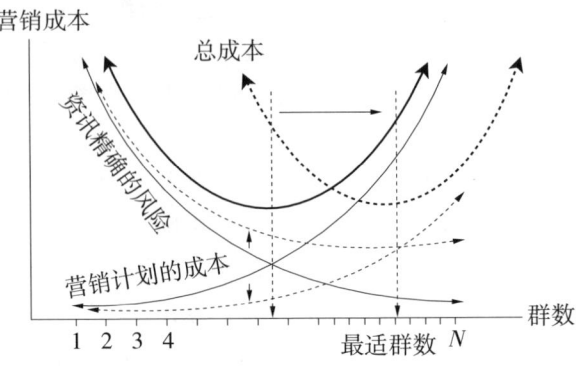

图8-4　最佳群数的趋势

结合这两种营销成本的趋势，就可以看出细分市场最佳个数与时俱增，一对一营销是未来的趋势。不过，应用到各种不同行业或各个不同企业时，营销计划的成本与信息精确的风险的未来变化趋势不见得完全一致。关键在于企业本身的经营模式（business model）是要指向完全定制化、一对一的那个方向走，还是要朝标准化的方向走。这些都没有一定的解答。因此，图中的最佳群数也没有标准答案，取决于企业对于两种营销成本的看法如何随细分市场个数而变化。

8.3　市场细分

市场细分（segmentation）、目标市场选择（targeting）与产品定位（positioning）是制定营销策略的STP三部曲。首先，市场细分是指将消费者市场区分成数个子群体，使同一群的消费者有相似的需求，有利于企业制定有效的营销策略。其次，评估每一个细分市场的获利能力，选出最有利者作为目标市场。然后，搜集目标市场对于市场上不同品牌的看法与认知，作为产品定位之依据。其中的关键点在于选取有效的细分变量，才能产生有效的细分市场。

8.3.1　事前细分法

传统上，企业经常采用事前细分法（priori segmentation approach），使用一些具有分类意义的变量，将全体消费者切割（cut）或分割（divide）成数个子群体，视为市场细分，如图8-5所示。例如，许多营销学教科书提到人口统计变量（demographic variables）是最常见的细分变量，比如根据性别定义男性市场与女性市场，或者根据年龄定义少年、中年、老年等市场，都属于人口统计细分

(demographic segmentation)。事实上，人口统计细分并不符合市场细分的理论定义，也就是同一细分市场内的消费者应具有相似的需求或行为。例如，假设所有女性都基于相同理由而使用香水，或者喜欢相同味道的香水，显然极不合理。因此，从制定营销策略的角度来看，人口统计细分所提供的营销信息其实并不精确。

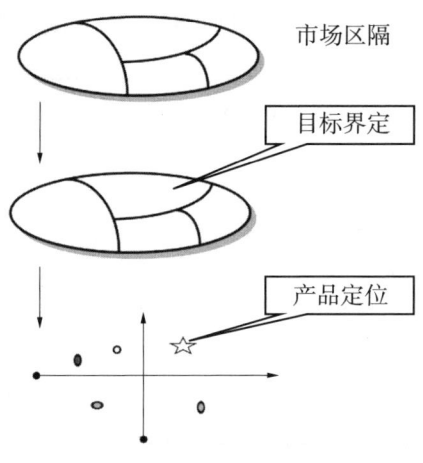

图8-5　传统的营销策略发展过程

一直以来，许多企业都误以为市场切割就是市场细分，因为他们只着眼于获得分群的结果，而忽略了细分的目的。营销理论发展至今已经超过半个世纪，在早期的时候，问卷调查的技术刚开始起步，消费者的态度与行为量表还在发展阶段，统计软件包也尚未成熟。即使营销理论早已告诉企业应该要根据消费者的行为特征去建立市场细分，但因为大量问卷资料的搜集与分析都窒碍难行，企业也只好作罢，转而使用容易衡量又能直接分群的人口统计变量进行市场切割，以此取代市场细分。人口统计细分在早期原是无可厚非，但时至今日，由于人口统计变量与产品消费行为之间缺乏理论上的关联性，唯有以消费者行为变量为依据进行市场细分，才有助于制定有效的营销策略。

8.3.2　事后细分法

事后细分法（post hoc segmentation approach）是在使用大量变量去衡量每位消费者的特征之后，再将相似的消费者集成一群（grouping），更符合市场细分的目的。最常见的做法是通过问卷调查，设计大量题项，如追求利益、属性偏好、使用频率等，搜集每位消费者对于特定产品的认知、态度与行为等数据，进而衡量消费者的异质性。

如图 8-6 所示,一开始每位消费者自成一群。但是,如同 8.2 节所述,为了降低营销计划成本,各群有必要向上整合,将相对相似的消费者集成一群。只是随着群数的降低,群内的异质性也会逐渐提高,造成信息精确的风险随之升高。因此,在锁定某一群人作为目标市场的时候,千万不能以偏概全地认为群内的每个人都是一样的。尽管如此,根据消费者的异质性采用由下而上(bottom-up)式的集群,相对于根据人口统计变量由上而下(top-down)式地切割市场而形成的组别,依然能够提供更精确的营销信息,更有助于营销策略的制定。

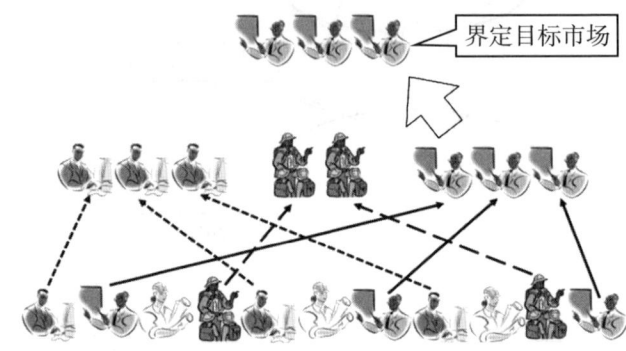

图 8-6　由下而上式的营销策略发展过程

8.3.3　行为细分变量

消费者的异质性是建立市场细分的基础(the bases for the segmentation)。营销人员对于整体市场的洞察与理解,能够从中嗅到什么样的商机,往往取决于一开始选取哪些变量去辨认每位消费者的特征。为了找到有相似需求或行为的一群人,消费者行为的各个层面都适合作为市场细分基础,有其独特的营销策略意义。

1. 追求利益

首先是追求利益(benefit sought),也就是消费者购买或使用产品是为了增加哪些利益,想要得到哪些好处。是生理上还是心理上的?是为自己还是为他人?马斯洛需求层次理论(Maslow's hierarchy of needs)提供五种利益类型:生理需求、安全需求、社交需求、自尊需求、自我实现需求。第 2 章讨论被动式营销观念时,针对有发福危机的中年男子提出为了健康而减肥的广告,又针对爱美的女生提出追求窈窕体态而塑身的广告。因此,以消费者追求的不同利益来细分市场,对于企业的营销策略规划有极高的参考价值。

2. 家庭生命周期与生活型态

其次是家庭生命周期(family life cycle),是指随着时间的推移,家庭会经历一系列不同的阶段。消费者从单身、结婚、生子、子女成长然后离巢而去到空巢期，每个阶段背后的生活型态都不一样，对于产品的需求也不尽相同。例如，讲求外型或注重安全性的汽车、不同形式或不同面积的房屋、不同容量的电冰箱，都是为了响应处于不同家庭生命周期阶段的消费者需求。

3. 产品使用情境

消费者的产品使用情境（product usage situation）大致分为自用或与人分享两类。根据涉入理论（involvement theory），若消费者购买产品只是为了自己一人使用，则涉入程度较低；反之如果为了送礼或与好友分享，则涉入程度较高。消费者的涉入程度愈高，经历的购买决策过程愈完整，更倾向主动地比较产品间的差异，考虑的因素较为具体客观。反之，若消费者的涉入程度愈低，则经历的购买决策过程愈简单，则更倾向被动地听信他人的推荐，考虑的因素偏向情感主观。因此，面对高涉入细分市场，广告策略应满足"晓之以理"的要求，引起注意的噱头反而较无效果。反之，面对低涉入细分市场，广告策略最好满足"动之以情"的要求。

4. 品牌忠诚度

品牌忠诚度（brand loyalty）的衡量应同时考虑行为面与态度面，即行为忠诚与情感忠诚。行为忠诚是指消费者对于品牌重复一致的采购行为，而情感忠诚是指消费者在心理上对品牌产生承诺，认为品牌可以提供某些独特的价值。举个例子，喝饮料的人平常习惯只喝某个品牌的饮料，是否就代表这个人的品牌忠诚度高呢？答案是不一定。假设这个人今天走到便利商店想买平常喝惯的品牌，却发现该品牌卖光了，接下来他会愿意顶着大太阳，在摄氏36度的高温下再徒步走10分钟去其他便利商店，直到买到心爱的饮料品牌为止；还是选择留在原来的便利商店，改买其他品牌的饮料呢？如果是前者，代表这个人对于饮料的确有很高的品牌忠诚度；如果是后者，代表这个人平常的喝饮料习惯只是一种品牌惰性（brand inertia），只是为了省却搜寻的麻烦才重复购买曾经使用过的品牌，不等于对该品牌具有情感性的认同。

不管是什么产品或者什么品牌，都会举办促销活动来提升销售业绩。例如，在人潮拥挤的热炒店，酒促小姐忙着促销自己代言的啤酒品牌，穿梭于桌海之中。啤酒试喝与价格折扣都是常见的促销手法，但成功的前提是顾客的品牌忠诚度不能太高。顾客的品牌忠诚度愈高，促销策略的成效愈低。因此，在执行促销策略之前，宜先衡量顾客的品牌忠诚度，再锁定品牌忠诚度低者为目标市场。

5. 其他行为变量

除了前面提到的变量之外，还有许多行为变量具有重要的营销意义，适合作为市场细分基础。例如，价格敏感度（price sensitivity）曾于第7章提到，对于价格敏感度低的顾客，厂商其实不必提供促销优惠，或者只须象征性地提供95折的优惠券即可；反之针对价格敏感度高的顾客，厂商若能提供8折甚至是7折的优惠券，就能大幅度提高这群消费者的购买意愿。选购准则（choice rule）则是指顾客的个人偏好结构，呈现顾客在购买产品时比较在意哪些属性，是厂商进行产品推荐时挑选目标客群的依据。

信息搜集习惯和特性（information search behavior）是指顾客习惯从哪些渠道搜集产品相关信息，包括内在搜集与外在搜集。内在搜集是指顾客自身的消费经验，外在搜集则包括媒体接触与上网行为。厂商应根据目标客群使用的信息渠道，决定营销推广的平台。购物行为或血拼行为（shopping behavior）可分为规律行为（regular behavior）和异常行为（irregular behavior），取决于消费者的购买周期是否稳定，第9章有进一步的说明。

8.3.4 会员数据库的变量

企业在邀请顾客加入会员时，通常希望搜集顾客的基本资料。乍看之下，这些静态数据与消费者行为的关联性似乎不高，但其实只要经过适当的推论，这些变量也可以衍生成有效的市场细分变量。例如，灿坤3C的个人家庭背景问卷如表8-1所示。除了从婚姻状况可以判断顾客处于单身或婚姻状态之外，还可以根据孩子的年龄去判断家中孩子是学龄前、求学期间还是已经离巢，进而推论顾客的家庭生命周期阶段。而根据顾客拥有的3C产品及拥有年份，也可以合理判断该顾客对于创新科技的接受程度。例如，拥有笔记本电脑不到一年的顾客与超过三年的顾客，前者可能是喜欢使用新品的创新者，而后者可能觉得产品能用就好，不急着买新品。

表8-1 个人家庭背景

婚姻状况	□未婚 □已婚，孩子数目____人，孩子年龄____ ____ ____
家庭可支配所得	□25000元（含）以下 □25001～35000元 □35001～45000元 □45001～55000元 □55001元（含）以上
家庭人口数	_____人（居住于同一住所者）
居住情况	□自己所有 □家族所有 □租赁 □宿舍 ，面积____平方米
家中商品购买决定者	□自己 □兄弟姊妹 □父母 □祖父母 □朋友 □孩子 □其他____

续表 8-1

拥有的3C产品种类及年份	□家庭剧院，已拥有＿＿＿年＿＿月	□冰箱，已拥有＿＿＿年＿＿月
	□电视机，已拥有＿＿＿年＿＿月	□电饭锅，已拥有＿＿＿年＿＿月
	□录放机，已拥有＿＿＿年＿＿月	□烤面包机，已拥有＿＿＿年＿＿月
	□DVD，已拥有＿＿＿年＿＿月	□电磁炉，已拥有＿＿＿年＿＿月
	□VCD，已拥有＿＿＿年＿＿月	□微波炉，已拥有＿＿＿年＿＿月
	□伴唱机，已拥有＿＿＿年＿＿月	□烤箱，已拥有＿＿＿年＿＿月
	□音响，已拥有＿＿＿年＿＿月	□洗衣机，已拥有＿＿＿年＿＿月
	□台式电脑，已拥有＿＿＿年＿＿月	□烘干机，已拥有＿＿＿年＿＿月
	□笔记本电脑，已拥有＿＿＿年＿＿月	□冷气机，已拥有＿＿＿年＿＿月
	□打印机，已拥有＿＿＿年＿＿月	□电风扇，已拥有＿＿＿年＿＿月
	□扫描仪，已拥有＿＿＿年＿＿月	□除湿机，已拥有＿＿＿年＿＿月
		□空气滤清机，已拥有＿＿＿年＿＿月
		□吸尘器，已拥有＿＿＿年＿＿月

当然，这些推论不一定正确，会员数据库有其限制存在。如果想要深入地了解每位客户的消费行为，还是得通过电访或其他方式与客户直接对话，才能获得最准确的信息。然而，对每一位会员进行访问，再将访谈结果转换成数据格式，不但所费不赀，数据也无法做到实时更新。因此，试着根据数据库提供的有限信息去对消费者行为做一些合理的推论，是较有效率的做法。

生活型态、购买考虑因素、媒体接触类型等行为维度，也可以通过问卷调查搜集数据，如表8-2所示。由表可知，选项众多是这些行为的共同特色，如生活型态包括公交车族、机车族、开车族、地铁族等，只要是社会上大众普遍接受可以呈现特定生活型态的族群名称，都可以作为该大题的选项。值得注意的是，衡量生活型态的传统做法是使用李克特量表，也就是列举二三十道生活型态的论述，由受访者勾选其同意程度（请参考图6-13），然后再进行因素分析或集群分析。有别于此，此处采用复选题的形式，将每一道生活型态论述简化成一种族群，再由受访者自由勾选符合自身描述的选项。

表8-2 个人兴趣

有无上网习惯	□无 □有，平均每日上网＿＿＿小时
最常浏览的网站类型	□入口网站 □影视娱乐网站 □休闲旅游网站 □医疗保健网站 □在线购物网站 □新闻媒体网站 □投资理财网站 □政府机关网站 □运动体育网站 □饮食天地网站

续表 8-2

最足以说明您个人生活型态的描述	☐公交车族 ☐机车族 ☐开车族 ☐地铁族 ☐电影族 ☐PUB族 ☐哈日族 ☐咖啡族 ☐股票族 ☐菜篮族 ☐踏青族 ☐运动族 ☐夜猫族 ☐网络族 ☐电视族 ☐睡觉族 ☐文艺族 ☐瑜珈族 ☐追求新知族 ☐土风舞族 ☐娱乐新闻族 ☐AV族 ☐KTV族 ☐及时行乐族 ☐Shopping族
最常使用交通工具	☐大众运输系统（公交车、地铁） ☐机车 ☐汽车 ☐脚踏车 ☐步行
最常从事的休闲活动	☐逛街 ☐上网 ☐看电影 ☐阅读 ☐听音乐 ☐户外活动（郊游） ☐看电视 ☐球类运动 ☐艺文活动 ☐打电动玩具 ☐其他_____
最喜欢的电影类型	☐喜剧片 ☐科幻片 ☐悬疑片 ☐记录片 ☐武侠片/动作片 ☐文艺片/剧情片 ☐恐怖片/惊悚片 ☐卡通动画片 ☐其他_____
最喜欢的音乐类型	☐爵士乐 ☐流行乐 ☐摇滚乐 ☐舞曲 ☐电子乐 ☐古典乐 ☐电影音乐 ☐宗教音乐 ☐蓝调 ☐新世纪音乐 ☐其他_____
最常于何处购买3C产品	☐量贩店（如家乐福、大润发） ☐连锁专卖店（如灿坤、全国电子） ☐信息卖场（如T-zone） ☐传统经销商 ☐百货公司 ☐其他_____
最常用的购物方式	☐实体通路 ☐网络 ☐邮购 ☐电视购物 ☐其他_____
购买商品的主要考虑因素	☐价格 ☐品质 ☐便利性 ☐功能用途 ☐品牌 ☐售后服务 ☐外型美观 ☐其他____
最常看的电视频道或节目	☐新闻台 ☐电影台 ☐综艺台 ☐戏剧台 ☐体育台 ☐日本台 ☐音乐台 ☐新知台 ☐卡通台 ☐股市台 ☐其他_____
最常阅读的报纸版面	☐政治版 ☐财经版 ☐娱乐版 ☐艺文版 ☐医学版 ☐社会版 ☐体育版 ☐生活版 ☐连载小说版 ☐其他____
最常阅读的杂志种类	☐企业管理杂志 ☐流行服饰杂志 ☐居家装潢杂志 ☐生活信息杂志 ☐运动体育杂志 ☐计算机通讯杂志 ☐汽、机车杂志 ☐语言教学杂志

本质上，李克特量表与复选题都是在衡量受访者的认同程度，前者将程度细分成 1～5 分或 1～7 分，后者则是将程度一切为二，分为认同与不认同。虽然看起来李克特量表获得的数据比复选题来得精确，但是前者在问卷上占的篇幅远大于后者，容易造成问卷过于冗长而降低受访者的填写意愿。复选题的每个选项都相当于一个虚拟变量，如公交车族（X_1）、机车族（X_2）、开车族（X_3）等，观察值不是 0 就是 1。因此，受访者的回复可转换成一组（0，1）数据，也足以

用来衡量顾客之间的相似程度，作为市场细分的依据。

企业在设计会员问卷的时候，每一道题目内容与答案选项都应该仔细去思考其背后所代表的营销意义。仅纳入人口统计问项的会员问卷，对于制定营销策略的帮助可能有限。若企业能够根据自己的经营项目与消费者的行为特性去设计问卷内容，再以此构建会员数据库的架构，那么通过会员制度而搜集到的资料就能成为策略制定的重要参考。

8.3.5 不同行业的数据库变量

每个行业都有其独特的经营项目，所重视的消费者行为特性也各有不同。这里分别以信用卡、购物商场、社交媒体、购物平台等行业为例，讨论会员数据库中有哪些变量适合用来作为市场细分基础。

1. 信用卡数据库

顾客的刷卡记录通常包括刷卡时间、刷卡金额、购买品项等。其中，刷卡时间可进一步编码为周一、周二或周末周日等日期特性，也可编码成日间或夜间等时点特性。然后，再计算个人在不同时间的刷卡金额占总金额的比例，如表8-3所示。例如，第1位客户在周一花费的金额占了10%，在周二花费的金额占了8%，第2位客户的消费金额比例又有所不同。以不同时点的刷卡金额比例作为市场细分变量，通过统计方法，根据这些比例结构去判断哪些人比较相似，适合被归在同一群内。

表8-3 不同时点的刷卡金额比例

客户	周一	周二	…	周末	周日	日间	夜间
1	10%	8%		26%	20%	75%	25%
2	2%	5%		10%	18%	62%	38%
⋮	⋮	⋮	⋮	⋮	⋮	⋮	⋮
N							

2. 购物商场会员数据库

顾客在购物商场的购买行为，最明显的是到每类店铺的消费金额，据此计算而得的消费金额比例，如表8-4所示。由表可知，第1位客户的消费重点是家电店铺，而第2位客户比较肯花钱在餐饮店铺。营销人员可使用每类店铺的消费比例作为市场细分变量，进而判断顾客之间的相似程度，再进行集群。

表 8-4　不同店铺的消费金额比例

客户	美妆	服饰	家电	餐饮	…
1	10%	8%	26%	20%	
2	2%	5%	10%	18%	
⋮	⋮	⋮	⋮	⋮	
N					

值得注意的是，通过数据库搜集得到的会员数据或交易数据，通常需要进一步的转换，才适合作为市场细分变量。例如，消费金额比例的高低，可能比原始的消费金额大小更具有营销意义。有些数据甚至因为无法反映真实的消费者行为，反而不值得进行分析。例如，顾客以长期订购的方式购买报刊杂志，每次买到产品的时间其实是由企业的送货系统所决定的，如每个月的 1 号，而不是出自顾客本人的意愿。因此，即使交易数据库中记录了顾客的交易日期，但因为这些资料与顾客的需求无关，只是反映企业的送货周期，无法提供任何营销信息，因此不值得进行分析，也不适合转换为市场细分变量。

3．社交媒体会员数据库

面对社交媒体用户，可以考虑使用信息响应类型作为市场细分变量。例如，微信（Wechat）将用户响应消息的方式分为四种，包括点赞、留言、分享和收藏，呈现不同强度的涉入程度。当用户对信息感到认同时就会点赞，觉得有点想法就会留言，希望大家都能知道就会分享，觉得值得细读和保留就会收藏。同样的，当看完一篇电子文章后，有些人可能没有想法，也有些人会感到认同而点赞、留言、分享或收藏。根据每位用户的点赞次数、留言次数、分享次数和收藏次数，就能发现用户之间的相似程度不同，从而进行市场细分。

4．购物平台会员数据库

购物平台（如天猫和京东等）有点像购物商场，经营者需要管理大量进驻开店的厂商会员。站在购物平台的立场，又该如何利用数据库里既有的变量，对厂商会员进行市场细分呢？在网络的世界里，每家厂商都是一个购物网站，网站的点击率、顾客点入网站的平均停留时间、商品的成交率等，都适合用来描述各家厂商的特性。有了这些数据之后就能够进行统计分析，建立市场细分。

8.4　集群分析

事后细分法根据顾客在一组细分变量上的相似程度予以分群，集群分析是最常用的工具。集群分析（cluster analysis）是一种多变量分析方法，依据一组集群变量的样本数据，将受测者区分成少数几个群别，使同一群内具有高度同构型，不同群间具有高度异质性。其中，群别数量无法事前得知，必须根据样本数据呈现的相似结构找到这些群体。

8.4.1 相似性的衡量

在集群分析中，每个人的特征都由一组集群变量的观察值来描述，而任两人间的相似性则以距离来衡量。例如，如图8-7所示，顾客特征由两个集群变量(X_1, X_2)衡量，顾客A的观察值为(X_{A1}, X_{A2})，顾客B的观察值为(X_{B1}, X_{B2})。从数学上来看，A、B两人之间的距离，就代表其相似性；距离愈近代表相似性愈高。距离的计算公式不只一种，欧氏距离平方（squared euclidean distance）最常为人使用，如d^2_{AB}定义为A、B两人分别在X_1与X_2上的差异平方再相加的结果。本章提及的"距离"，指的就是欧氏距离平方。

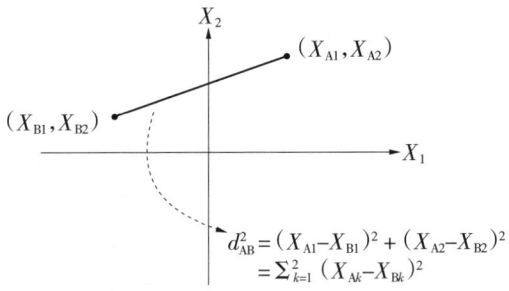

图8-7 欧氏距离平方

根据距离公式计算出所有人两两之间的距离，就可以进行相似性的比较。如图8-8所示，A、B、C三个人之中，以A与C之间的距离最近，代表这两个人最相似，应该集成一群。

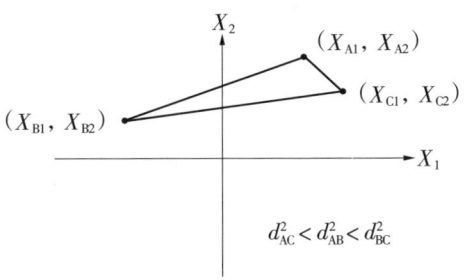

图8-8 距离的比较结果

假设集群变量共有 p 个，则第 i 个人与第 j 个人的距离计算公式，如下所示：

$$d_{ij}^2 = \sum_{k=1}^{p} (X_{ik} - X_{jk})^2 \qquad (8-1)$$

由式（8-1）可知，距离是把 p 个差异平方值相加的结果。也就是说，不论先前使用多少变量去衡量个人特征，最后都汇总成 1 个距离值。试想一下，如果只使用 1 个集群变量（$p=1$），则距离值的确能够真实反映出两个人在这个变量上的相似度。但是随着集群变量的增加，汇总产生的弥补效果，将会导致距离值无法反映出这两个人在哪些变量上有明显的差异。例如，距离公式只能计算出 A、B 的距离（d_{AB}^2）与 B、C 的距离（d_{BC}^2）差不多，却无法得知 A、B 两人在一组集群变量上的差异结构是否与 B、C 两人雷同。

因此，在进行集群分析的时候，投入的集群变量并非愈多愈好，而是应该先按照营销观念将集群变量分类，再逐一进行分析。例如，先选取追求利益变量进行集群分析，再使用生活型态变量进行集群分析等。千万不要一股脑儿地投入全部数据计算顾客之间的距离，因为可能错失许多重要的营销信息。根据距离资料进行的集群分析，包括层级式集群法与非层级式集群法。

8.4.2 层级式集群法

层级式集群法（hierarchical clustering）是逐次聚合（agglomeration）的过程。刚开始时每一个人自成一群，距离最近的两个群体被聚合成一群；每次聚合都使群数变少，直到所有人并入一个大群为止。以图 8-9 为例，距离最近的 A、C 被集成一个新群之后，这两个人也因为被新群取代而消失了。接着，重新决定新群在图上的坐标（X_{*1}, X_{*2}），才能计算与其他群的距离，以便进行下一次的集群。新群的坐标取决于群内所有成员的观察值，如 X_{*1} 是（X_{A1}, X_{C1}）的函数，X_{*2} 是（X_{A2}, X_{C2}）的函数。有许多决定群坐标的方法，如华德法（Wald's method）、最近法（nearest neighbor method）、最远法（farthest neighbor method）、中心法（centroid method）等。决定新群的坐标之后，再重新计算群与群之间的距

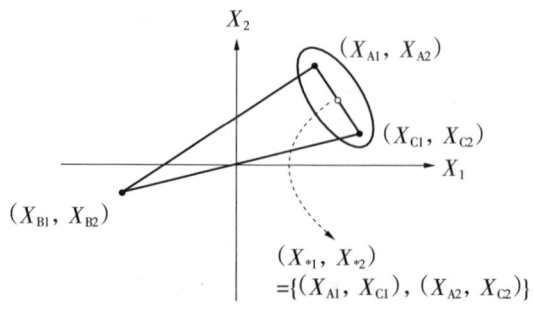

图 8-9 集群后的群坐标

离，将距离近者合并成一群。层级式集群法就是这样一直重复进行聚合的概念。

现以银行服务态度调查的资料为例（见6.6.1节），说明层级式集群法的执行结果。投入数据包括15位受访者对于5个银行态度论述的同意程度，如表6-3所示。层级式集群法欲根据这5个集群变量将15位顾客集成少数几个群别，SPSS软件的执行步骤如图8-10所示。在开启SPSS数据文件后，先点击"Analyze"→"Classify"→"Hierarchical Cluster Analysis"，进入层级式集群法。然后，将5个集群变量选入Variables列，再分别进行四个设定。首先，点击"Statistics"→"Agglomeration schedule"，以产生聚合过程表；其次，点击"Plot"→"Dendrogram"，以产生聚合过程的树形图；然后，点击"Method"，选择使用华德法（Ward's method）计算群间距离；最后，点击"Save"，将集成3～5群的结果存储于数据文件中。

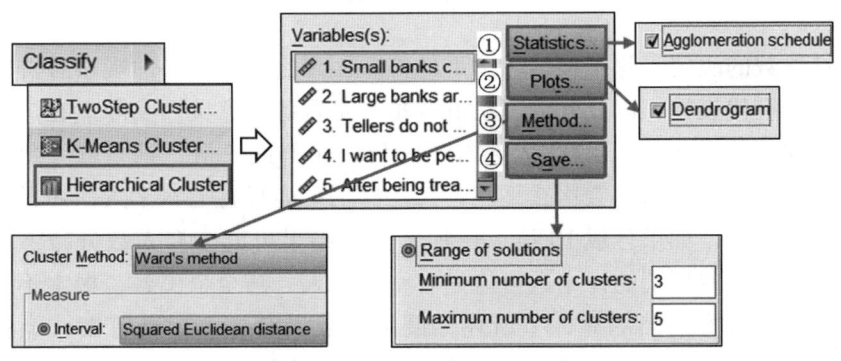

图8-10 集群分析：华德法

使用华德法得到的集群结果，如图8-11所示。图中，聚合树形图与聚合过程表提供相同的信息。例如，在15个人当中，顾客1与顾客15的距离系数最小，代表距离最近，因此在阶段1就率先集成一群。然后，距离最近的是顾客6与顾客10，因此在阶段2集成一群。接下来是顾客8与阶段1形成群（成员是1、15）的距离系数最小，因此1、15、8三人在阶段3时集成一群，其余聚合过程以此类推。

由表可知，随着聚合阶段的推进，最早被合并的两群，群间的距离系数最小；但是愈后面被合并的两群，群间的距离系数愈大，也就愈不适合集成一群。因此，当距离系数大到一定程度的时候，就应该停止集群，以免造成群内的异质性过高（或同构型过低）。一般来说，可以从距离系数的递增速度来决定集群的停止点。由表可知，聚合阶段11的距离系数为84.1，阶段12的距离系数陡增为149.5，这个差异与前面阶段相比已经明显过高。因此，集群在阶段11之后就应该停止集群，此时的最佳群数为4群。

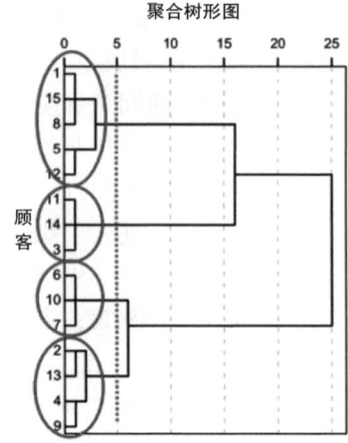

图 8-11 聚合过程

最佳群数的决定，除了根据数学上的群间距离之外，还必须观察各群的人数规模是否具有代表性，以及各群在集群变量上是否各具意义。实际上在进行问卷调查的时候，总样本数在 1000 人左右。若分成 4 群或 5 群，则各群人数 200 多人；有的时候人数分布不会这么平均，某些群别可能只有七八十人，尚具有一定的代表性。然而，如果分成 10 群，再加上集群结果可能会有人数分布不均的情况，就会造成某些群别的样本数可能只有十几个人，甚至个位数，根本不足以代表一个群体。就像前面的 8.2 节所述，最佳群数没有一个标准答案；经验准则（the rule of thumb）是 4±1 群，也就是分成 3 群、4 群或 5 群都适当。

至于群数到底设定成多少，取决于哪种设定可以使各群人数都具代表性，以及各群在集群变量上各具意义。在银行调查范例中，由于样本只有 15 个人，无法评估各群人数的代表性。各群特色是指那些集群变量上有明显较高或较低的群平均数。如表 8-5 所示，15 位受访者被集成 4 群，按照群别顺序排序。集群变量包括"小银行要求的手续费通常比大银行便宜"（X_1）、"大银行比小银行更容易犯错"（X_2）、"银行柜员不必特别有礼与友善，只要把事情做好就可以了"（X_3）、"我希望我的银行可以认识我，对我有特别待遇"（X_4）、"如果金融机构对我不友善或不在乎，我就不会再光顾"（X_5）等。

表 8-5 银行态度调查的资料格式与集群结果：华德法

ID	X_1	X_2	X_3	X_4	X_5	群别
1	9	6	9	2	2	1
5	6	9	8	3	3	1
8	8	6	8	2	2	1

续表 8-5

ID	X_1	X_2	X_3	X_4	X_5	群别
12	6	9	7	3	5	1
15	9	7	9	2	1	1
2	4	6	2	6	7	2
4	2	2	0	9	9	2
9	4	4	0	8	8	2
13	6	7	1	7	8	2
3	0	0	5	0	0	3
11	1	2	6	0	0	3
14	2	1	7	1	1	3
6	3	8	5	4	7	4
7	4	5	6	3	6	4
10	2	8	4	5	7	4
群平均数	$\bar{X}_{1G}$	$\bar{X}_{2G}$	$\bar{X}_{3G}$	$\bar{X}_{4G}$	$\bar{X}_{5G}$	人数比例
第1群	7.60#	7.40#	8.20#	2.40	2.60	33%
第2群	4.00	4.75	0.75*	7.50#	8.00#	27%
第3群	1.00*	1.00*	6.00	0.33*	0.33*	20%
第4群	3.00	7.00	5.00	4.00	6.67	20%

#代表最大的群平均数；*代表最小的群平均数。

由集群变量的群平均数可知，每个群别都各具特色。第1群在X_1、X_2与X_3有明显较高的群平均数，代表这群人偏好小银行、银行只要把事情做好即可，因此可命名为"偏好小银行及任务导向型顾客"。第2群的特色是X_4与X_5有较高的群平均数，代表这群人需要被重视、被友善对待，因此可命名为"关系导向型顾客"。第3群的特色是在X_1、X_2、X_3与X_4上的群平均数最低，代表这群人偏好大银行，不需要银行的特别待遇，因此可命名为"偏好大银行之隐士型顾客"。最后，第4群的特色是X_2与X_5有较高的平均数，代表这群人偏好小银行，也希望被银行友善对待，因此可命名为"偏好小银行及关系导向型顾客"。

层级式集群法虽然能够很清楚地描述每一个人的聚合过程，但是比较适用于小样本。当样本人数增加，不仅加重计算负担（因为聚合阶段大增），最后将所有人并入同一群的假设也不合理。因此，当样本人数超过一定水平时，非层级集群法（如K平均法）就比较适用。

8.4.3 非层级式集群法

非层级式集群法（non-hierarchical clustering）又称快速集群法（quick clustering），最常见的是 K 平均法（K-means algorithm）。在集群过程中，一开始就先设定好群数（K），将样本任意或有所依据地分成 K 群，并根据群内成员的资料去计算各群的群中心值。然后，根据个人与 K 个群中心值的距离，将每个人重新分派到距离最近的群体，并重新计算各群的中心值。在重复分群的过程中，一直都维持着 K 个群体，每个人都可能离开原来群体到其他群，直到所有人都不再离开所属群别为止。群数（K）的设定，可以参考层级式集群法的聚合过程，或者使用经验准则，尝试分成 3 群、4 群或 5 群。

此处同样以银行服务态度调查的资料为例，说明 K 平均法的 SPSS 软件执行步骤，如图 8 - 12 所示。首先，点击"Analyze"→"Classify"→"K - Means Cluster"。其次，将 6 个集群变量选入"Variables"列，并设定群数为 4 群（参考华德法的集群结果）。然后，点击"Iterate"，可将重复分群提高到 50 次（默认 10 次）。等到完全确定集群分析的最终结果之后，再点击"Save"，将集群分析产生的群别变量，新增于数据格式之中。

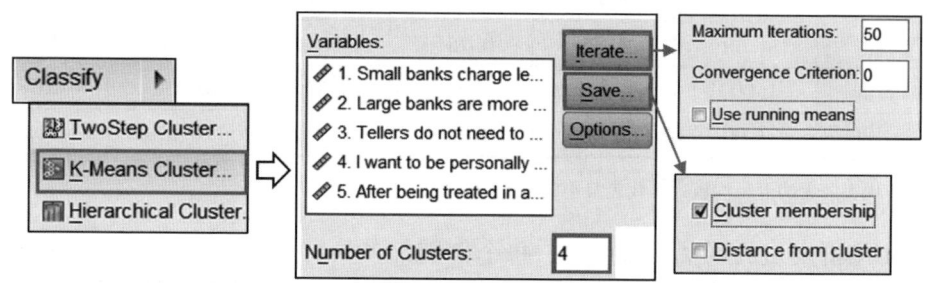

图 8 - 12　集群分析：K 平均法

K 平均法的集群结果，如表 8 - 6 所示。表中，群中心值（cluster centers）是指各群成员在集群变量上的平均数，亦即群平均数。由表可知，K 平均法的结果与华德法（表 8 - 5）非常相似，差别只在第 2 群与第 4 群的特质彼此互换。

表 8 - 6　银行态度调查的集群结果：K 平均法

集群变量	群中心值			
	第 1 群	第 2 群	第 3 群	第 4 群
X_1	7.60#	3.80	1.00*	3.00
X_2	7.40#	6.80	1.00*	3.00

续表 8-6

集群变量	群中心值			
	第1群	第2群	第3群	第4群
X_3	8.20#	3.60	6.00	0.00*
X_4	2.40	5.00	0.33*	8.50#
X_5	2.60	7.00	0.33*	8.50#
人数	5	5	3	2
比例	33%	33%	20%	13%
命名	偏好小银行及任务导向型顾客	偏好小银行及关系导向型顾客	偏好大银行之隐士型顾客	关系导向型顾客

代表最大的群中心值；* 代表最小的群中心值。

在大样本的情况下，K 平均法的运算效率远高于层级式集群法。举例来说，当样本数为 1000 人，层级式集群法的聚合过程就需要经历 1000 - 1 = 999 个阶段，且一开始就必须计算 C_2^{1000} = （1000×999）/2 个距离值，才能决定是哪两个人要集成一群。虽然随着阶段的推进，需要计算的距离值个数从 C_2^{1000} 个，骤减为新群别与其余群别的距离值个数，即 998 个，997 个……，但总的相加次数仍旧非常可观。相比之下，K 平均法只要进行最多十几次的重复分群，就可以得到稳定的分群结果。而每一次的分群也只需要计算 1000 人到 K 个群中心值的距离，即只需要计算（1000×K）个距离值，远少于层级式集群法。因此，大样本使用 K 平均法，并设定 K = 4 ±1，再根据三种集群结果决定最佳群数，是最适当的做法。

8.4.4 数据库的集群分析

如第 3 章的 3.4 节所述，企业的动态数据文件记录了每笔交易内容，如购买时点、购买金额、购买品项等。经过适当的转换，这些数据都能成为理想的细分变量。以咖啡连锁店消费行为研究为例，问卷内容针对消费者的来店消费行为设计五道题项，与交易数据库的内容（如 RFM 指标）类似，描述性统计结果如图 8-13 所示。例如，Q1 相当于最近购买期间（R），Q2 相当于购买频率（F），Q3 相当于购买金额（M）。Q4 与 Q5 则是店内消费行为，如消费者在店内的停留时间，消费者通常是自己来还是跟好友一起来。图中，为进行集群分析，每个问题的答案选项都依其程度而有对应的分数，进而得到受访者在五个细分变量上的量化数据。

Q1：距离上次到咖啡店相隔多久时间？

分数	选项	人数	比例
1	不到一天	7	8%
2	两天	4	5%
3	三天	9	11%
4	一周	16	19%
5	两周	8	9%
6	三周	5	6%
7	一个月	11	13%
8	一个月以上	25	29%

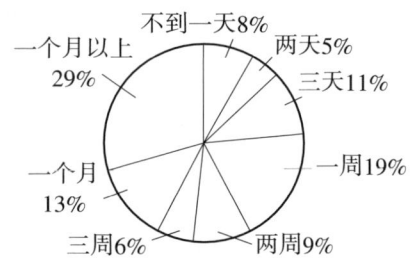

Q2：在过去6个月内到连锁咖啡店消费的次数？

分数	选项	人数	比例
1	半年一次	12	14%
2	三个月一次	17	20%
3	一个月一次	24	28%
4	两周一次	13	15%
5	一周一次	15	18%
6	一周两次	2	2%
7	一周三次	1	1%
8	一周三次以上	1	1%

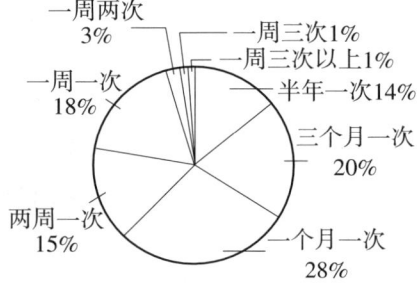

Q3：平均每次到咖啡店消费多少钱？

分数	选项	人数	比例
1	50元以下	2	2%
2	51～100元	31	37%
3	101～150元	43	51%
4	151～200元	6	7%
5	201～250元	2	2%
6	251～300元	1	1%
7	301～350元	0	0%
8	350元以上	0	0%

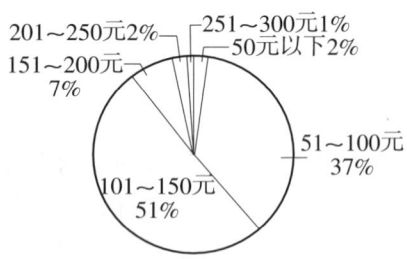

图8-13 连锁咖啡店消费行为研究之描述性统计

Q4：每次在咖啡店内停留多久时间？

分数	选项	人数	比例
1	未满 15 分钟	2	2%
2	15～30 分钟	6	7%
3	30～60 分钟	20	24%
4	1 小时以上	36	42%
5	2 小时以上	21	25%

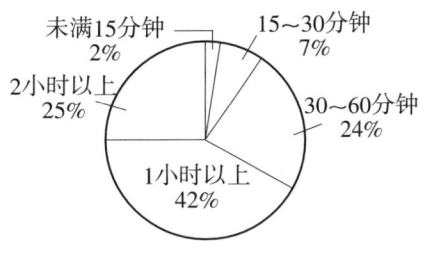

Q5：每次到咖啡店，同行人数为多少人？

分数	选项	人数	比例
1	单独一人	11	13%
2	1 人	12	14%
3	2～3 人	48	56%
4	4～5 人	11	13%
5	5 人以上	3	4%

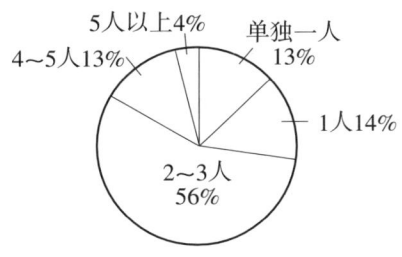

续图 8-13　连锁咖啡店消费行为研究之描述性统计

该研究从连锁咖啡店的两个门店共回收 85 份有效问卷，使用 K 平均法集成 4 群的结果，如表 8-7 所示。总的来说，第 1 群的人数比例最高，但这群人已经很久没有来店消费，过去半年的消费次数最低，平均消费金额只稍高于其他群，代表商店黏着度很低。第 2 群人的平均消费金额也是稍高，但到店消费的停留时间最短，属于任务导向型的顾客。第 3 群与第 4 群的人数比例最低，但这群人来店消费的频率最高，来店停留时间较长，有较高的商店黏着度。不同的是，第 3 群的顾客喜欢与好友一起同行消费，第 4 群的顾客则是比较喜欢独自一人来店消费。

表 8-7　连锁咖啡店消费行为研究之集群结果

细分变量	第 1 群	第 2 群	第 3 群	第 4 群
距离上次到咖啡店相隔多久时间？	7.56#	4.15	2.40*	2.44
在过去 6 个月内到咖啡店消费的次数？	2.05*	3.67	4.40	5.44#
平均每次到咖啡店消费多少钱？	2.85#	2.85#	2.30*	2.44
每次在咖啡店内停留多久时间？	3.95	3.26*	4.30#	4.22
每次到咖啡店，同行人数为多少人？	3.05	2.85	3.20#	1.11*
总市场比率：	46%	32%	12%	11%

续表 8-7

细分变量	第1群	第2群	第3群	第4群
门店 A 比率：	55%	33%	5%	8%
门店 B 比率：	38%	31%	18%	13%

#代表最大的群中心值；*代表最小的群中心值。

进一步将样本分成门店 A 与门店 B，则会发现门店 A 占比最高的第 1 群与第 2 群与总市场一致，第 3 群与第 4 群比例反过来；门店 B 的人数分布则与总市场基本一致，只是分布更趋向均匀。对门店 A 来说，绝大多数客群是消费频率较低的第 1 群与第 2 群，因此策略重点在于促使顾客提前来店消费，如赠送来店礼、不定时的打折促销等都是合适的营销手法。相比之下，门店 B 消费金额较低的第 3 群与第 4 群比例没那么少。其中，第 3 群喜欢与朋友一起来咖啡店，因此寿星礼、呼朋引伴优惠等做法，都能吸引他们带更多朋友前来消费。第 4 群则喜欢独自来咖啡店，因此增加个人座位的设置、提供餐点套餐优惠等做法，能够促使这群人愿意在店内用餐，从而增加消费金额。

8.4.5 以回归系数为集群变量

消费者的异质性是集群分析的基础，如前面 8.3 节提到的人口统计、生活型态、消费行为等都是常见的集群变量。这些消费者资料大多可以通过问卷调查或营销数据库搜集得到，具有可观察性。相反的，消费者面对营销策略而产生的反应（response to marketing stimuli），如个人的价格敏感度或偏好结构（见第 7 章），是更具营销意义的异质性，却是无法观察的参数。虽然回归系数不是可观察变量，但是通过适当的模型设定，也可以成为集群分析的基础。比如第 7 章的 7.7 节提到有限混合模型（finite mixture model）使用模糊分群的概念，既能够产生细分层级的回归系数估计值，又能够根据回归系数产生各具特色的群别。

8.5 市场细分之复制

在进行集群分析的时候，应尽量避免一次性地投入全部数据计算顾客之间的距离，否则可能会错失许多重要的营销信息。首先，所有的集群变量应先按照其衡量目的予以分类，如追求利益变量、生活型态变量、忠诚度变量等，再分别投入集群分析计算群间距离，才能得知客户的异质性来自于哪一方面。其次，如果将会员数据库里的所有客户全部投入集群分析，除了加重计算负担之外，亦无法评估决策风险。第 3 章曾经提到，从会员数据库随机抽取 1067 个样本就足以代表全体客户，不必也不应该使用全部数据进行分析。

不过，以抽样数据进行集群分析会产生一个问题，就是无法得知新客户的所属群别，如图 8-14 所示。此处的新客户有两层意义，一是样本之外没有被纳入集群分析的其余客户，这些人虽然有集群变量的数据，但是因为没有被纳入集群分析而无法得知其所属群别；二是指新会员，因为刚加入会员而缺乏足够的集群变量数据。营销人员必须想办法将集群结果复制（clone）到这些新客户，市场细分才算完成。多项式罗吉斯回归模型（multinomial logistic regression model）与鉴别分析（discriminant analysis）都是适合的复制工具，前者已于第 7 章有所讨论，后者是数学模型，计算过程比较简单，是本节的重点。

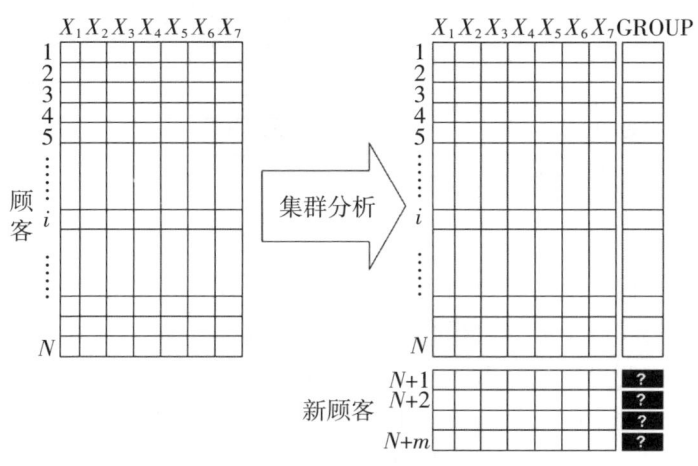

图 8-14　样本客户的集群

8.5.1　鉴别分析概念

鉴别分析根据不同群别在一组量化变量上的差异，建立一个数学模型，用以预测个案的所属群别。多项式罗吉斯回归与鉴别分析这两个方法，都适合用来探讨多个量化变量（如集群变量）对于一个群别变量（如集群结果）的影响。然而，前者的参数估计过程较为复杂，必须通过反复求解才有可能得到收敛的结果；后者的参数估计只是单纯的数学公式，指令周期明显优于前者。因此，虽然多项式罗吉斯回归有其优点（如严谨的检验结果），但实务上仍以鉴别分析较为实用。

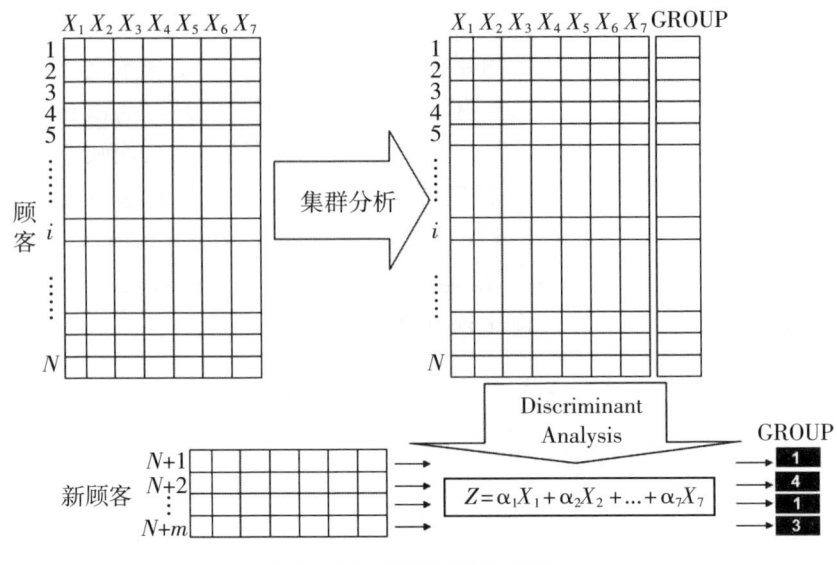

图 8 – 15 集群结果的复制

使用鉴别分析去复制集群结果的概念，如图 8 – 15 所示。通过集群分析，N 位样本客户被集成数个群体。根据资料格式，鉴别分析将群体（group）视为反应变量，将集群变量（X_1，X_2，…，X_7）视为解释变量，建立一个线性鉴别函数（linear discriminant function），如下所示：

$$Z = \alpha_1 X_1 + \alpha_2 X_2 + \cdots + \alpha_K X_K \quad (8-2)$$

式中，Z 为待计算的鉴别分数，用以判断个案所属群别；α_1，α_2，…为待估计的鉴别权重，代表解释变量的影响。

由式（8 – 2）可知，鉴别函数与回归模式很像，但前者的鉴别分数是不可观察的数值，后者的反应变量则是可以观察的数据。鉴别分析通过求解极大化问题获得鉴别权重的估计值，进而计算个案的鉴别分数并以此预测其所属群别，如费雪法与正典法。除鉴别分数之外，事后概率更常被用来预测个案的群别，如默氏法。

8.5.2 费雪法

鉴别分析分为费雪法、正典法、默氏法等三种方法。其中，以费雪法（fisher's approach）的线性鉴别函数最容易理解，也容易用来预测个案的所属群别。现以金融机构防劫计划为例，说明鉴别分析的观念。假设保全公司想要知道造成金融机构遭到抢劫的可能原因，于是搜集多家金融机构的现金存量（X_1）与警卫人数（X_2）数据，以及过去是否曾经遭到抢劫（Y）的记录，散点图如图 8 – 16 所示。图中，曾经遭劫（$Y = 1$）与没有遭劫（$Y = 0$）的两群金融机构的数据点，分别以空心圆点（○）与实心圆点（●）表示，呈现两个分布趋势。首先，这两群数据点的分布都呈现右上左下的椭圆形，代表现金存量与警卫人数呈正相关，也就是金融机构的现金存量愈多，雇用的警卫人数愈多。其次，曾经遭劫组的数据点（○）位于没有遭劫组（●）的右下方，是因为右下方代表现金存量较多且警卫数较少，金融机构遭劫的情形自然较为严重。

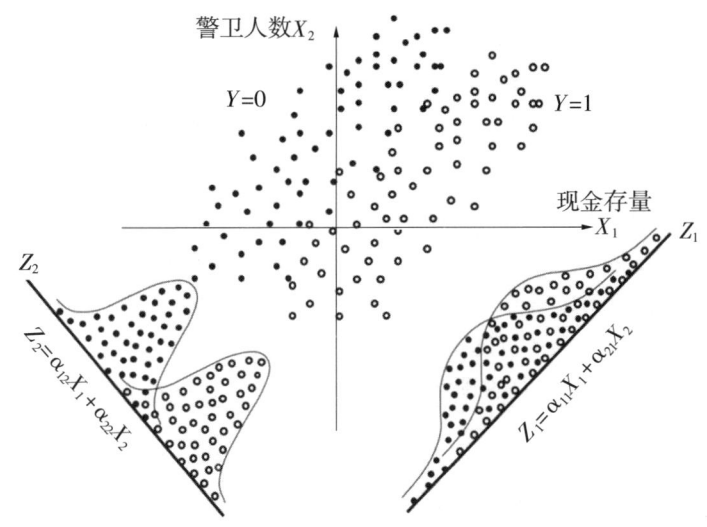

图8-16 鉴别分析的概念：费雪法

费雪法想要找到一个最有助于预测群别的线性鉴别函数，如式（8-2）所示：如果以图形表示，线性鉴别函数是一条通过原点的直线，其斜率取决于解释变量（X_1，X_2）的鉴别权重（α_1，α_2）；个案的鉴别分数则是数据点在鉴别函数轴上的投影点。为便于说明，图中的两个鉴别函数轴（Z_1与Z_2）都由原来的中心位置向外平移到散点图的边缘位置。由图可知，如果以Z_1轴为鉴别函数，则两群在轴上的投影点几乎都混在一起，代表鉴别分数无助于判断个案属于哪个群体。相反的，如果以Z_2轴为鉴别函数，则可看到投影点明显形成两个独立的分布，即根据鉴别分数能明确判断个案的所属群别。据此，费雪法以鉴别分数的组间变异相对于组内变异的比值极大化来求解鉴别权重。例如，图中Z_2轴的鉴别权重（α_{12}，α_{22}）比Z_1轴更可能是费雪法的解值。

正典法（canonical approach）是另一种建立线性鉴别函数的方法。与费雪法不同的是，正典法追求正典相关极大化，求解鉴别权重并进行模型检验。默氏法（mahalanobis approach）则是使用默氏距离构建鉴别概率函数，亦有助于预测个案的所属群别。现以8.4.4节提到的咖啡连锁店消费行为研究为例，说明如何使用SPSS软件进行鉴别分析，将集群结果复制到新客户的数据中。

8.5.3 鉴别分析的执行与结果

鉴别分析的执行可使用 SPSS 软件中的鉴别分析（discriminant analysis）功能，如图 8-17 所示。如 8.4.4 节所述，咖啡连锁店研究的样本共 85 人，使用 5 个集群变量（Q1～Q5），通过 K 平均法将样本集成 4 群（cluster）。假设该店随后又增加 5 位新顾客（id=86～90），也搜集他们的集群变量数据，但缺少群别数据，图中以"?"表示，增补在数据格式里。

店家使用鉴别分析预测新顾客的所属群别，SPSS 软件的执行步骤说明如下。首先，点击"Analyze"→"Classify"→"Discriminant Analysis"，进入鉴别分析的设定窗口。其次，输入群别变量（grouping variable），亦即集群分析产生的群别（cluster），数值范围（define range）为 1～4。同时也输入解释变量（independents），亦即集群变量 Q1～Q5。然后，点击"Statistics"→"Fisher's"，产生费雪法的线性鉴别函数；点击"Classify"，挑选适当的先验概率（我们采用各群概率相同的设定），以及勾选摘要表（summary table），产生归类结果与命中率；点击"Save"，勾选个人的预测归类（predicted group membership）以存储于数据格式之中。

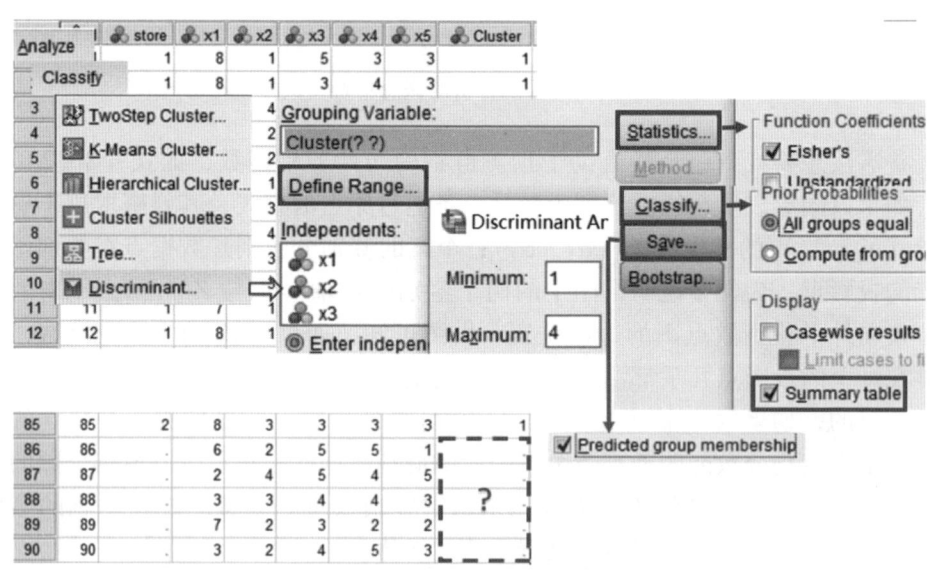

图 8-17　鉴别分析：SPSS 步骤

费雪法根据 85 笔样本数据产生的线性鉴别权重，如表 8-8 所示。根据此表，能将个人在集群变量上的观察值，转换成 4 个群别的鉴别分数，而鉴别分数最高的群别即为预测值。

第8章 物以类聚、人以群分：顾客的分群与复制

表 8-8 线性鉴别权重：费雪法

集群变量	第1群	第2群	第3群	第4群
Q1. 距离上次到咖啡店相隔多久时间？	8.529	4.509	2.145	2.140
Q2. 在过去6个月内到咖啡店消费的次数？	2.505	4.442	5.511	6.239
Q3. 平均每次到咖啡店消费多少钱？	6.148	5.609	4.503	4.364
Q4. 每次在咖啡店内停留多久时间？	4.269	4.043	5.754	5.382
Q5. 每次到咖啡店，同行人数为多少人？	7.208	7.021	7.859	4.224
截距项	-64.386	-43.478	-46.210	-40.028

例如，第85位顾客的观察值为（8，3，3，3，3），根据表8-8的鉴别权重系数所计算出来的鉴别分数，如下所示：

第1群：$-64.386 + 8.529 \times 8 + 2.505 \times 3 + 6.148 \times 3 + 4.269 \times 3 + 7.208 \times 3 = 64.23$

第2群：$-43.478 + 4.509 \times 8 + 4.442 \times 3 + 5.609 \times 3 + 4.403 \times 3 + 7.021 \times 3 = 55.93$

第3群：$-46.210 + 2.145 \times 8 + 5.511 \times 3 + 4.503 \times 3 + 5.754 \times 3 + 7.859 \times 3 = 41.84$

第4群：$-40.028 + 2.140 \times 8 + 6.239 \times 3 + 4.364 \times 3 + 5.382 \times 3 + 4.224 \times 3 = 37.72$

计算结果显示第1群的鉴别分数最高，代表第85位顾客的预测归类为第1群，亦准确命中这个人的实际归类（也是第1群）。同理，新顾客的观察值亦能根据鉴别权重表去计算鉴别分数，进而产生预测归类，存储结果如图8-18所示。图中，Dis_1代表预测归类，85位样本顾客与5位新顾客都有观察值，代表集群结果已经成功复制到新顾客的数据之中。

复制结果是否能够代表新顾客的市场细分，须视鉴别函数的命中率而定。命中率来自于样本顾客的实际归类与预测归类的比较结果，如表8-9所示。其中，对角线代表正确归类的人数。例如，实际观察是第1群，预测结果也是第1群的顾客共有39人。将正确归类的人数除以总人数的比值就是命中率，计算如下：

$$命中率 = \frac{正确归类的人数}{总人数} = \frac{39+27+9+9}{85} = \frac{84}{85} = 98.8\% \quad (8-3)$$

由表8-9可知，正确归类的人数高达84人，即鉴别函数的命中率高达98.8%，几乎达到完美预测。唯一被错误归类的顾客，实际上是第3群却被错判为第4群。由于命中率如此之高，店家可以放心使用复制到新顾客的群别资料，合理推论新顾客的市场细分。

图 8-18 鉴别分析的预测归类

表 8-9 归类结果的人数分布

实际归类	预测归类				列和
	1	2	3	4	
1	**39**	0	0	0	39
2	0	**27**	0	0	27
3	0	0	**9**	1	10
4	0	0	0	**9**	9

样本命中率为 98.8%。

然而，若命中率过低，甚至是低于随机猜中的概率（如 1/4 或 25%），就必须重新确认挑选的解释变量是否合适。在连锁咖啡店研究的范例中，以集群变量作为鉴别分析的解释变量，高命中率是理所当然的结果，因为作为反应变量的群别，原本就是来自于集群变量数据。如果店家使用其他数据（如人口统计数据、生活型态数据）作为解释变量，建立消费行为群的鉴别函数，命中率可能不会这么高。这个时候就必须更换解释变量，直到命中率够高为止。

8.6 市场细分之描述与锁定

如 8.3.3 节所述，消费者异质性是市场细分的基础，可以从许多角度加以描述。例如，行为变量有消费动机、产品态度、购买决策等，最适合用来找到有相似需求或行为的一群人。即便与消费行为低度关联的变量，如人口统计数据，也有助于企业具体了解目标客群的模样。不过 8.4.1 节也提到，集群分析不宜一次使用全部变量计算消费者之间的距离，而是应该先将集群变量分门别类，再从不同角度去进行集群分析，建立多重的市场细分，形成多个类别变量。而类别变量间的关联分析，有助于描述目标客群的轮廓。

究竟该挑选哪个细分市场作为目标客群，取决于细分市场是否有较佳的获利性与具体的轮廓。用来评估细分市场获利性的指标有许多种，比如第 3 章介绍的顾客价值指标（如 RFM 分数），以及第 6 章通过因素分析获得顾客对于不同购物篮的购买意愿（即因素分数）。本节以信用卡数据库为例，根据 1000 多张信用卡近两年的消费记录与持卡人的人口统计资料，说明适用于描述细分轮廓与锁定目标客群的统计方法，如卡方检验与 F 检验。

8.6.1 描述细分轮廓：卡方检验

建立市场细分之后，应再具体描述每个细分的特性即细分轮廓（segment profile），有利于发挥想象制定更贴近细分特性的营销策略。人口统计资料因为取得容易，是最常见的细分市场轮廓变量。人口统计数据多为类别变量，市场细分也是类别变量，两者的关联性最常使用卡方检验（chi-square test）加以探讨。

以信用卡数据库为例，企业根据每张信用卡的刷卡次数与单次平均刷卡金额，进行市场细分。由于刷卡次数与刷卡金额都呈现严重的右偏分布，因此采用中位数（近两年刷卡 33 次与单次平均消费 1604 元）作为切分点，将 1260 张信用卡区分成四个群别，如表 8-10 所示。其中，忠诚群的刷卡次数与刷卡金额都高于中位数；金牛群的单次刷卡金额虽高，但是刷卡次数较低；常刷群则是经常刷卡，但单次刷卡金额不高；游离群则是刷卡次数与刷卡金额都低。由表可知，根据中位数切割出来的四个价值群，占比差异不大，都近似 25%。

表 8－10　顾客价值群的摘要统计

摘要统计	顾客价值群			
	忠诚群	金牛群	常刷群	游离群
平均刷卡次数	98.9 次	13.6 次	102.6 次	12.8 次
平均刷卡金额	3174.7 元	5123.4 元	934.5 元	879.5 元
信用卡张数	287	343	340	290
百分比	22.8%	27.2%	27.0%	23.0%

除刷卡记录之外，信用卡数据库亦记录持卡人的人口统计资料，如性别、年龄、居住地区、婚姻状态、持卡卡龄等。其中，任何一个类别变量与顾客价值群的关系，都适合以交叉表（cross table）或列联表（contingency table）描述次数分布，通过卡方检验探讨二者是否有显著的关系。

以持卡人性别与顾客价值群为例，二者的交叉表如表 8－11 所示。表中，方格数值代表同时为性别第 i 组与价值群第 j 组的次数。例如，在全体信用卡当中，持卡人为女性（$i=1$）且为忠诚群（$j=1$）者共有 164 张。最右列是汇总后的边际次数，显示持卡人为女性共 631 张，男性共 629 张，约各占一半。若要探讨性别与价值群的关系，则须进一步将方格次数除以最右列的边际次数，观察在不同性别的条件下，四个价值群的百分比分别会产生什么样的变化。为简化说明起见，接下来以"概率"取代百分比。

表 8－11　性别与顾客价值群的交叉表

性别	顾客价值群				总计
	忠诚群	金牛群	常刷群	游离群	
女	164	182	130	155	631
男	123	161	210	135	629
总计	287	343	340	290	1260

以性别为条件，顾客价值群的条件概率分布如表 8－12 所示。表中，方格数值代表条件概率，最后一列则是边际概率（与表 8－10 相同）。例如，在持卡人为女性的 631 张信用卡当中，有 164 张的信用卡是忠诚群（见表 8－11），代表在持卡人为女性的条件下，信用卡属于忠诚群的概率为 $164/631 = 26.0\%$。将条件概率与边际概率做一比较，可知当样本范围从全体缩小为女性之后，忠诚群的概率由 22.8% 增加为 26.0%，代表女性似乎是忠诚群的特色之一。

第 8 章 物以类聚、人以群分：顾客的分群与复制

表 8 – 12 顾客价值群的条件概率分布：以性别为条件

性别	顾客价值群				总计
	忠诚群	金牛群	常刷群	游离群	
女	26.0%	28.8%	20.6%	24.6%	100%
男	19.6%	25.6%	33.4%	21.5%	100%
全体	22.8%	27.2%	27.0%	23.0%	100%

换句话说，条件概率分布与边际概率分布愈不一致，代表两个类别变量的关联程度愈高，可通过卡方检验得到结论。以表 8 – 12 为例，探讨性别（分为 2 组）与顾客价值群（分为 4 群）的关联程度，相当于探讨条件概率分布与边际概率分布之间的差异程度，进而构成卡方统计量（χ^2）的计算公式，如下所示：

$$\chi^2 = \sum_{i=1}^{2} \sum_{j=1}^{4} \frac{[P(j|i) - P(j)]^2}{P(j)} \times f(i) \quad (8-4)$$

式中，$P(j|i)$ 为在性别为第 i 组的条件下，顾客价值群为第 j 组的条件概率；$P(j)$ 为顾客价值群为第 j 组的边际概率，$j = 1, 2, 3, 4$；$f(i)$ 为性别为第 i 组的次数，$i = 1, 2$。

该统计量服从自由度为 $(2-1) \times (4-1) = 3$ 的卡方分布。统计量的数值愈大，在卡方分布上对应的 P 值就愈小。当 P 值小于自行设定的显著水平（即 α 值）时，就可宣称检验结果显著，代表性别与顾客价值群有关系，适合以性别描述不同价值群的特色。根据表 8 – 11 与表 8 – 12，卡方统计量的计算结果如下所示：

$$\chi^2 = \left[\frac{(26\% - 22.8\%)^2}{22.8\%} + \frac{(28.8\% - 27.2\%)^2}{27.2\%} + \frac{(20.6\% - 27\%)^2}{27.0\%} + \frac{(24.6\% - 23\%)^2}{23.0\%} \right] \times 631$$

$$+ \left[\frac{(19.6\% - 22.8\%)^2}{22.8\%} + \frac{(25.6\% - 27.2\%)^2}{27.2\%} + \frac{(33.4\% - 27\%)^2}{27.0\%} + \frac{(21.5\% - 23\%)^2}{23.0\%} \right] \times 629$$

$$= 27.34$$

$$(8-5)$$

在自由度为 3 的卡方分布上，卡方值 27.34 对应的 P 值几乎为 0，代表性别与顾客价值群有显著的相关。两个变量的关系来自于表 8 – 12 中，条件概率大于边际概率的组合。例如，忠诚群倾向为女性（26.0% > 22.8%），金牛群倾向为女性（28.8% > 27.2%），常刷群倾向于男性（33.4% > 27.0%），以及游离群倾向为女性（24.6% > 23.0%）。

卡方分析通过使用 SPSS 统计软件中的交叉表（crosstabs）功能实现，如图 8 – 19 所示。首先，点击 "Analyze" → "Descriptive Statistics" → "Crosstabs"，

进入卡方分析的设定窗口。其次，在列变量（Rows）输入人口统计变量，如性别、年龄等，在列变量（Columns）输入市场细分，如顾客价值群。然后，点击"Statistics"→"Chi-square"，产生卡方统计量与 P 值；并点击"Cells"→"Percentage""Row"，产生市场细分的条件概率分布，进而观察两个类别变量的关系。

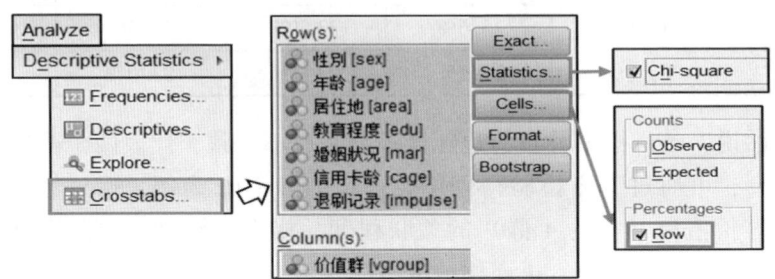

图 8-19 卡方分析的 SPSS 步骤

顾客价值群与人口统计变量的卡方检验结果，如表 8-13 所示。在设定显著水平 $\alpha=0.1$ 的情况下，性别、年龄、教育程度、婚姻状况、持卡卡龄、退刷记录等，都与顾客价值群有显著的关系，与居住地无显著关系。其中，年龄的计算方式是数据年减去持卡人出生年，持卡卡龄是资料年减去信用卡申办年，退刷记录则是根据刷卡记录找出信用卡是否出现过退刷金额。表中以粗斜体标示的条件概率，都超过全体百分比的1%，可用于描述顾客价值群的轮廓。

表 8-13 顾客价值群之条件概率与卡方检验

全体	组别	忠诚群	金牛群	常刷群	游离群	卡方值 （P 值）
	百分比	22.7%	27.3%	27.0%	23.0%	
性别	女	***26.0%***	***28.8%***	20.6%	***24.6%***	27.34 (0.000)
	男	19.6%	25.6%	***33.4%***	21.5%	
年龄	未满30	21.5%	21.1%	***38.6%***	18.8%	50.21 (0.000)
	30～40	***26.5%***	19.6%	***32.2%***	21.8%	
	40～50	22.1%	***31.2%***	22.4%	***24.4%***	
	50～60	23.6%	***32.0%***	20.8%	23.6%	
	60以上	17.3%	***35.8%***	19.1%	***27.8%***	
教育程度	高中以下	18.1%	***31.0%***	25.9%	***25.0%***	25.06 (0.003)
	专科	18.7%	25.1%	***30.7%***	***25.5%***	
	学士	***25.0%***	26.3%	27.4%	21.3%	
	研究所	***36.7%***	24.8%	19.3%	19.3%	

续表 8-13

全体	组别	忠诚群	金牛群	常刷群	游离群	卡方值（P 值）
	百分比	22.7%	27.3%	27.0%	23.0%	
婚姻状况	单身	**24.0%**	22.8%	**31.6%**	21.7%	17.62（0.001）
	已婚	21.8%	**31.0%**	23.1%	**24.1%**	
持卡卡龄	1～4 年	**25.4%**	21.5%	**33.2%**	19.9%	24.59（0.000）
	5～8 年	**24.7%**	**28.5%**	23.5%	23.3%	
	超过 8 年	17.7%	**31.4%**	25.2%	**25.7%**	
退刷记录	无退刷	13.4%	**30.4%**	26.9%	**29.2%**	209.25（0.000）
	有退刷	**49.1%**	18.2%	27.3%	5.5%	

首先，刷卡金额与频率都高的忠诚群，倾向为女性、30 多岁、至少大学毕业、单身、持卡 8 年以下、曾经有退刷记录。其次，刷卡金额高但较少刷卡的金牛群，倾向为女性、超过 40 岁、高中以下学历、已婚、持卡 5 年以上、从无退刷记录等。再次，经常刷卡但金额偏低的常刷群，倾向为男性、40 岁以下、专科毕业、单身、持卡 4 年以下等。最后，顾客价值最低的游离群，倾向为女性、60 岁以上、专科以下学历、已婚、持卡超过 8 年、从无退刷记录等。

8.6.2 锁定目标客群：F 检验

面对这么多的细分市场，企业倾向挑选获利性较佳、有发展潜力的客群作为目标市场。交易数据库里有许多量化指标可以用来评估细分市场获利性，如消费金额、购买频率等；亦可通过统计方法创造新的获利指标，如购物篮的购买意愿。若以量化指标衡量细分市场的获利性，则实务上最常使用 F 检验探讨不同细分市场之间的差异，进而找出平均获利最高的目标客群。值得注意的是，F 检验要求各群数据必须服从正态分布，才能建立 F 统计量。

以信用卡数据库为例，现以信用卡的单次平均刷卡金额作为获利性指标。在使用 F 检验找出平均数较高的目标客群之前，应先检查样本数据是否服从正态分布，如图 8-20 的直方图所示。图中，横坐标轴代表刷卡金额，纵坐标轴代表信用卡张数。刷卡金额的原始值呈现明显右偏分布，多数样本集中在 5000 元以下的区域，少数数据散落在 2 万元以上的区域，并不符合 F 检验的要求，如图 8-20a 所示。不过，刷卡金额取自然对数之后，数据就趋于对称分布，符合 F 检验的正态性假设，如图 8-20b 所示。因此，接下来的分析以刷卡金额取对数值取代原始资料，作为获利性的量化指标。

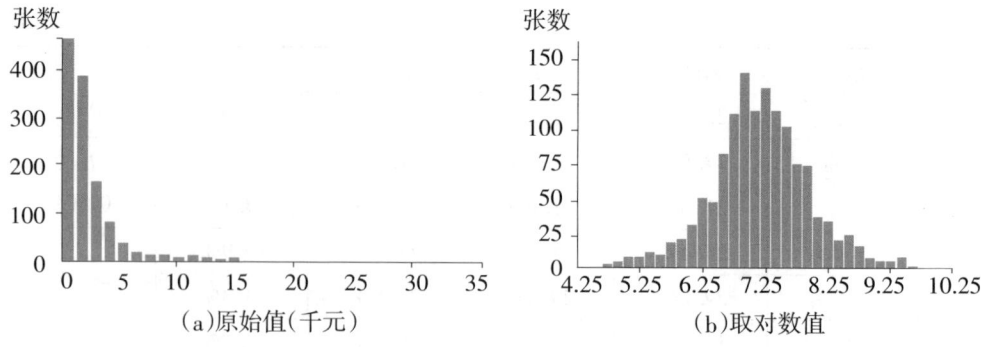

图 8-20 单次平均刷卡金额的次数分布

现以性别细分市场的获利性为例，说明 F 检验的概念与应用。由表 8-14 可知，女性细分市场的平均获利（$\bar{Y}_1 = 7.464$）高于男性细分市场（$\bar{Y}_2 = 7.309$）。从样本平均数来看，女性似乎比男性更适合作为目标客群。不过，由于样本只是母体的一部分，样本平均数并不能完全代表母体的特性，必须搭配抽样误差一起考虑，推论才会合理。从 F 检验的角度看，必须先确认组间差异显著大于组内差异，才能推论各组平均数并非完全相同，才可根据样本平均数决定两个母体（即细分市场）的获利性的高低之分。

表 8-14 性别细分市场的获利指标

性别	平均数	标准偏差	样本数
女性	7.464	0.937	631
男性	7.309	0.957	629
全体	7.386	0.950	1260

组间差异来自于组间平方和（sum of squares among the groups，SSA），是指各组平均数（$\bar{Y}_j$）到总平均数（$\bar{Y}$）的距离平方相加，共有 K 组。以表 8-14 为例，性别分为两组（K=2），持卡人为女性的资料共 631 笔，该组样本的组平均数（7.464）到总平均数（7.386）的距离平方和为 $(7.464 - 7.386)^2 \times 631$。同理，持卡人为男性的组间平方和为 $(7.309 - 7.386)^2 \times 629$。二者相加得到 SSA = 7.359，计算如下：

$$\text{SSA} = \sum_{j=1}^{K} (\bar{Y}_j - \bar{\bar{Y}})^2 n_j \qquad (8-6)$$

$$= (7.464 - 7.386)^2 \times 631 + (7.309 - 7.386)^2 \times 629 = 7.539$$

组内差异来自于组内平方和（sum of squares within the groups，SSW），是指各组组内的观察值（Y_{ij}）到组平均数（$\bar{Y}_j$）的距离平方相加，相当于组变异数（s_j^2）

乘以 $(n_j - 1)$ 的结果。以表 8-14 为例，女性资料的标准偏差为 0.937，变异数为 0.937^2，样本数 (n_j) 为 631，因此组内平方和为 $0.937^2 \times 630$。同理，男性资料的组内平方和为 $0957^2 \times 628$。二者相加得到 SSE = 1128.421，计算如下：

$$SSW = \sum_{j=1}^{K}(Y_{ij} - \bar{Y}_j)^2 = \sum_{j=1}^{K} s_j^2(n_j - 1) \qquad (8-7)$$
$$= 0.937^2 \times 630 + 0.957^2 \times 628 = 1128.421$$

F 检验使用的 F 统计量，为组间均方和 (mean of squares among the groups, MSA) 除以组内均方和 (mean of squares within the groups, MSW) 的比值。其中，均方和是平方和除以自由度的结果。以性别细分变量为例，F 统计量的计算结果为 8.405，如下式所示：

$$F = \frac{MSA}{MSW} = \frac{SSA/(K-1)}{SSW/(N-K)} = \frac{7.539/(2-1)}{1128.421/(1260-2)} = 8.405 \qquad (8-8)$$

该 F 统计量服从自由度为 (K-1, N-K) 的 F 分布。统计量的数值愈大，在 F 分布上对应的 p 值就愈小。当 p 值小于设定的显著水平（即 α 值）时，就可宣称检验结果显著，代表不同细分市场的平均获利并非完全相同，能够找到平均获利显著较高的细分市场作为目标客群。

如图 8-21 所示，F 检验可使用 SPSS 统计软件中的 compare Means 功能进行。首先，点击"Analyze"→"Compare Means"→"Means"，进入比较平均数的设置窗口。其次，在应变量 (dependent list) 选入刷卡金额对取数值，在自变量 (independent list) 选入人口统计变量，如性别、年龄等。然后，点击"Option"，选取方格统计量如平均数 (mean)、样本数 (number of cases)、标准偏差 (standard deviation) 等，并勾选"Anova table and eta"来产生 F 统计量与 p 值。

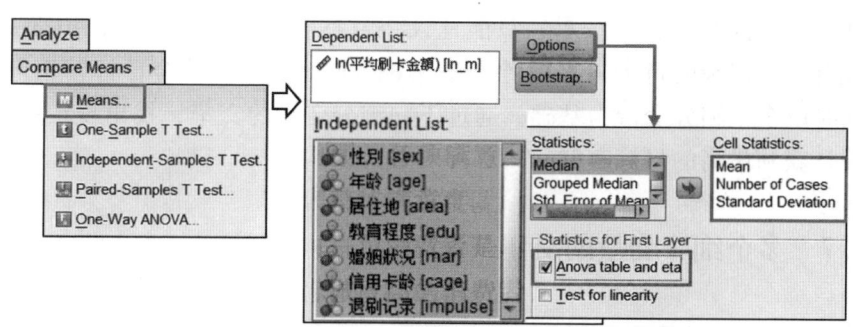

图 8-21 F 检验的 SPSS 步骤

人口统计细分变量与刷卡金额对数值的 F 检验结果，如表 8-15 所示。在设置显著水平 α = 0.1 的情况下，性别、年龄、婚姻状况、退刷记录等细分变量，与卡龄、居住地、教育程度无显著关系，但是与获利指标有显著的关系，代表各组母体平均数并非完全相同,使得样本平均数的比较有意义。表中以粗斜体标示数值明显较高的组平均数,以此锁定目标客群。由表可知,相对于男性而言,女性是更适合的目标客群;相对于未满 40 岁者而言,40 岁以上更适合作为目标客群。同理,已婚族群或曾经有退刷记录的持卡人,都适合设定为目标客群。

表 8-15 人口统计细分变量的获利指标与 F 检验

细分	组别	平均数	标准偏差	样本数	F 值（p 值）
性别	女	**7.464**	0.937	631	8.405
	男	7.309	0.957	629	(0.004)
年龄	未满 30	7.234	0.795	223	
	30~40	7.282	0.925	317	5.034
	40~50	**7.416**	0.924	308	(0.001)
	50~60	**7.564**	1.013	250	
	60 以上	**7.470**	1.085	162	
婚姻状况	单身	7.298	0.884	580	9.390
	已婚	**7.462**	0.997	680	(0.002)
退刷记录	无退刷	7.316	1.012	930	20.032
	有退刷	**7.586**	0.713	330	(0.000)

F 检验的概念容易理解,执行上也十分容易,但使用上有其限制。乍看之下,F 检验似乎允许利用多个细分变量界定目标客群。然而由表 8-15 可知,F 检验一次只能讨论一个细分变量的显著性,类似简单回归的概念(见 7.4.2 节)。换句话说,根据 F 检验的结果,只能建议将目标客群设定为女性、40 岁以上或已婚或有退刷记录的持卡人。因此严格来说,F 检验并不符合目标营销的要求,亦即同时以多个细分变量为基础,通过不同细分变量的交集,找出规模较小、定义明确且获利最高的目标客群。

8.7 多个细分变量的交集

8.7.1 线性回归的限制

若要同时根据多个细分变量找到获利性最高的目标客群,则必须先探讨多个细分变量与获利指标之间的关系。多个自变量(X_1,X_2,…)对应变量(Y)的影响,实务上最常使用线性回归模式进行分析,如下所示:

$$Y = \beta_0 + \beta_1 X_1 + \beta_2 X_2 + \cdots + \beta_K X_K + \varepsilon_i \qquad (8-9)$$

式中，应变量（Y）相当于获利指标，自变量（X）相当于多个细分变量。不过，使用回归模式去寻找目标客群可能会面临到两个问题。首先，细分变量属于类别变量；若分为 K 组，则必须先转换成（$K-1$）个虚拟变量（见 7.2.3 节），才能加入回归模式。例如在表 8-15 中，年龄分成 5 组，就需要转换成 5-1=4 个虚拟变量才能加入回归模式。因此，若细分变量包括许多组别，则势必要创造大量的虚拟变量加以取代，回归系数的解读也会变得非常琐碎而不直观。

其次，式（8-9）隐含一个假设，就是任一细分变量在获利指标上的异质性，与其他细分变量毫无关系。例如，女性细分变量的平均获利超过男性的幅度，不会因为持卡人处于哪个年龄层或处于何种婚姻状态而有任何改变。因此，在交互效果不存在的假设下，回归模式即使引入多个细分变量，也无法通过各种组别的交集来找到规模较小但平均获利最高的目标客群。即使想要引入交互效果，回归模式也必须加入大量的交乘项，如 $X_1 X_2$，$X_1 X_2 X_3$……除了造成自由度降低之外，亦造成共线性（multicollinearity）的问题，导致产生不稳定亦不可信的估计结果。

8.7.2　CHAID 的概念

若想将目标客群定义为一组细分变量（类别变量）的交集，则卡方自动互动检查法（chi-square automatic interaction detection，CHAID）是最广泛使用的方法。CHAID 是由 1963 年提出的自动互动检查法（AID）衍生而来的，根据单一应变量与多个类别变量的关系，重复将群体进行合并和拆分，分析过程可绘制成决策树（decision tree）。若应变量是量化变量，则 CHAID 采用 F 检验逐一探讨每个类别变量与应变量的关系；显著性较高的类别变量优先用来分组，而无显著差异的组别则予以并组。若应变量是类别变量，则 CHAID 使用卡方检验寻找关系显著的类别变量进行分组。

CHAID 可使用 SPSS 软件中的"Tree"功能执行之。要注意的是，在进行 CHAID 之前，SPSS 数据文件中的所有类别变量都必须先设定好变量标签（labels）、数值定义（values），以及名目尺度（nominal），如图 8-22 所示。本节先以量化的获利指标（即刷卡金额取对数值）为应变量，说明 CHAID 如何使用一组细分变量找到平均获利最高的目标客群；再以质性的顾客价值群（见表 8-10）为应变量，通过 CHAID 找到各群最具预测力的细分变量组合。

Name	Type			Label	Values			Measure
cid	Numeric	8	0	信用卡卡号	None		6	Nominal
id	Numeric	8	0	客户ID	None		7	Nominal
freq	Numeric	8	0	刷卡次数	None		8	Scale
mm	Numeric	8	1	平均刷卡金额	None		8	Scale
ln_m	Numeric	8	4	ln(平均刷卡金额)	None		8	Scale
vgroup	Numeric	8	0	价值群	{1, 忠诚群}...		6	Nominal
sex	Numeric	8	0	性别	{0, 女}...		6	Nominal
age	Numeric	8	0	年龄	{1, 未满30}...		6	Nominal
area	Numeric	8	0	居住地	{1, 大台北地区}...		6	Nominal
edu	Numeric	8	0	教育程度	{1, 高中以下}...		6	Nominal
mar	Numeric	8	0	婚姻状况	{0, 单身}...		6	Nominal
cage	Numeric	8	0	信用卡龄	{1, 1~4年}...		6	Nominal
impulse	Numeric	8	0	退刷记录	{0, 无退刷}...		7	Nominal

图 8 – 22　SPSS 的变量检查窗口：信用卡范例

8.7.3　应变量为量化指标

若应变量是量化指标，则 CHAID 的分析过程相当于一连串的 F 检验，SPSS 执行步骤如图 8 – 23 所示。首先，点击"Analyze"→"Classify"→"Decision Tree"，进入决策树的设定窗口。其次，在应变量（dependent list）输入刷卡金额对取数值，在自变量（independent list）输入人口统计变量，如性别、年龄等。然后点击"Criteria"，设定 F 检验的显著水平 α 值，此处设定为 0.1。若 F 检验的 p 值小于 α 值，则代表组间有显著的差异，须予以分组；反之若 p 值大于 α 值，代表各组平均数无差异，则会进行并组。

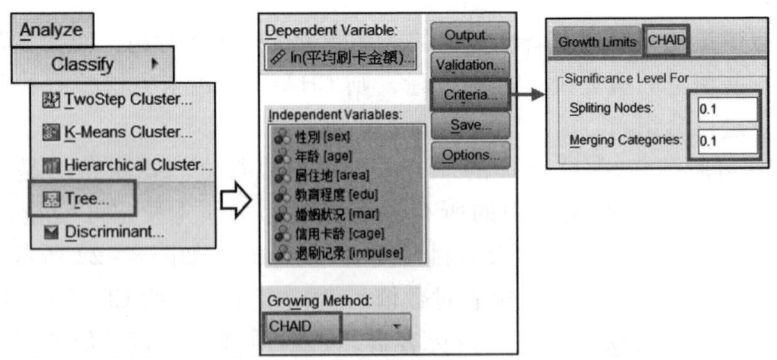

图 8 – 23　CHAID 的 SPSS 步骤：应变量为量化指标

第8章 物以类聚、人以群分：顾客的分群与复制

CHAID 的实证结果以决策树呈现，如图 8-24 所示。一开始显示样本共包含 1260 张信用卡，总平均数为 7.386。经过 CHAID 分析后，找到第 1 个最具区别力（F 值最大）的自变量是退刷记录，有退刷群的平均刷卡金额显著高于无退刷群。在有退刷记录的条件下，性别最具有区别力，其他自变量没有达到显著水平。分析结果显示持卡人为"有退刷记录的女性"者有显著较高的平均数（$\bar{Y}$ = 7.657），共有 178 张信用卡，可视为目标客群。

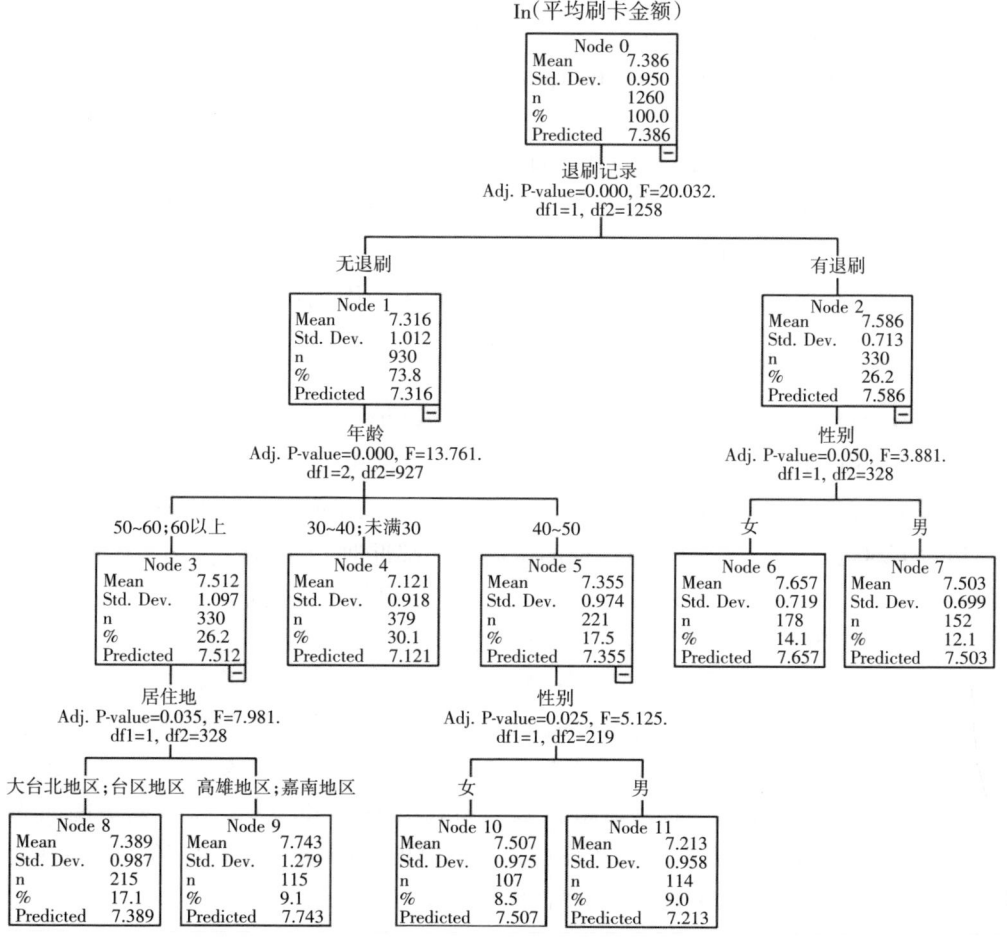

图 8-24 决策树：以获利指标为应变量

另一方面，在无退刷记录的条件下，年龄是最具区别力的自变量。虽然资料上年龄分为 5 组（见表 8-15），但树形图显示 50 岁以上的两组被并为一组，40 岁以下的两组也被并为一组，因为组间差异未达显著水平。接下来若以 50 岁以上为条件，则居住地最具有区别力；若以 40～50 岁为条件，则性别最具有区别力。分析结果显示，持卡人为"无退刷记录、50 岁以上且居住在嘉南高屏地区"者有显著较高的平均数（$\bar{Y}=7.743$），共有 115 张信用卡；而"无退刷记录、40～50 岁且为女性"者亦有显著较高的平均数（$\bar{Y}=7.507$），共有 107 张信用卡，这两群都可视为目标客群。

由决策树的结构可知，CHAID 使用具区别力的自变量，对样本一直切割下去，直到组间差异不显著为止。因此，一开始的原始样本数一定要够大，切割到最后的子样本才会有足够的样本数，具有一定的代表性。例如，信用卡范例的原始样本数为 1260 张信用卡，通过 CHAID 切割出来的三个目标客群，包括"有退刷记录的女性""无退刷记录、50 岁以上且居住在嘉南高屏地区""无退刷记录、40～50 岁且为女性"等，都包含 100 多张信用卡，因此具有代表性。

8.7.4 应变量为质化指标

若应变量是质化指标，即类别变量，则 CHAID 的分析过程相当于一连串的卡方检验。SPSS 执行步骤亦如图 8-23 所示，只是将应变量（dependent list）修改为顾客价值群（见表 8-10），实证结果如图 8-25 所示。一开始亦显示样本共包含 1260 张信用卡，四个价值群的全体比例都近似 1/4。经过 CHAID 分析后，找到第 1 个最具区别力（卡方值最大）的自变量也是退刷记录；而分别以有退刷群与无退刷群为条件下的四群比例，都与原始情况截然不同。

切割到最后，顾客价值群的条件概率达到最高的自变量组合，就是该群的顾客特性。例如，忠诚群的最高条件概率为 55.6%，代表持卡人最倾向为"有退刷记录且为女性"；金牛群的最高条件概率为 36.5%，持卡人最倾向为"无退刷记录且年龄在 40 岁以上"；常刷群的最高条件概率为 45.0%，持卡人最倾向为"无退刷记录且年龄未满 40 岁的男性"；游离群的最高条件概率为 36.5%，持卡人最倾向为"无退刷记录且年龄未满 40 岁的女性"。

第 8 章 物以类聚、人以群分：顾客的分群与复制

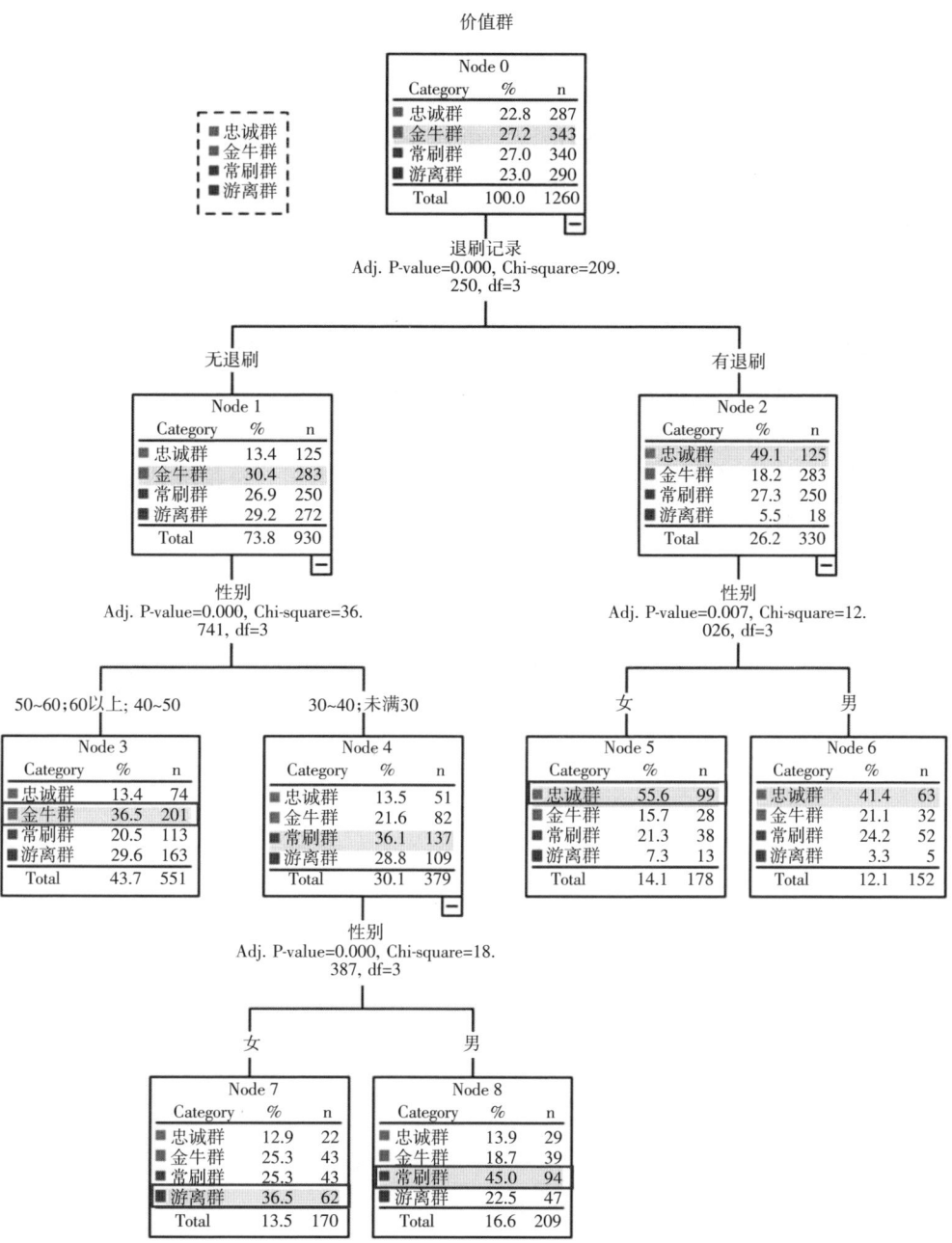

图 8-25 决策树：以顾客价值群为应变量

本章实操

实操目的：围绕本章所学知识逐一进行实操练习，真正做到理论联系实际。具体包括聚类分析、价值分群、决策树分析等。具体可分为以下 6 个实操逐一递进练习。

实操 1：对给定数据分别用层级式集群法（华德法）和非层级式集群法（K-means 法）做聚类分析。

实操 2：对给定数据通过鉴别分析（费雪法）做群别预测。

实操 3：对给定数据通过卡方检验描述细分市场轮廓。

实操 4：对给定数据通过 F 检验锁定目标市场。

实验 5：对给定数据通过应变数为量化指标的决策树分析精准锁定目标市场。

实操 6：对给定数据通过应变数为质化指标的决策树分析精准锁定顾客价值群。

第 9 章

消费行为大透视：理论、模型、预测、决策

9.1 欲做决策必先预测

决策可以说是任何管理者或领导者最重要的工作之一。在执行上，我们建议遵循理论、模型、预测、决策等四大步骤，如图 9-1 所示。首先，对于决策问题找到合适的营销理论基础，再据此定义关键的行为绩效变量；然后，通过多样的数据搜集方法获得数据；再使用正确的统计分析模型获得预测结果；最后决定具体可行的行动方案。在思考顺序上，则不妨倒过来看这四个步骤，即先确认决策问题是什么，再决定要做哪些预测，思考做这些预测会涉及哪些变量，再寻找能够诠释这些变量的理论。

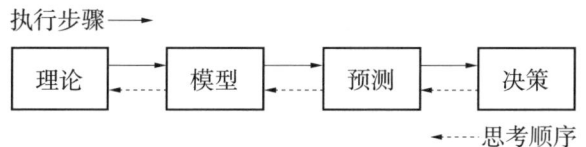

图 9-1　透视行为的四大步骤

只要是预测，就代表着对未来的结果有某种程度的不确定性。面对不确定的未来，根据预测做出判断，执行决策，是管理者的任务。要如何预测，整体而言可分成两大类：一个质性预测（qualitative forecasting），一个量化预测（quantitative forecasting），两者被使用的比例在过去 30 年间有很大的转变。在 30 年前，受限制于计算机的发展，量化预测的模型只能以较简单的形式存在，例如一次只能处理少数几个变量、样本数据不能太多、复杂的统计模型只能理论上证明存在而无法实际演算等，导致实用性不高，更是经常预测失准。反观质性预测，大多依赖经理人的经验，却可以满足决策之所需，何以致之？其中一个原因是在 30 年前的时空环境下，当时的经营环境变动不大，市场结构稳定，一位管理者所积累的经验，大致不会太离谱，所以依经验而行是足够的。

然而，现今世界的情况正好颠倒。经营环境变动剧烈，市场结构动荡不安，

管理者好不容易积累若干年的经验，却不足以应付新的情势以及未来的不确定性。反之，由于计算机科技的发展，量化预测的模型能以极复杂的形式存在，例如一次能处理成百上千个变量，数以万计的样本数据，不论多复杂但只要写得出来就可以实际估计得出来的统计模型等，导致实用性越来越高，预测结果常常是快狠准。以统计模型为基础的量化预测，与质性预测之间的最大差别在于"概率"二字。概率就是对于未来不确定性的客观衡量指标。既然做了预测，并依此做了决策，于是一个关键问题是：这个决策会是错误的概率有多大呢？任何一个理性决策者，或一个负责任的管理者，一定想要知道这个风险是多少。即使决策失败的可能性是 30%，爱好风险的管理者仍会接受。重点在于，30% 这个数据要能被客观地计算、评估出来①，管理者才能去判断，而这是质性预测所没有的。

接下来本章将举四个实际案例，说明现今统计模型的优势，以及如何协助管理者做出更聪明的决策。

9.2　如何打败 20 年营销经验的老师傅

新产品的开发与营销是延续企业生存，重中之重的策略与活动。以电影产业为例，每一部电影上档之前，最关键的数据就是票房销售预测。有经验的营销老师傅做完质性预测会说："根据我的经验，这部科幻片，主角很有名，又是在暑假档期，所以应该、大概、也许会大卖。"根据这样的预测所做的决策，可能就是延长上映档期、增加上映影院等。如果一家地方独立影院的经营者这么做，或许还可以，但是如果是一家全国连锁的影城，这样的决策就显得相对粗糙了。会大卖，到底是卖多少呢？延长档期，是延长一周还是一个月呢？增加影院，要加 10 间还是 20 间呢？所以，我们要的预测不仅仅是一个总票房的销售，更重要的是要预测上映之后，每周的票房是多少，如此才能决定上映多久以及放映影院的数量。

9.2.1　新产品扩散模型

要解决上述问题，可应用营销中有关新产品扩散模型（new product diffusion model）的理论。该模型主要针对消费者在短期内只会购买一次的产品，描述和预测市场需求量的变化与总量。除耐用品之外，电影也具有这种短期内不会重复购买的特性，因为消费者通常不会为观看同一部电影而走进电影院两次。因此，

---

①这个概率就是统计学中的 p-value。30% 的可能性会失败的意思就是 p-value＝0.30。由此观之，在社会科学中的管理领域，p-value＜0.30 好像对大多数的管理者而言，似乎是一个可以被接受的水平。然而，如果在医学领域中，一个 p-value＝0.01 的水平，似乎是一个非常冒险的决策。

第 9 章　消费行为大透视：理论、模型、预测、决策

产品销售量相当于产品购买人数，例如电影的每周票房可转换为每周观影人数。最基本的模型如下所示：

$$n(t) = \frac{dN(t)}{dt} = p[m - N(t)] + \frac{q}{m} N(t)[m - N(t)] \qquad (9-1)$$

式中，$n(t)$ 代表第 t 期的产品采用人数，$N(t)$ 代表累积到第 t 期的产品采用人数，p、q、m 则是三个待估计的参数。其中，m 代表市场最大潜量（market potential），即在整个销售期间之内，产品所能获得的最大销售量，如同电影的总票房。因此，"$m-N(t)$" 代表在整个市场潜量（m）当中，于第 t 期尚未采用的剩余人数。而在这些人当中，在第 t 期采用的人数，$n(t)$，新产品扩散模型将它分为两个部分，包括创新者与模仿者，如图 9-2 所示。

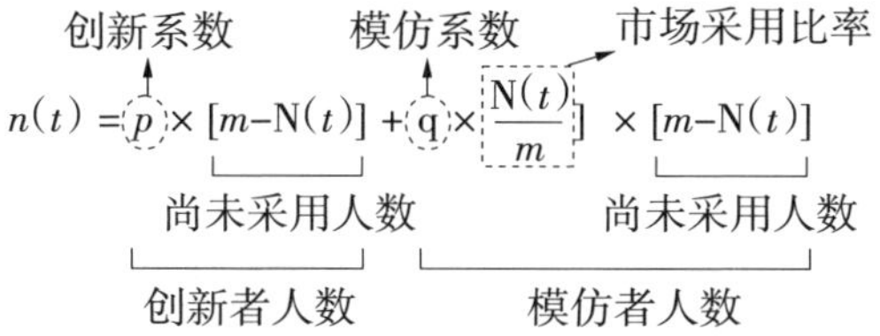

$$n(t) = \underbrace{\overset{\text{创新系数}}{p} \times [m-N(t)]}_{\text{创新者人数}} + \underbrace{\overset{\text{模仿系数}}{q} \times \boxed{\overset{\text{市场采用比率}}{\frac{N(t)}{m}}} \times [m-N(t)]}_{\text{模仿者人数}}$$

图 9-2　新产品扩散模型之解构

扩散模型假设在尚未采用的剩余人数中，在当期采用的创新者人数的占比是 p，模仿者人数的占比是 $q \times [N(t)/m]$。创新者（innovators）是指因受到厂商营销策略或大众媒体宣传的信息影响（即外部影响）而首先采用或试用新产品的人；模仿者（imitators）则主要是受到已购买者口碑的影响（即内部影响），然后才跟进购买的人。因此，创新者人数的占比，又称为创新系数（coefficient of innovation，p），与累积采用人数无关。相对的，模仿者人数的占比，$q \times [N(t)/m]$，则是模仿系数（coefficient of imitation，q）乘以市场采用比率 $[N(t)/m]$ 的结果，因为市场采用比率愈高，代表已经有愈多人支持这项产品，使模仿者愈能放心购买此项产品，占比也就随之提高。模仿系数（q）所反映的就是口碑效果的影响力。

创新系数（p）与模仿系数（q）的相对大小，决定了新产品采用人数的扩散型态，如图 9-3 所示。当 $p<q$ 时，代表创新者人数的占比相对较低，即新产品刚上市的时候，只有少数人受到厂商的营销策略影响而抢先购买，多数人倾向先等一等，看看别人的使用评价再说，因此销售量先由低点爬升，一段期间后升到最高点，再逐渐下降，如图 9-3a 所示。昂贵的选购品（如电视机和空调）的销售曲线通常与图 9-3a 类似，因为购买风险较高，消费者对刚上市的新产品大多抱着观望的态度。

相反地，当 $p>q$ 时，代表创新者人数的占比相对较高，亦即新产品一上市

就涌现抢购人潮,但随着时间过去,销售量有持续下降的情形,如图 9 - 3b 所示。这通常符合流行品的销售情形。例如,知名影星的电影作品或当红歌手的音乐作品,往往一上市便引发大批粉丝或歌迷的进场或抢购,但随着时间过去,消费者会丧失新鲜感或者因在影音平台就能轻易获得资源,从而降低购买意愿。

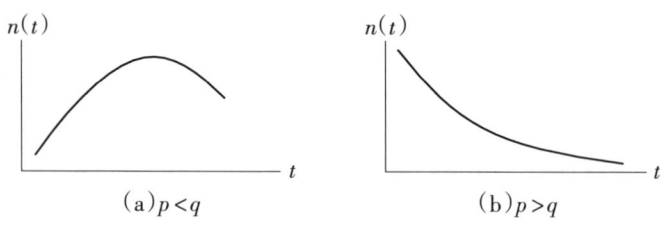

图 9 - 3　产品销售曲线图

9.2.2　参数估计

根据新产品扩散模型的理论,新产品的销售曲线型态由 p、q、m 等三个参数所决定。本节以 1997 年 10 月到 1998 年间发行,美国票房成绩前百大的卖座影片为实证对象,以新产品扩散模型去配适电影的每周观影人数,进而估计每部电影特有的(p,q,m)参数值,用来预测后续票房情况。其中四部电影在美国上映期间的观影人数①如图 9 - 4 所示。图中,每部电影的观影人数都是一开始就在最高点,然后逐周下降,型态与图 9 - 3b 类似,因此参数估计值应该会符合 $p > q$ 的情况。

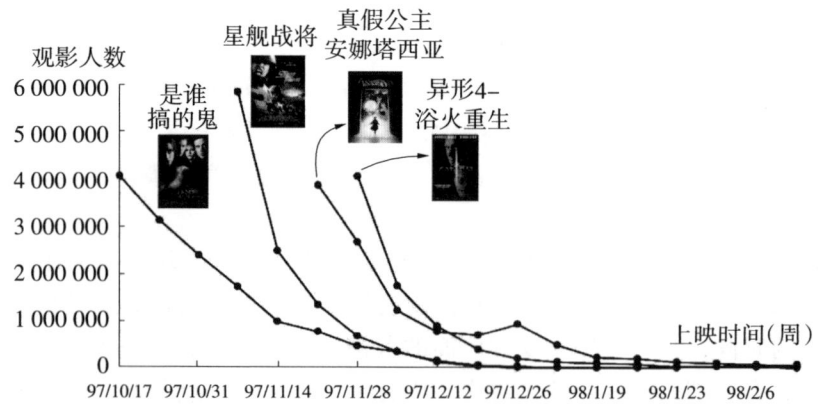

图 9 - 4　四部电影在美国上映的观影人数

---

① 依据"The Numbers"电影票房网站(http://www.the-numbers.com)提供的美国上映影片在美国国内市场的每周票房金额记录,再以平均电影票价 5 美元计算出影片的每周观影人数。

第9章 消费行为大透视：理论、模型、预测、决策

扩散模型的参数估计法有许多种，最基本的方法是将时间点（t）视为间断的（discrete）而非连续的（continuous），使扩散模型可以改写如下。现以电影每周观影人数为例，说明变量与参数的意义：

$$n(t) = N(t) - N(t-1) = \left[p + \frac{q}{m}N(t-1)\right][m - N(t-1)]$$

$$= pm + (q-p)N(t-1) - \frac{q}{m}[N(t-1)]^2 \quad (9-2)$$

其中，$n(t)$为电影在第t周的观影人数，$t=1, 2, \cdots, T$；$N(t-1)$为电影在第（$t-1$）周的累积观影人数；p为创新系数，代表在尚未观影人数当中，属于创新者的比例；q为模仿系数，代表在尚未观影人数当中，模仿者人数受到市场采用比率影响的程度；m为市场潜量，即电影于放映期间的总观影人数。

该模型与回归式相当类似，比如单周观影人数$n(t)$相当于应变量（Y），而累积到前一周的总观影人数$N(t-1)$及其平方项$[N(t-1)]^2$，则相当于两个自变量（X_1，X_2）。不过，由于回归系数是（p, q, m）三个参数的非线性组合，如$\beta_0 = pm$，$\beta_1 = q - p$，$\beta_2 = -q/m$，因此需使用非线性回归法（nonlinear regression）对（p, q, m）进行估计。

此处以《是谁搞的鬼》这部电影的各周观影人数资料（见表9-1）为例，说明如何使用SPSS软件的非线性回归功能，计算（p, q, m）的估计值。表9-1中，各周定义为从星期五起到下星期四；若首映当周的销售成绩不包含周末假日成绩者，则当周资料略去不计。由表可知，《是谁搞的鬼》首映周的观影人数约405万人，随后逐周递减。为使用新产品扩散模型，须再自行计算前一周累积观影人数及其平方项的数值，纳入数据格式之中。

表9-1 《是谁搞的鬼》在美国上映的各周观影人数及累积人数

周次 (t)	起始日期	当周观影人数 $n(t)$	前一周累积观影人数 $N(t-1)$	$N(t-1)$的平方 $[N(t-1)]^2$
1	97/10/17	4 052 303		
2	97/10/24	3 119 014	4 052 303	16 421 159 603 809
3	97/10/31	2 368 736	7 171 317	51 427 787 514 489
4	97/11/7	1 723 386	9 540 053	91 012 611 242 809
5	97/11/14	981 218	11 263 439	126 865 058 106 721
6	97/11/21	776 791	12 244 657	149 931 625 047 649
7	97/11/28	461 733	13 021 448	169 558 108 016 704
8	97/12/5	339 895	13 483 181	181 796 169 878 761

续表 9-1

周次 (t)	起始 日期	当周观影人数 $n(t)$	前一周累积观影人数 $N(t-1)$	$N(t-1)$ 的平方 $[N(t-1)]^2$
9	97/12/12	149 131	13 823 076	191 077 430 101 776
10	97/12/19	59 433	13 972 207	195 222 568 450 849
11	97/12/26	30 371	14 031 640	196 886 921 089 600
12	98/1/2	20 667	14 062 011	197 740 153 364 121
13	98/1/9	12 397	14 082 678	198 321 819 651 684
14	98/1/16	6 985	14 095 075	198 671 139 255 625
15	98/1/23	5 064	14 102 060	198 868 096 243 600

使用 SPSS 软件中的非线性回归（nonlinear regression）功能估计新产品扩散模型的步骤，如图 9-5 所示。图中，观影人数数据以"千人"为单位。在点击"Analyze"→"Regression"→"Nonlinear Regression"，进入非线性回归的对话窗口之后，须设定四个地方。

第一，设定反应变量为当周观影人数为"n_t"。

第二，根据式（9-2），设定模型是两个自变量"N_t_1，N_t_1sq"的函数，如下所示：

$$p * m + (q - p) * N\_t\_1 - q/m * N\_t\_1\_sq$$

第三，点击"Parameters"方块，设定（p, q, m）等三个参数估计的起始值（starting value），与期望的最终解愈接近愈好。这个步骤非常重要，如果设定不合适的起始值，极可能导致收敛失败或仅能导致局部（而不是全局）的收敛。由于 p、q 都是比例的概念，因此都设定起始值为 0.5；m 是市场潜量，由样本数据得知应超过 14 100 000 人，此处则设定 m 的起始值为 14 000。

第四，点击"Constraints"方块，设定参数的值域限制。其中，p, q 都是比例的概念，不可能为负值，因此设定 $p \geqslant 0$ 与 $q \geqslant 0$。此外，由样本数据可知市场潜量的数值会超过 14 000 000 人，因此设定 $m \geqslant 14 000$。

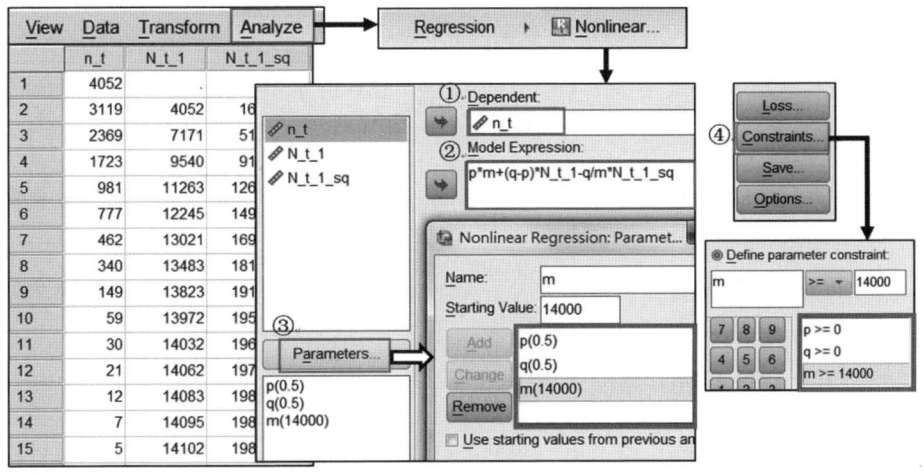

图9-5　非线性回归的SPSS步骤

执行以上步骤之后，《是谁搞的鬼》这部电影的扩散模型参数估计值，如图9-6所示。其中，$p=0.269$，$q=0.140$，明显符合$p>q$的特性；而市场潜量$m=14\,143\,601$，也大致与这部电影的总票房相近。统计结果更显示调整后判定系数（adjusted coefficient of determination，$\bar{R}^2$），高达0.998，代表观影人数的总变异能被这个扩散模型解释的程度高达99.8%，即实际值与预测值几乎相同。

参数	估计	标准误差	95%依赖区间	
			下界	上界
p	0.269	0.009	0.249	0.289
q	0.140	0.022	0.092	0.187
m	14 143.601	42.005	14 051.149	14 236.052

图9-6　参数估计结果

同理，将每部电影的观影人数数据套入新产品扩散模型之后，就能产生该部电影的(p, q, m)估计值。表9-2列举四部美国影片在美国上映的扩散型态之参数估计值。由表可知，每部电影的模型配适度都非常高，代表扩散模型能够良好地解释观影人数的逐周变化。其中，《异形4》的创新系数（p）明显高于其他电影，但总票房（m）却最低。这可能是因为《异形4》是续集电影，观众多半是从《异形1》就开始看的忠诚影迷，规模虽然不大（m值较低），但是在《异形4》上映之前就已经非常期待，因此上映就马上去看（p值很大），完全不必依赖口碑效果（q值逼近0）。

表9-2 美国影片在美国扩散型态参数估计值汇总表

序号	电影中文片名	估计值 p（标准差）	估计值 q（标准差）	估计值 m（标准差）	$\bar{R}^2$
1	《是谁搞的鬼》	0.269 (0.009)	0.140 (0.022)	14143.601 (42.005)	0.998
2	《星舰战将》	0.398 (0.019)	0.173 (0.032)	10873.147 (14.052)	0.999
3	《真假公主安娜塔西亚》	0.306 (0.059)	0.001 (0.126)	11456.313 (268.778)	0.932
4	《异形4-浴火重生》	0.482 (0.060)	0.001 (0.104)	7605.208 (42.765)	0.995

9.2.3 电影票房预测

由电影票房的例子可以看到，扩散模型对于新产品购买人数的逐期变化，具有良好的预测能力。不过，应用扩散模型来预测新产品销售量的走势，必须先掌握该产品的 (p, q, m) 参数值。新产品在未上市或刚上市的时候，由于尚未积累足够的销售量数据，尚且无法使用非线性回归法去估计参数值。因此，就像第7章新产品推荐系统的观念一样，可以先将每项新产品拆解为一组属性水平的组合，再去根据新产品特性去预测其特有的参数值。

例如，本节根据1997年10月到1998年间发行的50部美国电影，分别在美国与中国台湾地区上映的票房记录，建立每部电影在美国、中国台湾地区两地的 (p, q, m) 参数估计值。然后以电影在中国台湾地区的 (p, q, m) 参数值为应变量，并选取一些具影响力的电影特性作为自变量，进行回归分析。自变量包括电影在美国地区的 (p, q, m) 参数值、影片主要类型[①]、是否由知名明星主演、明星的票房价值、影片上映首周是否为假日档期等。回归分析的估计结果[②]如表9-3所示。由表可知，中国台湾地区的消费者特别偏好科幻片，因为科幻片对于市场潜量 (m) 的回归系数为10.4825，表示科幻片的总票房相对于文艺剧情

[①] 分为恐怖片、科幻片、文艺剧情片（包括文艺爱情片、轻松喜剧片和动画片）、非文艺剧情片（包括社会写实剧情片和动作片）等四种。

[②] Jen, Lichung (2001), "The Linkage of Cross-National Product Diffusion Patterns: An Application for Forecasting Box-Office Attendance of Motion Pictures," Western Decision Sciences Institute, Thirtieth Annual Meeting, April 3-7, 2001, Vancouver, Canada. (Best Paper Award in Marketing Strategy and Management, and V. V. Bellur Best Paper in Marketing).

片高出 $e^{10.4825}$，约 36 000 人次。有趣的是，大家对于科幻片的口碑却非常不好，因为科幻片对于模仿系数（q）的回归系数为 -0.4370，是所有电影类型中最差的。

表 9-3　美国影片在中国台湾地区上映之产品扩散预测模型

影片特性	创新系数（p）	模仿系数（q）	市场潜量（m）
截距项	0.1145	0.5668***	-5.4255*
美国之创新系数	0.7802***		
美国之模仿系数	0.3784*		
美国之市场潜量			0.8852***
恐怖片	0.2166*	-0.3528*	3.2934
科幻片	0.0033	-0.4370***	10.4825***
非文艺剧情片	0.0403	-0.0815	5.1846*
明星票房价值	0.0004	-0.0075	0.2041*
假日档期	0.0273	0.1315	5.8349**

注：显著水平 0.01 为 ***；显著水平 0.05 为 **；显著水平 0.1 为 *。

由这些量化分析所得到的回归系数，正是代表一个称职的管理者的经验值。如前所述，当一个营销老师傅积累多年的经验，做完质性预测说"根据我的经验，这部科幻片，主角很有名，又是在暑假档期，所以应该、大概、也许会大卖"时，这个模型已经可以在 1 分钟之内，计算出每一个变量的影响程度。

我们将若干样本外（out-sample）的电影，利用模型进行预测，再与其实际票房记录做比较，以检测预测效力，结果图 9-7 所示。除第四部电影《虫虫危机》（A Bug's Life）之外，不论就各部电影的首周票房，或者整条产品生命周期的曲线型态，模型的预测均能掌握得非常好。至于第四部电影《虫虫危机》产生系统性的误差原因很简单，从市场观察发现，《虫虫危机》在中国台湾地区市场运用相关外围产品强力促销策略，成功地提升了此部影片的票房销售成绩，影响此部影片在中国台湾地区市场的扩散型态。由于预测模型的自变量中，欠缺厂商所投入的促销费用这项自变量，以至于所有的预测值均低估。

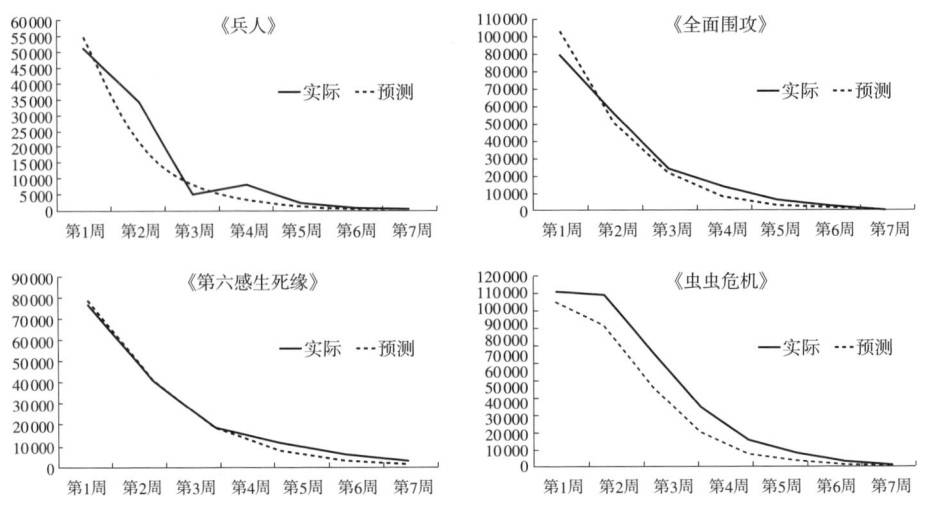

图 9-7 新上映电影之票房生命周期预测

综上所述，我们可以发现，不论是质性或量化预测，没有一个模型是完美的。我们只能不断修正、增添变量，以增强预测效力。另外，当此预测系统建立后，每周每月的新数据不断产生，表 9-3 中的回归系数估计值就会自动更新，以反映最新消费者偏好的变化。如果能根据产品生命周期的预测结果，更进一步进行最适资源分配的决策，决定放映周数以及影院数量等；或者洞察到市场上消费者偏好的转向，提供制片公司筹划最佳商业电影的制作，这些都是将人工智能（artificial intelligence，AI）运用于营销决策支持系统的最佳示范。

9.3 使用错误模式相差甚远

在营销管理的决策分析研究中，对于如何确认消费者、产品类别或店铺类别之异质性（heterogeneity）的计量模式，已成为主要的研究课题之一。尤其是从大数据营销（big data marketing）兴起后，大量的消费者个人购买行为数据被完整地记录下来。此种结合纵断面（longitudinal）与横断面（cross-sectional）数据型态的结构，不仅可让营销人员借此评估每一位顾客对公司的价值，亦提供了丰富的信息作为衡量营销绩效与发展营销策略的依据，进而提升营销决策质量。

9.3.1 总体层级还是个体层级？

传统上由于数据收集的限制，营销模式（marketing models）的发展大多在总体层级上（aggregate level）。譬如：在价格敏感度（price sensitivity）或价格弹性（price elasticity）的估计上，从一般的回归分析中所得的参数估计值仅代表着单一的市场价格敏感度。若欲进行市场细分分析，则只能选定某一细分变量，按照事前分群的方法，将市场切割成若干个子市场，再分别单独用回归分析得到各个子市场的价格敏感度。此种由上而下、由合而分的模式构建过程，虽然有其统计估计稳定性高的优点，但缺点是见林不见树，并不能真正符合市场细分的理论基础。因为此程序是假设在同一子市场内的消费者为同构型（homogeneity），也就是说，被归入同一子市场的每一个消费者都有相对一致的价格敏感度。

为求得每一消费者的个别估计值（unique estimation for each individual），一种由下而上、由分而合，以确认消费者异质性为前提的模式构建程序，成为当前发展营销模式的重要课题。在过去，有些学者应用计量经济统计模式中的固定效果模式（fixed effect model）解决前述问题。但是，由于在个别消费者的记录上，其数据量通常太少，极易产生过大的估计标准差（standard error）。因而造成经由此模式所得的估计值常具有高度的不稳定性，进而失去模式的预测能力。因此，此种见树不见林的方法，在实务应用上遭受极大的困难与挑战。

为解决上述问题，营销决策模式学派在最近几年开始大量使用层级贝氏统计理论（hierarchical bayes statistics theory）（见第5章5.1节的讨论）。由于计算统计（computing statistics）的模拟估计方法（simulation-based estimation methodology）的发展（如：EM algorithm, gibbs sampling, markov chain monte-carlo estimation 等），不仅使个人估计值得到更精确的估计，同时还能结合群体（或细分市场）的信息，因此这种既见树又见林的模式已成为营销模式领域的主流，更进一步地对许多营销理论的冲击亦有非常显著的贡献。

不过，在过去许多研究文献中，个人估计值或者对异质性的看法，焦点都放在个人的平均数上。例如，个人的价格敏感度、偏好结构、顾客价值等，都是平均数的概念。相对之下，个人行为的不确定性，却很少获得重视。若个人资料的变异数比较小，就代表这个人的行为比较稳定，预测误差与决策风险都相对较低。若个人的变异数比较大，则预测错误的概率就会比较高，决策风险自然也变高。因此，除平均数之外，行为的稳定性（即变异数）也是很重要的信息。

9.3.2 独立还是相依？

在顾客关系营销中，最核心的指标是顾客价值（customer value），因为它导引着后续一切的营销策略发展与营销资源分布决策。本书第4章曾经讨论到，*RFM* 分析使用最近购买期间（recency）、购买次数（frequency）、购买金额（monetary）等三种购买行为，作为顾客价值的衡量指标。不论是五等均分法还是 Bob Stone 给分法，都视 *RFM* 三个指标为彼此独立的变量，将顾客区分成 $5 \times 5 \times 5 = 125$ 个细分市场。活跃性分析也只使用购买期间数据（interpurchase time）建立顾客活跃性指标（CAI）。这些方法在一开始就假设购买行为彼此独立，所以后面不管怎么分析，都不可能侦测到行为之间可能存在的相关性。那到底购买行为之间有没有关系？如果不考虑相关性又会造成什么后果？如果模型假设无法掌握现实的状况，预测一定会产生误差，从而造成决策的机会损失。

决定一个顾客对厂商的价值有两个关键变量：①多久买一次，即购买期间，单位可以是天、周或月等，用随机变量（t）表示；②买多少，即购买金额，单位为元，用随机变量（y）表示。传统的统计模型假设这两个变量服从双变量常态分布，如下所示：

$$f(y_{ij}, t_{ij}) \sim \text{Normal}(\mu_i, \sum\nolimits_i) \quad (9-3)$$

再配合上层级贝氏统计模型，便可有效估计出每一个顾客的价值（y/t，平均每日的购买金额）。然而，如此复杂的统计模型，却仍暗藏危机。由于消费者行为的异质性，这二个变量之间的相关性会因人而异。有的顾客是正相关（隔得愈久买得愈多）；有的顾客是负相关（隔得愈久买得愈少）；也有的顾客是无相关（即隔多久与买多少无关）。传统模型的最后估计结果，往往会迫使所有人的这个相关系数趋近于零。这会让营销人员误以为客户的购买间隔与购买金额都是独立的、不相关的，以至于决策失当。为解决这个由于模型设计失误所造成的虚假现象，一个更具有弹性、更贴切反映真实消费者的购买行为的统计模型必须发展出来，以正确的方式协助营销人员确认出顾客价值，从而能更精确地发展有效的顾客关系营销策略。

9.3.3 条件层级贝氏常态模型

我们发展出一个将两个随机变量，通过条件概率分布的方式，将过去层级贝氏统计理论上对于共变异矩阵过度缩减的问题予以解决[①]。在这篇研究中，要解决两件事情，其一是处理两个变量的相依性，其二是处理变异数的异质性，模型假设与推导结果，如下所示：

$$\text{假设} \begin{cases} f(y_{ij} \mid t_{ij}) \sim N(\mu_i + t_{ij}\eta_i, \sigma_i^2) & \text{①} \\ f(t_{ij}) \sim N(v_i + t_{ij}\eta_i, \zeta_i^2) & \text{②} \end{cases}$$

$$\Rightarrow f(y_{ij}, t_{ij}) \sim N\left(\begin{bmatrix} \mu_i + v_i\eta_i \\ v_i \end{bmatrix}, \begin{bmatrix} \eta_i^2\zeta_i^2 + \sigma_i^2 & \eta_i^2\zeta_i^2 \\ \eta_i^2\zeta_i^2 & \zeta_i^2 \end{bmatrix}\right) \quad \text{③} \quad (9-4)$$

有别于双变量常态分布的设定，该方法根据模型假设①、②去建立条件层级贝氏常态模型，产生个人化参数估计值，包括（μ_i，η_i，v_i，σ_i，ζ_i）。然后，再将参数

---

① Jen, Lichung, Chien-Heng Chou, Greg M. Allenby, 2009. The Importance of Modeling Temporal Dependence of Timing and Quantity in Direct Marketing. Journal of Marketing Research, 46 (4): 482–493.

估计值代入模型③,组成两个随机变量的平均数向量与共变异矩阵,据此进行预测。

在构建一个新模型之后,宜先使用模拟(simulation)去测试新模型产生的参数估计值,是否能够还原参数的真实值。如表9-4所示,模拟分析分成两种情境,$\sigma_y^2 = \sigma_t^2$ 与 $\sigma_y^2 \neq \sigma_t^2$,设定五个参数($\mu_y$,$\mu_t$,$\sigma_y^2$,$\sigma_t^2$,$\sigma_{y,t}$)的真实值,并通过双变量常态分布的机制去仿真产生两个数据集。由表可知,不论是传统的层级贝氏双变量常态模型,或者新发展的条件层级贝氏常态模型,配适仿真数据之后的参数估计值(即后验平均数),都与原先设定的真实值非常接近;而个人化参数的还原绩效①(以 MAD、RMSE 为指标),两个模型亦不相上下。

表9-4 仿真分析之模型比较

参数	真实值设定	模拟数据集1:假设 $\sigma_y^2 = \sigma_t^2$			
		层级贝氏双变量常态模型		条件层级贝氏常态模型	
		后验平均数(后验标准偏差)	MAD / RMSE	后验平均数(后验标准偏差)	MAD / RMSE
μ_y	5.00	4.987 (0.102)	0.279 / 0.401	4.990 (0.013)	0.281 / 0.393
μ_t	2.00	2.000 (0.043)	0.250 / 0.355	2.001 (0.009)	0.248 / 0.361
σ_y^2	2.00	1.972 (0.066)	0.682 / 1.761	2.096 (0.028)	0.481 / 1.372
σ_t^2	2.00	1.889 (0.049)	0.511 / 1.065	2.060 (0.025)	0.36 / 0.679
$\sigma_{y,t}$	1.00	0.967 (0.040)	0.412 / 0.841	1.034 (0.020)	0.312 / 0.625

---

① 模型还原个人化参数的绩效,以平均绝对差(mean of absolute deviation,MAD)与均方根误差(Root-Mean-Square Error,RMSE)为衡量指标。令 θ_i = 个人化参数的真实值,$\widehat{\theta_i}$ = 由模型产生的后验估计值,则 $\text{MAD} = \sum_i^n |\theta_i - \widehat{\theta_i}|$,$\text{RMSE} = \sqrt{\sum_i^n (\theta_i - \widehat{\theta_i})^2}$。其中,$\theta_i$ 包括 μ_{yi},μ_{ti},σ_{yi}^2,σ_{ti}^2,$\sigma_{y,t,i}$。

续表9-4

参数	设定值	模拟数据集2：假设 $\sigma_y^2 \neq \sigma_t^2$			
		层级贝氏双变量常态模型		条件层级贝氏常态模型	
		后验平均数 （后验标准偏差）	MAD RMSE	后验平均数 （后验标准偏差）	MAD RMSE
μ_y	5.00	4.981 (0.102)	0.548 0.754	4.979 (0.022)	0.549 0.761
μ_t	2.00	1.993 (0.041)	0.239 0.332	1.994 (0.090)	0.241 0.338
σ_y^2	10.00	10.220 (0.332)	2.639 5.275	10.737 (0.317)	1.909 3.741
σ_t^2	2.00	1.988 (0.050)	0.499 1.046	2.120 (0.123)	0.345 0.718
$\sigma_{y,t}$	4.00	4.042 (0.137)	1.035 2.116	4.280 (0.149)	0.736 1.460

不过，随着个人资料笔数的不同，这两个模型的配适度就存在高下之分，如图9-8所示。图中，横轴是个人的购买次数，即个人购买记录的数据笔数；纵轴则是模型的配适度指标，数值愈高代表模型配适度愈高。由图可知，在个人资料笔数较少的时候，条件层级贝氏常态模型的配适度（以实线表示），明显优于层级贝氏双变量常态模型（以虚线表示）；而随着个人资料笔数的增加，两个模型的配适度就慢慢收敛到一样。然而，大数据营销经常碰到的问题在于个人购买记录的稀少性。在设计一套预测系统的时候，采用的统计模型必须够一般化，才

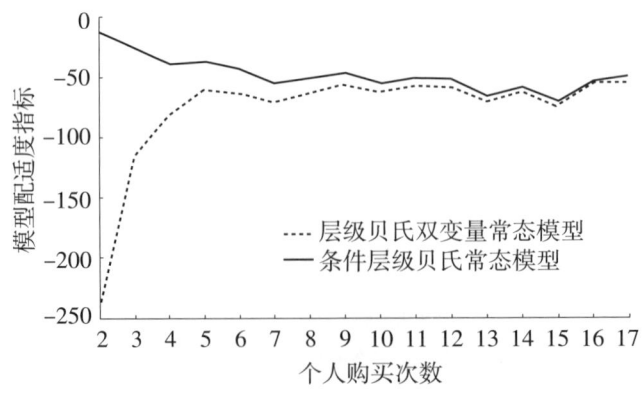

图9-8　两个模型的配适度比较：$\sigma_y^2 \neq \sigma_t^2$的情况

能保证在数据不足的时候，模型仍然有很好的预测能力。由仿真分析可知，对于变量相依与异质变异数有特别处理的条件层级贝氏常态模型，在一般化程度上明显优于传统的层级贝氏双变量常态分布。

9.3.4 两个直销公司案例

接下来以两个直销公司的数据集，去测试模型的预测能力。第一个数据集来自于企业对企业（business-to-business，B2B）的美国直销公司，对象是过去三年至少有五笔购买记录的企业客户，共1935家，平均购买金额是98美元（标准偏差为72.18），平均购买期间是135天（标准偏差为70.47）。第二个数据集来自于企业对顾客（business-to-customer，B2C）的中国台湾地区直销公司，对象是过去三年至少有五笔购买记录的一般客户，共1344位消费者，平均购买金额是台币10242元（标准偏差为8551），平均购买期间为43天（标准偏差为45.89），明显短于企业客户。

由条件层级贝氏常态模型推论的个人化相关系数之后验分布，如图9-9所示。根据B2B数据集推估的后验分布，座落于平均数大于0的位置，代表大部分企业客户的(y, t)资料呈正相关。也就是说，当这些企业客户的购买期间拉长时，购买金额也会变高，所以平均来看，每天的购买金额都维持差不多的情况，代表购买行为相当稳定。相比之下，B2C数据集呈现的后验分布则坐落于平均数约为0的位置，代表大部分一般客户的购买期间长短与购买金额大小没有太大的关系，也就是说多数顾客的购买行为非常的随机。由此可知，B2C公司的经营风险比B2B公司的经营风险要高，B2B公司的企业客户价值较为稳定。

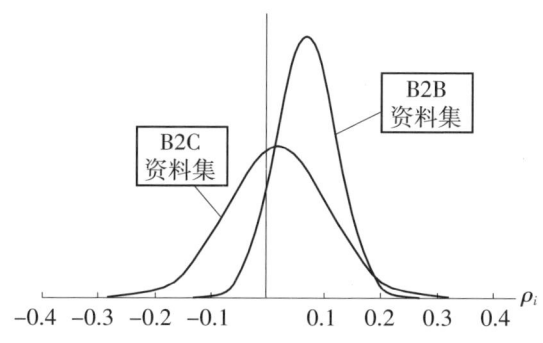

图9-9 个人化相关系数之后验分布

这个模型不仅仅证明所有样本内、样本外的预测效度均优于其他所有的模式。更重要的是，与传统模式相较之下，可以使厂商更成功更准确地预测出顾客价值，其差额更可达上千万美元。我们先利用前1.5年的顾客交易数据，计算出每个人的顾客价值，经排序之后，锁定顶层 20% 最有价值客户。两个模型产生两份顾客列表。接着计算这两份清单中顾客在后 1.5 年的购买金额。结果改良型条件式异质变异双变量常态分布所预测最有价值的顾客，比传统简易（偏误）双变量常态分布所预测的顾客，在后来 1.5 年的实际购买金额高出 1440 万美元。可见用错模型真的会损失惨重。这还只是一个拥有 10 万顾客规模的中小企业，如果是一家拥有超过百万用户的企业，选错客户、做错决策的代价，将会超过一亿美元的差额。

9.4 何时买？买多少？环环相扣的关系

9.4.1 卖米小故事

知名企业家王永庆先生的经营之道都为经典，其中最受启发的就是流传几十年的卖米小故事。王永庆早年在卖米的时候，会去记录每户人家的米缸容量，并且问明家中人口数与每人饭量，进而预估这个家庭的用米量。当他估算某个家庭的米快要用光时，不等客户上门，自己就先主动将白米配送到府，让客户免于奔波之苦。这个发迹故事是顾客关系管理学中很好的案例，里面有几个决策问题值得讨论一番。例如，对每位客户该何时送米？该送多少米？哪些营销活动能提升销售量或者缩短购买期间？由于客户人数有限，王永庆能够亲自去观察每家米缸还剩下多少米，再依凭他的经验去做决策。如果企业要与市场上为数众多的消费者建立关系并加以管理，就必须依靠统计模型与计算机运算的支持。

上一节介绍的条件 HB 常态模型，适用于探讨购买量与购买期间之间的相依关系。不过，该模型单纯只就外显的购买行为进行讨论，忽略内隐的决策机制。就像卖米故事中提到的，客户买米是为补充存粮的不足，当家中米缸快要见底时，就是企业进行产品推荐的最佳时机。若能掌握客户的存货消耗行为，了解客户的存货消耗速度受到哪些因素的影响，企业不但能够准确预测购买行为的变化，甚至能够通过更细腻的营销手法影响存货消耗速度，进而刺激其购买行为。

然而，对于拥有众多客户的企业来说，不可能像王永庆一样挨家挨户地观察记录客户家里的存货量。因此，客户的存货消耗行为并不存在于企业的数据库内，是不可观察的潜藏数据（latent data），无法像购买行为数据一样直接用来建立模型。为了解决该问题，统计上可以使用资料扩增（data augmentation），根据可观察的间断型变量与一些值域设定，模拟产生对应的连续型潜藏数据，再使用连续型数据的概率分布建立间断型数据的似然函数，进行参数估计，如 Probit 模型或 Tobit 模型的推论。应用该概念，我们发展出存货消耗模型，根据可观察的购买量与购买期间数据,以及合理的值域设定,模拟产生合理的存货消耗资料,以利于参数估计。

9.4.2 存货消耗模型

购买行为的发生,来自于内外部因素的刺激而产生购买动机。如图9-10所示,假设消费者于期初受到外在营销活动(如广告、促销)的影响而发生购买行为,购买量(q_1)成为期初存货。然后,消费者依循自己的消耗习惯和特性,逐期消耗存货,直到低于安全存量或者受到营销活动的影响,从而产生需求,才又引发购买行为。第一次与第二次购买间隔的购买期间,等同于存货消耗期间(T_1)。而第二次购买量(q_2)又会再度影响往后各日的存货消耗量,进而决定消耗期间长度(T_2)。因此,相邻的购买量(q)与购买期间(T)之间,具有q影响T,T影响q,q又再影响T,这种环环相扣、前后相依的关系。

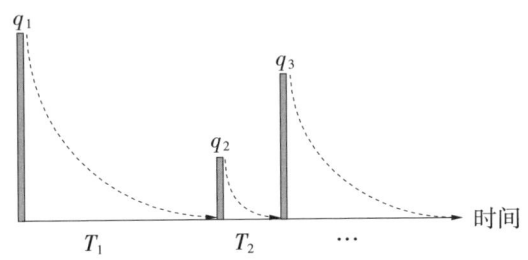

图9-10 购买量(q)与购买期间(T)

个人的存货消耗行为是模型设定的基础,如表9-5所示。假设某顾客于某一购买周期的第1天($t=1$)发生购买($y=1$),购买量为q,且当天的消耗量为c_1。在考虑这位顾客要求的安全存量(θ)之下,消耗量c_1的合理值域为$(0, q-\theta)$,累积存货消耗量s_t($= \sum_{\tau=1}^{t} c_t$)也是如此。到了第2天,顾客最少可能是不消耗,最多则只能消耗期初存货,因此消耗量c_2的合理值域为$(0, q-s_1-\theta)$,累积消耗量s_2的合理值域则是$(s_1, q-\theta)$。同理,第3,4,…,$(T-1)$天的消耗量各有其合理范围。直到第T天,顾客看到手边存货所剩不多,低于安全存量,即$(q-s_T)<\theta$,隔日就会发生购买行为。也就是说,这个周期的购买期间为T日。

表9-5 个人存货消耗行为：某购买周期

日 (t)	购买发生 (y_t)	购买量 (q_t)	存货消耗量 (c_t)	每日存货消耗量的合理值域 (Range for c_t)				累积存货消耗量的合理值域 (Range for s_t)			
1	$y=1$	$q>0$	c_1	0	<	c_1	<	$q-\theta$	0	<	s_1	<	$q-\theta$
2	$y=0$	$q=0$	c_2	0	<	c_2	<	$(q-s_1)-\theta$	s_1	<	s_2	<	$q-\theta$
⋮	⋮	⋮	⋮	⋮	<	⋮	<	⋮	⋮	<	⋮	<	⋮
$T-1$	$y=0$	$q=0$	c_{T-1}	0	<	c_{T-1}	<	$(q-s_{T-2})-\theta$	s_{T-2}	<	s_{T-1}	<	$q-\theta$
T	$y=0$	$q=0$	c_T	$q-s_{T-1}-\theta$	<	c_T	<	$q-s_{T-1}$	$q-\theta$	<	s_T	<	q

数据扩增（datat augmentation）算法最早由 Tanner & Wong（1987）提出①，是借助潜藏变量去扩增观察值数据的机制。潜藏变量模型是将可直接观察的离散型变量，如购买量（q）与购买期间（T），转换为无法观察的连续变量的媒介，有利于构建数据的似然函数。现以累积存货消耗量（s_{ijt}）为潜藏变量，设定服从截断的常态分布（truncated normal distribution），即本质上是常态分布，但有值域限制（见表9-5）。除此之外，模型也假设每日消耗量会受到日期特性（d_{ijt}）的影响，如日期特性、营销活动等，如下所示：

可观察资料：$y_{ijt} = \begin{cases} 0 & \text{if } s_{ij,t-1} < s_{ijt} < q_{ij} - \theta_{ijt},\ t = 1,\cdots, T_{ij}-1 \\ 1 & \text{if } q_{ij} - \theta_{ijt} < s_{ijt} < q_{ij},\ t = T_{ij} \end{cases}$

潜藏资料：$s_{ijt} \sim \text{Truncated Normal}(d'_{ijt}\kappa_i, \sigma_i^2)$ (9-5)

潜藏变量的存在，让数据的似然函数与参数的后验分布的推导过程变得更容易。数据扩增法包含两个步骤，插补步骤（imputation step）与事后概率步骤（posterior step）。插补步骤是指在可观察资料与特定参数值的条件下，根据潜藏模型（如式9-5），仿真产生适当的潜藏数据值（如 s_{ijt} 值）；事后概率步骤则是在可观察资料与特定潜藏值的条件下，根据参数的条件后验分布，模拟产生适当的参数值（如 κ_i，σ_i^2）。将这两个步骤反复递归多次之后，参数就会收敛，从此抽取的参数值样本即为参数估计之依据。

9.4.3 两种加油行为

现以某品牌加油站的交易记录作为分析对象。从数据库随机挑选从2001年7

---

①Tanner, M. A. and W. H. Wong (1987), "The Calculation of Posterior Distributions by Data Augmentation," Journal of the American Statistical Association, 82 (398): 528–540.

月到2004年11月间消费记录至少五笔的会员，购买量①的次数分布如图9-11所示。购买量数据之次数分布，明显右偏且次数高低参差不齐，如图9-11a所示；但购买量经过取对数之后，明显呈现两个对称分布并列的型态，如图9-11b所示。这隐含两项重要的信息，一是购买量行为符合对数常态分布，二是交易记录包含两种不同加油行为，应分开处理。由于油品厂商并未提供车种资料，我们根据图9-11b的分布型态，以购买量10升为基准②，将交易记录切分成两种加油行为资料。假设购买量低于10升者为机车加油资料，高于10升者为汽车加油资料。

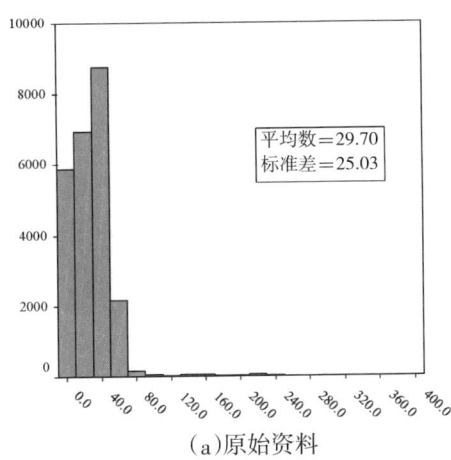
(a)原始资料

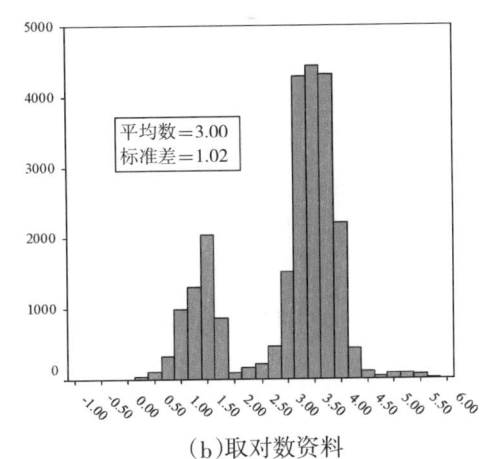
(b)取对数资料

图9-11 购买量次数分布

根据机车加油数据与汽车加油数据去计算个人的平均购买量与平均购买期间，散点图如图9-12所示。图9-12a显示机车骑士的购买量与购买期间呈现轻微的正相关，代表这群人的每日耗油量（存货消耗率）颇为同质。图9-12b则显示汽车驾驶员的平均购买量集中在20～50升之间，但平均购买期间的分布却非常广，短则1天，长则50天，代表各人的驾驶习惯、对加油站的忠诚度，或者对营销活动的反应上可能有很大的差异。

---

① 由于存货消耗模型适合以购买量为研究对象，故另于该油品厂商网站取得九五无铅汽油的历史价格数据，将原始的交易金额予以平减（deflate）后取得购买量资料。
② 购买量10升取对数后为ln(10) = 2.30，约为图9-11b两个分配间的切分点。

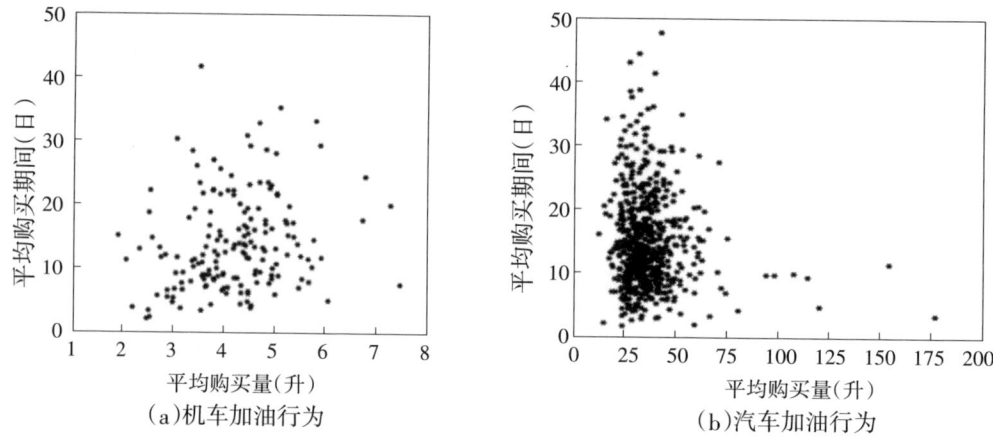

图 9-12 平均购买量与平均购买期间的散点图

通过存货消耗模型,得以探讨存货消耗量(如每日耗油量)如何受到日期特性变量的影响。我们选取的日期特性包括当天是否有调涨油价、是否有调降油价、是否为双休日,以及是否为法定假期等四个虚拟变量。根据机车加油资料所产生的个人化参数估计值,包括四个日期特性效果(κ_i)与消耗量本身的标准偏差(σ_i),构成四张散点图,如图 9-13 所示。首先,在油价上升效果图中,位

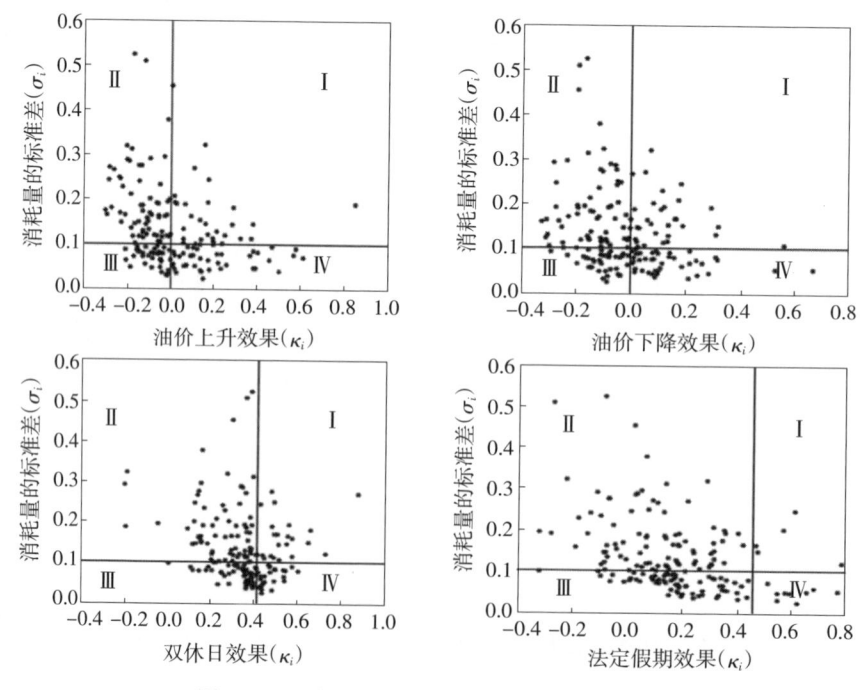

图 9-13 个人化参数估计——机车加油资料

于区域Ⅳ的机车骑士,其油价上升效果为正,消耗量标准偏差小,代表即使面对油价调涨,这群人的消耗量仍然有增无减,因此可视为忠诚客户。其次,在油价下降效果图中,位于区域Ⅳ的机车骑士,则是当油价调降的时候,消耗量会稳定增加,代表这群人很适合以促销策略提升消耗量,达到缩短购买期间的营销目的。余下两张图显示大部分的机车骑士倾向在双休日及法定假期减少消耗量,代表他们主要是在非周末使用机车,也许是为了上班或上学通勤之用。

以汽车加油数据配适存货消耗模型而产生的个人化参数估计值,散布情况如图9-14所示。同理,在上半部的两张图中,个人化参数值座落在区域Ⅳ的汽车族,对于加油站厂商最具有价值,因为这些人的存货消耗行为能够被油价调整策略所解释,代表价格策略容易发挥效果。而在下半部的两张图中可以看到,超过一半的客户倾向在双休日有较高的消耗量,而部分客户在法定假期有明显很高的消耗量,可能是为了满足长途旅行的需要。

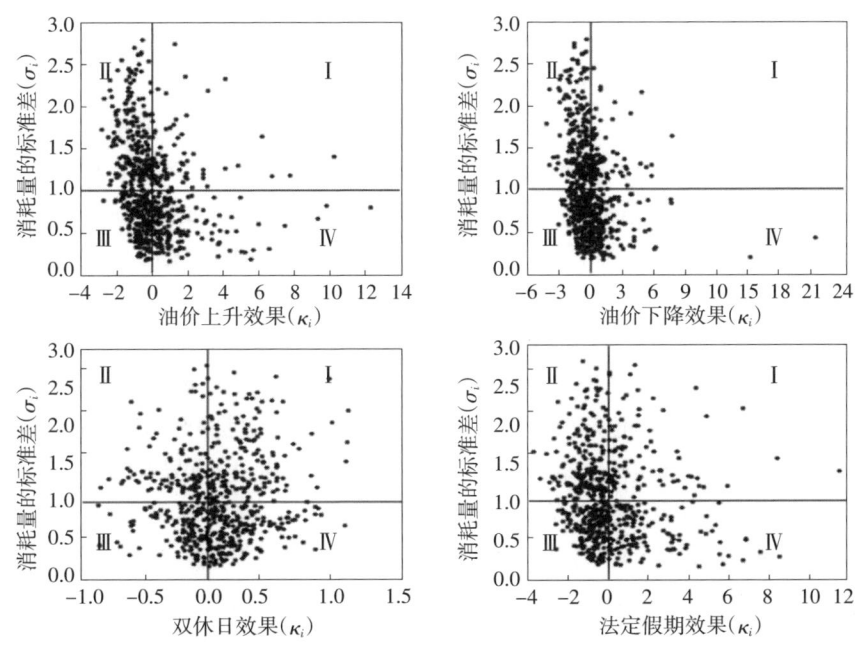

图9-14 个人化参数估计——汽车加油资料

9.5 "异常"与"规律"的组合

消费者行为实在太复杂,复杂到只用一个分布不足以彰显一个人的行为特征。本书第5章曾经介绍过许多适合购买期间模型的概率分布(见表5-4),但在实际上我们只会从中挑选一个配适度最佳或最合理的概率分布去做分析与预测，因为这个概率分布最能把握购买行为的规律。然而，除规律的购买行为之外，消费者基于某些私人原因，会暂时性地发生异于平常（如提早或延迟）的购买行为。例如，家中突然要办派对必须提早购买食物、工作时间的暂时变动造成购买时间的改变、最近想要减肥所以暂时减少购买食物的频率等。对于企业来说，消费者的购买行为可以留下记录，但消费者的私人原因却难以观察得到。

这些现象呼应了两种消费者行为特质，异质性与动态性（见第2章）。只使用单一分布的行为模型，重点放在掌握消费者的异质性，试图从交易记录推论出个人的行为特质（如价格敏感度、RFM指标等），有利于后续的行为预测。然而，即使是同一个人，也可能会基于一些不可观察的私人原因，产生截然不同的购买形态。如果没有将这种动态性纳入考虑，很可能会对顾客价值造成误判。例如，企业可能会因为某位顾客的暂时性延迟购买，而以为其活跃性不如以前；又或者观察到一些突发的提早购买，而误判顾客变得更有价值。不管是哪种情况，都会让只使用单一分配的统计模型无法准确地掌握购买型态，从而造成对顾客价值的误判，最终影响到企业的经营绩效。

因此，我们必须先认清一个事实，就是个人的购买型态至少包含两种，规律行为与异常行为。规律行为（regular behavior）是指消费者个人最常发生的购买型态，也是评估顾客价值的主要依据；异常行为（irregualr behavior）是指消费者个人较少发生，且不同于规律行为的购买型态。交易数据库无法呈现每次购买行为属于规律还是异常行为。因此，我们通过混合模型的设定，假设购买行为是两种行为的组合。

混合模型（mixture model）是指两个以上概率分布函数的加权之和，如图9-15所示。以购买期间资料（t_{ij}）为例，假设每笔观察值都包含两种成分，较常发生的规律成分（regular component）与较少发生的异常成分（irregular component）。假设两个成分各自服从不同的 γ 分布，再共同组成一个混合 γ 分布（mixture of two gamma distributions），作为购买期间模型。每笔观察值中，异常成分与规律成分的占比（ϕ_{i1}，ϕ_{i2}）因人而异，而且按照定义，$\phi_{i1} + \phi_{i2} = 1$ 且 $\phi_{i1} < \phi_{i2}$ 必然成立。另外，由于参数 α 与 γ 分布的变异系数（coefficient of variation，μ/σ）呈反向关系，因此设定 $\alpha_{i1} < \alpha_{i2}$ 成立，以展现异常行为的变异程度大于规律行为的特性。

第 9 章 消费行为大透视：理论、模型、预测、决策

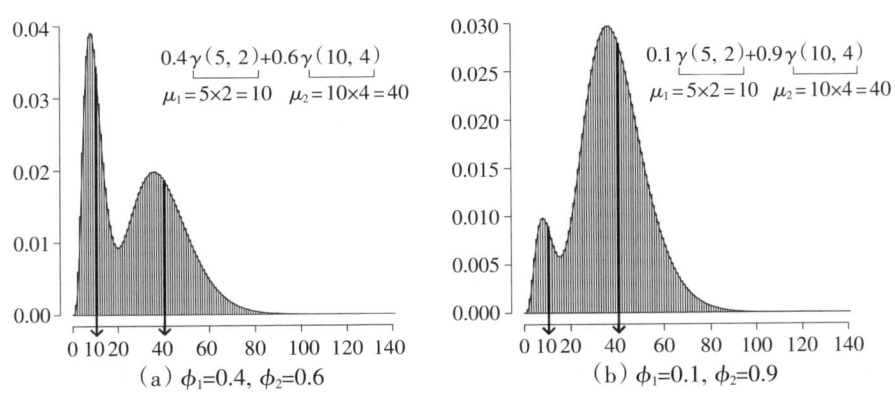

$$\mu_{i1}=\alpha_{i1}\lambda_{i1}, \sigma_1^2=\alpha_{i1}\lambda_{i1}^2 \quad \mu_{i2}=\alpha_{i2}\lambda_{i2}, \sigma_2^2=\alpha_{i2}\lambda_{i2}^2$$
$$\phi_{i1}+\phi_{i2}=1, \phi_{i1}<\phi_{i2} \quad \alpha_{i1}<\alpha_{i2}$$

图 9-15　购买期间模型：混合 γ 分布

相较于传统的单峰分布，混合分布是更一般化的双（多）峰分布，如图 9-16 所示。图中，假设异常成分服从 $\gamma(5, 2)$ 分布，平均数为 $5 \times 2 = 10$（天）；规律成分服从 $\gamma(10, 4)$ 分布，平均数为 $10 \times 4 = 40$（天）。如图 9-16a 所示，当两个成分的权重相近时，如 $(\phi_{i1}, \phi_{i2}) = (0.4, 0.6)$，也就是这个人的购买期间资料，有高达 40% 属于异常行为，60% 属于规律行为，混合分布也明显地有两个高峰，平均数为 28 天（$=0.4 \times 10 + 0.6 \times 40$），较趋近规律成分的平均数。相对的，图 9-16b 显示当异常权重远小于规律权重时，如 $(\phi_{i1}, \phi_{i2}) = (0.1, 0.9)$，则混合分布几乎回归成一个单峰分布，平均数也拉长为 37 天（$=0.1 \times 10 + 0.9 \times 40$），更接近规律成分的平均数。

图 9-16　不同权重的混合 γ 分布

值得注意的是，异常成分的平均数（μ_1）与规律成分的平均数（μ_2）的大小关系，反映出不同的购买型态。以下以人造奶油（margarine）与食糖（sugar）两种产品的购买期间数据为例，针对不同模型产生的预测值（即平均数）进行比较，进而说明比较结果的营销涵义。

现分别以层级贝氏 γ 模型与层级贝氏混合 γ 模型，计算每位客户的购买期间预测值，结果如图 9-17 所示。图中，横轴是来自于只考虑单一 γ 分布的个人预

测值,纵轴则是来自于混合γ分布的个人预测值。落在对角、在线附近的点代表这两种模型的个人预测值很相近。要注意的是,混合模型可以产生三种预测值,包括异常成分预测值(以△表示)、规律成分预测值(以○表示),以及混合模型预测值(以□表示)。由图可知,○与□几乎都落在对角,并且在线附近,△的散布就比较广泛,显示个人的异常行为的确有别于规律行为。

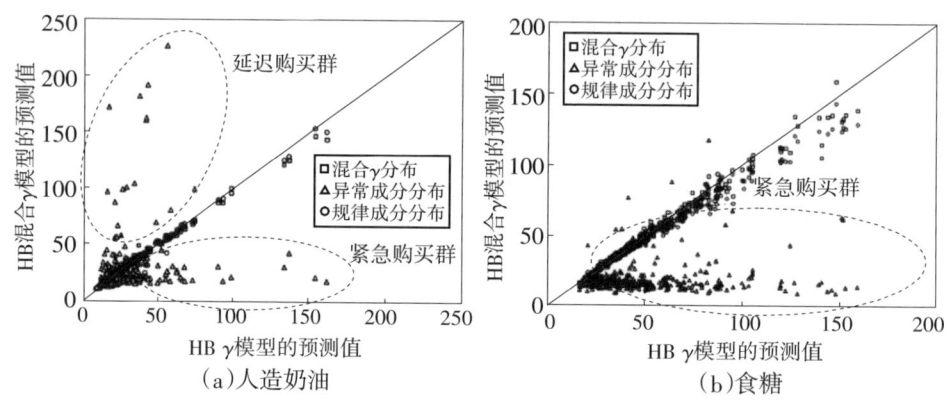

图 9-17 两种购买期间模型的预测结果

根据某超级市场的人造奶油购买记录所建立的个人预测值,如图 9-17a 所示。图中,红色点均匀散布在对角线的两边。其中,位于对角线左上方的点代表个人的异常成分预测值大于规律成分预测值($\mu_{i1} > \mu_{i2}$),代表这些人平常的购买频率还是比较频繁的(μ_{i2} 小),但有时会突然地出现延迟购买(μ_{i1} 大),因此将这群人命名为延迟购买群(slack purchase)。反之,位于对角线右下方的点代表个人的异常成分预测值小于规律成分预测值($\mu_{i1} < \mu_{i2}$),代表这群人在平常情况下大概四五十天买一次人造奶油,但偶尔也会提早到 20 天就购买,我们将这群人命名为紧急购买群(emergency purchase)。

来自同一数据库的客户,购买食糖的行为明显与人造奶油不同,如图 9-17b 所示。图中,绝大多数客户的异常成分预测值都小于规律成分预测值,代表食糖对于这群人来说,除平常规律的购买之外,时不时会需要紧急提早购买。由于消费者对于紧急用品的价格敏感度非常低,所以促销活动非常不适合食糖这项产品,反而应该考虑如何适当地涨价来提高产品利润。

9.6 统计眼翳症

以上介绍了四个应用高阶统计模型以协助营销管理者做出更佳决策的案例,

其实在营销的世界中，还有更多不胜枚举的统计模型。这些统计模型在营销决策支持系统（又称专家系统或者智能系统等）中，是最关键、最核心的元素。一般而言，简易的公式只能说明简单的世界，复杂的现象则需借助深层的模式才得以彰显。然而，实务界里往往对于统计的素养还不够，经常使用较简单易懂的统计方法，去描述或预测一个极其复杂的世界。如同用一双被薄膜遮蔽的眼睛去观看市场上众多消费者或竞争者的行为。我们将这种情形称为"统计眼翳症"（statistic cataract）。

要如何去除统计眼翳症的问题？思索解决这个问题的视角必须先从营销为原点出发，再考虑统计的解决方案。追溯早期营销理论发展的初期，Levitt 在 1960 年提出"营销近视病"（marketing myopia）的论述后，自此成为所有营销人员奉为圭臬的铁律（immutable law）。这项铁律告诉厂商不要老是紧盯着近在眼前的产品，却无视于市场（消费者与竞争者）的变化。虽然这是已经超过半个世纪前的老生常谈的论述，但是现在仍有许多厂商罹患营销近视病而不自知。以台湾精品奖为例，即使是获选为金银质奖的厂商，大部分企业的目光与精力仍聚焦在自家产品的身上，而欠缺对于市场或消费者的洞察。

如何祛除营销近视病的病灶？在营销的世界里，营销管理者全部的工作就两件事：①掌握消费者和竞争者行为的变化，即动态性（dynamic）；②辨识消费者（竞争者）之间的差异性，即异质性（heterogeneity）。这两项铁律是首席营销官一切作为的依归，所有的策略均是响应这两种状态。本书 9.2 节"如何营销打败 20 年营销经验的老师傅"解决的是动态性的问题；9.3 节"使用错误模式相差甚远"处理的是异质性的特征；9.4 节"何时买？买多少？环环相扣的关系"与 9.5 节"异常与规律的组合"则是同时响应动态性与异质性的主题。

既然动态性与异质性是两项营销的铁律，传统统计模型就有麻烦了。因为所有基本的、简单的统计分析方法，不是假设静态的（static），就是假设同质的（homogeneity）。举一个常见的例子，各项满意度问卷调查数据的分析，我们常常就用一个简单的平均数，来代表整体满意度。此处就隐藏了同构型的假设。但是根据异质性的铁律告诉我们，每一位消费者是不同的，所以他们的意见也应该轻重不一。譬如重度使用群或者忠诚度高的消费者，他们的意见是不是应该比其他人的更重要？采用一个简单平均数来代表市场状况，可以说是犯了非常严重的统计眼翳症，因为此时统计所描述的世界距离真实世界差太远了。

近二十年来，为解决动态性与异质性的统计模型逐步发展出来。而许多目前热门的工具，诸如数据挖掘中的决策树分析、分群技术、关联性分析，到机器学习、深度学习等各式各样的方法，我们必须要很小心地检查动态性与异质性特性，是否包含在这些分析性工具（analytic tools）中。如果没有，则至少在营销的领域里，还需要更长足的进步，才有可能对营销决策有所帮助。因此，未来首席营销官（CMO）不仅仅要跟首席信息官（CIO）越来越紧密地合作①，企业也要将首席分析官（chief analytics officer，CAO）加入团队，以发挥整体战斗力。

---

①Whiter, Kimberly A., D. Eric Boyd, and Neil Morgan (2017), "The Power Partnership: CMO & CIO," Harvard Business Review, July-August. （侯秀琴译，哈佛商业评论，全球繁体中文版，2017年7月号，第131期，第74-75页）

索 引

中文部分

K 平均法　K-Means Algorithm　204

一画

一对一营销　One to One Marketing　6

二画

二元变量　Binary Variables　35

三画

马斯洛需求层次理论　Maslow's Hierarchy of Needs　192

四画

比率尺度　Ratio Scale　35
水平　Levels　42
贝氏统计　Bayesian Statistics　79
区间尺度　Interval Scale　35

五画

主成分分析　Principal Component Analysis　52
主成分法　Principal Method　130
主动式营销典范　Proactive Marketing　15
卡方检验　Chi-Square Test　215

六画

交互式营销典范　Interactive Marketing　18
交叉表　Cross Table　216
交易稳定度指标　Customer Reliability Index，CRI　80
任意原点　Arbitrary Origin　35
共同性　Communality　126
列联表　Contingency Table　216
危险率　Hazard Rate　84
危险率函数　Hazard Rate Function　84
名目尺度　Nominal Scale　223
因素分析　Factor Analysis　113
因素负荷量　Factor Loading　126
因素转轴　Factor Rotation　126
价格歧视　Price Discrimination　12

价格敏感度　Price Sensitivity　13
动态性　Dynamic　13
动态效果　Time-Specific Effect　15
异质性　Heterogeneity　12
异质效果　Individual-Specific Effect　13
权衡分析　Trade-off Analysis　152
扫描固定样本户数据　Scanner Panel Data　18

七画

快速集群法　Quick Clustering　204
评估性研究　Evaluative Research　27
层级式集群法　Hierarchical Clustering　200
连锁式营销　Chain-Reaction Marketing　21

八画

细分轮廓　Segment Profile　152
固定样本客户市场调查数据　Consumer Panel Survey Data　18
非层级式集群法　Non-Hierarchical Clustering　200
实体配送学派　Physical Distribution and Channel　9
态度　Attitude　34
购物篮　Market Basket　104
购物篮分析　Market Basket Analysis　104
购买次数　Frequency　239
购买金额　Monetary　239
购买期间　Interpurchase Time　239
转轴后负荷量　Rotated Loadings　126

九画

胜算　Odds　171
信度　Reliability　37
信息精确的风险　The Risk Caused by Information Precision　188
指数函数　Exponential Function　171
绝对原点　Absolute Origin　35
顺序尺度　Ordinal Scale　35
标准差　Standard Error　239
独特性　Uniqueness　130
选择性研究　Selective Research　27

十画

被动式营销典范　Reactive Marketing　15

效度　Validity　37

消费者行为学派　Consumer Behavior　9

顾客价值迁徙型态　Customer Value Migration Pattern　95

十一画

营销决策支持系统　Marketing Decision Supporting System，MDSS　138

营销决策模式学派　Marketing Decision Models　239

营销计划的成本　The Cost of Marketing Programs　188

营销策略学派　Strategic Marketing　9

虚拟变量　Dummy Variable　35

探索性因素　分析 Exploratory Factor Analysis，EFA　129

探索性研究　Exploratory Research　29

十二画

最近购买期间　Recency　46

程序化研究　Programmatic Research　27

属性　Attribute　42

十三画

解释变异量　Explained Variance　118

数据挖掘　Data Mining　6

十四画

稳定型马可夫链模型　Stationary Markov Chain Model　96

需求的异质性　Demand Heterogeneity　185

十六画

衡量尺度　Measurement Scale　34

英文部分

A

Absolute Origin　绝对原点　35

Arbitrary Origin　任意原点　35

Attitude　态度　34

Attribute　属性　42

B

Bayesian Statistics　贝氏统计　79

Binary Variables　二元变量　35

C

Chain-Reaction Marketing　连锁式营销　21

Chi-Square Test　卡方检验　215

Communality 共同性 126

Consumer Behavior 消费者行为学派 9

Consumer Panel Survey Data 固定样本户市场调查数据 18

Contingency Table 列联表 216

Cross Table 交叉表 215

Customer Reliability Index，CRI 交易稳定度指标 80

Customer Value Migration Pattern 顾客价值迁徙型态 95

D

Data Mining 数据挖掘 6

Demand Heterogeneity 需求的异质性 185

Dummy Variable 虚拟变量 35

Dynamic 动态性 13

E

Evaluative Research 评估性研究 27

Explained Variance 解释变异量 118

Exploratory Factor Analysis，EFA 探索性因素分析 129

Exploratory Research 探索性研究 29

Exponential Function 指数函数 171

F

Factor Analysis 因素分析 113

Factor Loading 因素负荷量 126

Factor Rotation 因素转轴 126

Frequency 购买次数 239

H

Hazard Rate Function 危险率函数 84

Hazard Rate 危险率 84

Heterogeneity 异质性 12

Hierarchical Clustering 层级式集群法 200

I

Individual-Specific Effect 异质效果 13

Interactive Marketing 交互式营销典范 18

Interpurchase Time 购买期间 239

Interval Scale 区间尺度 35

K

K-Means Algorithm K 平均法 204

索　引

L

    Levels　水平　42

M

    Market Basket Analysis　购物篮分析　104
    Market Basket　购物篮　104
    Marketing Decision Models　营销决策模式学派　239
    Marketing Decision Supporting System，MDSS　营销决策支持系统　38
    Maslow's Hierarchy of Needs　马斯洛需求层次理论　192
    Measurement Scale　衡量尺度　34
    Monetary　购买金额　239

N

    Nominal Scale　名目尺度　223
    Non-Hierarchical Clustering　非层级式集群法　200

O

    Odds　胜算　171
    One to One Marketing　一对一营销　6
    Ordinal Scale　顺序尺度　35

P

    Physical Distribution and Channel　实体配送学派　9
    Price Discrimination　价格歧视　12
    Price Sensitivity　价格敏感度　13
    Principal Component Analysis　主成分分析　52
    Principal Method　主成分法　130
    Proactive Marketing　主动式营销典范　15
    Programmatic Research　程序化研究　27

Q

    Quick Clustering　快速集群法　204

R

    Ratio Scale　比率尺度　35
    Reactive Marketing　被动式营销典范　15
    Recency　最近购买期间　46
    Reliability　信度　37
    Rotated Loadings　转轴后负荷量　126

S

    Scanner Panel Data　扫描固定样本户数据　18
    Segment Profile　细分轮廓　152

Selective Research 选择性研究 27
Standard Error 标准差 239
Stationary Markov Chain Model 稳定型马可夫链模型 96
Strategic Marketing 营销策略学派 9

T

The Cost of Marketing Programs 营销计划的成本 188
The Risk Caused by Information Precision 信息精确的风险 188
Time-Specific Effect 动态效果 15
Trade-off Analysis 权衡分析 152

U

Uniqueness 独特性 130

V

Validity 效度 37